聯經經典

論義務

De Officiis

西塞羅　著
Marcus Tullius Cicero

徐學庸　譯注

科技部經典譯注計畫

目錄

前言 ⋯⋯⋯⋯⋯⋯⋯⋯⋯⋯⋯⋯⋯⋯⋯⋯⋯⋯⋯⋯⋯⋯⋯⋯ 5

中譯導論 ⋯⋯⋯⋯⋯⋯⋯⋯⋯⋯⋯⋯⋯⋯⋯⋯⋯⋯⋯⋯⋯⋯ 7

西塞羅生平與哲學著作年表 ⋯⋯⋯⋯⋯⋯⋯⋯⋯⋯ 33

斯多葛學派發展分期 ⋯⋯⋯⋯⋯⋯⋯⋯⋯⋯⋯⋯⋯ 37

關於譯文 ⋯⋯⋯⋯⋯⋯⋯⋯⋯⋯⋯⋯⋯⋯⋯⋯⋯⋯⋯⋯ 39

《論義務》章節分析 ⋯⋯⋯⋯⋯⋯⋯⋯⋯⋯⋯⋯⋯ 41

《論義務》三卷書譯文及注釋 ⋯⋯⋯⋯⋯⋯⋯⋯ 51
  第一卷 ⋯⋯⋯⋯⋯⋯⋯⋯⋯⋯⋯⋯⋯⋯⋯ 51
  第二卷 ⋯⋯⋯⋯⋯⋯⋯⋯⋯⋯⋯⋯⋯⋯ 147
  第三卷 ⋯⋯⋯⋯⋯⋯⋯⋯⋯⋯⋯⋯⋯⋯ 199

參考書目 ⋯⋯⋯⋯⋯⋯⋯⋯⋯⋯⋯⋯⋯⋯⋯⋯⋯⋯⋯ 267

人／神名索引 ⋯⋯⋯⋯⋯⋯⋯⋯⋯⋯⋯⋯⋯⋯⋯⋯ 271

名詞索引 ⋯⋯⋯⋯⋯⋯⋯⋯⋯⋯⋯⋯⋯⋯⋯⋯⋯⋯⋯ 279

前言

　　繼《論友誼》及《論老年》後，這是關於西塞羅哲學作品的第三部譯注。此項譯注計畫能順利進行，得益於國科會的計畫經費補助；此外，感謝兩位匿名審查委員對譯注內容所有的指正與建議，並感謝宋巧涵小姐，協助相關的行政事務及文書處理。

徐學庸
臺灣大學水源校區
2014 春

中譯導論

壹、西塞羅的生平

　　西元前106年1月3日，世居羅馬南方城鎮阿爾皮農（Arpinum）的一位羅馬騎士階級家族裡，誕生了一位男嬰西塞羅（Marcus Tullius Cicero），他日後將成為羅馬著名的政治人物、演說家及哲學家。雖然出身無政治特權的騎士階級[1]，但祖父與羅馬政治上兩大家族，葛拉提迪烏斯家族（the Gratidii）及馬里烏斯家族[2]（the Marii），皆有姻親關係。此外，祖父本人也是極具政治影響力的政治貴族艾米利烏斯・史考魯斯（Aemilius Scaurus，約155-89 BC）的朋友。西塞羅的雙親亦與當時的權力中人交好，例如其父與監察官卡投（Marcus Porcius Cato，234-149 BC）的兒子有往來，且與在西元前91年任護民官的馬庫斯・利維烏斯・德魯蘇斯（Marcus Livius Drusus，卒於91 BC）

1　羅馬的政治制度中，騎士階級堪稱富有，但幾乎不享有任何政治特權，亦不履行任何特定的政治義務。參見 E. M. Atkins: 2008, 478 的論述。

2　其中蓋伊烏斯・馬里烏斯（Gaius Marius，約157-86 BC）是凱撒（Gaius Iulius Caesar，100-44 BC）的姨父。

有姻親關係，父親因健康不佳及性好閱讀等因素，不曾出仕為官，娶艾兒薇雅（Helvia）為妻。西塞羅的舅舅與著名的演說家馬庫斯·安東尼烏斯（Marcus Antonius，143-87 BC）為友，此人是後來成為凱撒忠實護衛者馬庫斯·安東尼烏斯（即馬克·安東尼，83-30 BC）的祖父；他的姨母與演說家及律師陸奇烏斯·利奇尼烏斯·克拉蘇斯（Lucius Licinius Crassus，140-91 BC）有間接的往來。根據此一簡單的西塞羅家族社交網路之敘述可見，雖然西塞羅以政治「新人」[3]之姿於西元前63年攀登政治權力頂峰，任執政官，但絕對不可說他的家族背景對其仕途發展，毫無政治資源的供給。

西塞羅以十六歲之齡拜入占卜師[4]史凱渥拉（Quintus Mucius Scaevola，C 2-1 BC）門下，學習法律，他是蓋伊烏斯·賴立烏斯[5]（Gaius Laelius，C 3-2 BC）的女婿，且是陸奇烏斯·利奇尼烏斯·克拉蘇斯的岳父。占卜師去世後，西塞羅從占卜師的表兄弟昆圖斯·穆奇烏斯·史凱渥[6]拉學習法律。值得注意的是，西

3　「新人」（novus homo）指的是家族中不曾有人擔任過執政官職，因此這樣的家族不稱為「貴族」（nobilitas），參見 D. Earl: 1984, 12-13 的論述。

4　占卜師是古羅馬四個神職團體中的一員，最初由三位貴族組成，待平民被允許成為占卜師後，便由五位平民及四位貴族組成占卜師團。新成員須由兩位現任占卜師推薦，並經七十個氏族以普選的方式產生。占卜師的職責是對羅馬的公共生活進行吉凶之兆的觀察，以提供政府施政的依據。

5　西塞羅《論友誼》（De Amicitia）以此人為主要對話者，他與普博立烏斯·寇爾內利烏斯·史奇皮歐（Publius Cornelius Scipio，236-183 BC），又名老阿菲里康奴斯（Africanus）為摯友，參見《論友誼》。

6　此處的昆圖斯·穆奇烏斯·史凱渥拉（Quintus Mucius Scaevola）與上面提及之占卜師同名，且兩人為表兄弟。為區隔二人，通常以「占卜師史凱渥

塞羅習法的過程所接觸的對象，在當時都屬於貴族家族而且在政治上也有卓越的表現。這類的接觸「形塑他的社會及政治的展望」，羅馬共和制度的穩定須藉由以貴族為主體的元老院維繫，任何政治、社會及經濟制度的改變皆不可行，因為這是對共和制度的威脅[7]。西塞羅的《論共和國》（*De Republica*）、《論法律》（*De Legibus*）及《論義務》（*De Officiis*）都可被視為是這般政治保守反動主義的體現[8]。共和制度及先祖的傳統（mos maiorum）不容許以任何方式或藉口加以改變，任何變動與違背都會危及國家整體的安全。

　　除了學習法律，西塞羅年輕時亦接受哲學與修辭學的教育。約西元前88年，一位斯多葛學派盲眼哲學家迪歐都圖斯（Diodotus，約卒於60 BC）來到羅馬，並寄居於西塞羅家中，西塞羅因此習得斯多葛學派的思想及得到辯證法的訓練[9]；之後又於西元前82年成為羅馬新學院哲學家菲隆[10]（Philon of Larisa，159-83 BC）的弟子，西塞羅《學院思想》即參考他的理論。年輕的西塞羅亦受到來自拿波里的史塔塞阿斯（Staseas）的啟發，此人是位逍遙學派哲學家，強調外在美善事物與幸福生命的關

（續）————

　　拉」稱呼後者。

7　T. N. Mitchell: 1991, 2；亦可參見N. Wood: 1991, 44-45。西塞羅的政治保守主義，亦表現在《給阿提庫斯的信》（*Ad Atticum*）IV, 19, 1-2。

8　N. Wood認為，西塞羅年輕時跟錯了老師，導致他成為一政治保守主義者。參見同上，212。

9　參見《布魯圖斯》（*Brutus*）XC, 309；《學院思想》（*Academica*）II, xxvi, 115；《在圖斯庫倫的論辯》（*Tusculanae Disputationes*）V, xxxix, 113。

10　參見 *Plut. Cic.* III, 1。

係[11]。另一位影響西塞羅的是同屬騎士階級的艾利烏斯・史提婁（Aelius Stilo，約150-75 BC），他自詡為斯多葛學派哲學家，專精文學、語言及歷史，並創作演講詞，不過他並非一位演說者[12]。

西元前81年或許是西塞羅成為執業律師的一年，隔年為羅斯奇烏斯（Roscius）辯護成功，令西塞羅聲名大噪，但也激怒了獨裁者蘇拉（Lucius Cornelius Sulla，138-78 BC）的爪牙，惹來殺身之禍。出於這個原因，加上個人健康狀況不佳，西塞羅決定出海至雅典，一方面遠離危險，一方面調養身體。在雅典他從德梅特里烏斯（Demetrius of Magnesia，C 1 BC）學習修辭學；聽費德若斯（Phaedrus，約140-70 BC）及芝諾（Zeno of Sidon，約生於150 BC）講授伊比鳩魯學派的思想；跟隨安提歐庫斯（Antiochus of Ascalon，約卒於68 BC）學習「學院」（The Academy）的思想。安提歐庫斯是菲隆的學生，但不同於後者的懷疑主義立場，前者轉而採取有定見的立場（the dogmatic position）。此外，安提歐庫斯在思想上是位折衷主義者，他融和了學院、逍遙學派及斯多葛學派。根據普路塔荷（Plutarch，約46-121 AD）的記載，西塞羅並不接受安提歐庫斯的思想，因為這與新學院的懷疑主義大異其趣[13]。在羅德島（Rhodes），西塞羅向默隆[14]（Molon of Rhodes，C 1 BC）學習修辭學，且向波希東

11　參見《論界限》（*De Finibus*）V, iii, 8；E. Rawson: 2002, 6。

12　參見《布魯圖斯》LVI, 205-LVII, 207。

13　*Plut. Cic.* IV, 1-2。

14　此人曾於西元前87年及西元前81年兩度造訪羅馬，西塞羅曾參加他的講學，參見《布魯圖斯》LXXXIX, 307。

尼烏斯（Posidonius，約135-51 BC）學習斯多葛學派的思想；再者於小亞細亞的斯邁爾納（Smyrna）向普博利烏斯・魯提利烏斯・魯夫斯（Publius Rutilius Rufus，約160-90 BC）學習斯多葛學派的思想。

　　西塞羅的教育可謂相當廣博，所涉及的學科包括法律、修辭學及哲學，特別是哲學，幾乎涉獵了當時所有主要學派，如斯多葛學派、逍遙學派、伊比鳩魯學派及新學院的思想。浸淫於各家各派，西塞羅始終自詡為一忠實的新學院追隨者[15]。《論義務》I, i, 3鼓勵兒子要閱讀哲學著作，因為哲學家在其中「費心完整地討論許多嚴肅有益的議題」（I, ii, 4）。哲學是人生命的指導及合宜行為的指南，西塞羅說：

> 哲學啊，妳是生命的指導，是德性的解釋者
> 及惡的驅逐者！沒有妳，不僅我，還有人類整
> 體的生命可能會是什麼？妳促使城市興起，
> 妳召喚四散的人們進入生命的夥伴關係，
> 妳首先以在他們之間的住所來團結他們，
> 然後以婚姻，再來以共通的文字與言說，
> 妳是法律的發明者，妳是道德（morum）與
> 紀律的導師：我們仰仗妳，從妳我們尋
> 求協助，我們委身於妳，一如過去以巨大的程
> 度，所以現在以徹底及全面的方式。再者一
> 天好好地依妳的訓誡而行勝過永恆的過

15　《論義務》I, i, 2。

　　　　錯。因此除了妳之外還有誰的協助我們

　　　　可利用，妳是我們生命平靜的賦予者而且摧

　　　　毀我們對死亡的恐懼[16]。

　　哲學可治療人類靈魂的疾病，藉此掃除生命中的惡，如此我們才能擁有美善與幸福的生命[17]。無怪乎西塞羅希望兒子要從學於頂尖的哲學家，且不要在意耗時費神，因為它會帶給生命實質的助益。

　　值得一提的是，雖然西塞羅堅守新學院懷疑主義，但他並不認為當時的哲學學派在思想上有實質的歧異，反而不只一次地主張，哲學學派見解的差異其實只是思想表達的不同[18]。此一立場使得西塞羅不僅強調自己是蘇格拉底與柏拉圖的追隨者[19]，盛讚柏拉圖是哲學家中的哲學家或哲學之神[20]，而且對亞里斯多德也不吝給予溢美之詞，例如他讚美亞里斯多德有近乎神聖的智性[21]，在哲學中除了柏拉圖外，勝過其他哲學家[22]。當然西塞羅最欣賞的還是柏拉圖，因為他多次在給摯友阿提庫斯（Titus Pomponius Atticus，110-32 BC）的書信言及，自己像柏拉圖所

16　《在圖斯庫倫的論辯》V, ii, 5-6。

17　Ibid. III, vi, 13 及 VI, xxxviii, 83-84；亦可參見 N. Wood: ibid. 58 的論述。

18　參見《論義務》I, i, 2 及 II, ii, 8；《學院思想》I, x, 37; xii, 43; II, v, 15。

19　《論義務》I, i, 2。

20　《論神的本質》（*De Naturam Deorum*）II, xii, 32 稱柏拉圖為「deum philosophorum」（哲學家的神）；亦可參見《給阿提庫斯的信》IV, 16, 3「神聖的柏拉圖」及《論界限》V, iii, 7。

21　《論占卜》（*De Divinationem*）I, xxv, 53 及《學院思想》I, iv, 18。

22　《學院思想》II, xliii, 132 及《在圖斯庫倫的論辯》I, x, 22。

說的鳥（avis），想振翅高飛（IX, 10, 2）；彭沛烏斯（Gnaeus Pompeius Magnus，106-48 BC）與凱撒內戰期間，西塞羅將自己與後者的關係比擬為柏拉圖與西拉庫斯暴君迪歐尼希烏斯二世（Dionysius II of Syracuse，統治期為367-357 BC及346-343 BC）[23]（IX, 13, 4）。此外，他個人的哲學作品大多以模仿柏拉圖對話錄的形式書寫，例如《論共和國》與《論法律》即是模仿《理想國篇》（The Republic）及《法律篇》（The Laws）；西塞羅在著作裡亦大量轉譯柏拉圖對話錄的內容，《論老年》及《論義務》皆可見確切的實例[24]。

　　無法確定西塞羅是在赴雅典前或返回羅馬後成婚[25]，可確定的是他與出身貴族的特倫緹雅（Terentia，約80 BC-23 AD）結婚。妻子的家世對西塞羅的仕途更添助益。西元前77年返回羅馬後，他正式踏出公職之路（cursum honorum），西元前75年，以三十歲之齡當選成為西西里的財務官（quaestor）。隨後的四年專注於律師的工作，並於西元前70年成功起訴維瑞斯（Gaius Verres，卒於43 BC），此人於西元前73至70年任西西里的行政長官（proconsul），但貪贓枉法，使百姓民不聊生。西塞羅的成功獲得西西里人的愛戴，也對他日後在政治上的發展具有正面影響。西元前69年，西塞羅競選羅馬市政官（aedile），並成功當選；三年後又成功獲選為法務官（praetor）。至此為止，可謂仕

23　這兩則比喻皆引自柏拉圖《第七封書信》（Epistle 7），前者出於347e-348a，後者出於329d。

24　前者可參考徐學庸：2008, 14-18 的討論，後者可參考徐學庸：2011a, 112-114 的列表。

25　導論中的西塞羅生平年表將西塞羅結婚時間置於西元前77年，即返回羅馬後。

途順遂。他不僅在每一公職競選上都以最低年齡的門檻當選[26]，更重要的是，他已為自己累積了競選執政官的資格。西塞羅在法務官任內為言支持彭沛烏斯統兵對抗彭圖斯國王米特里達特斯六世（Mithridates VI of Pontus，統治120-63 BC），史稱馬尼利烏斯法案（Manilius' Law），使得他與彭沛烏斯在政治上逐漸靠攏。西元前63年，西塞羅決定參選執政官，在阿提庫斯全力支援下，與安東尼烏斯（Gaius Antonius，C 1 BC）一同當選，且粉碎了卡特利納（Lucius Sergius Catilina，約109-62 BC）的執政官夢。這也是政治新人在執政官選舉上擊敗貴族的實例，西塞羅攀上政治生涯的頂峯。

　　結束執政官任期前，西塞羅著手進行處理卡特利納的叛國行徑。儘管後者欲以謀殺西塞羅來阻止調查，但西塞羅的先見之明讓自己逃過此劫。獲得元老院議員卡投（Marcus Porcius Cato, 95-46 BC）的協助，西塞羅成功說服元老院通過「終極法令」，授權執政官以一切的方式阻止卡特利納的行為。卡特利納見事跡敗露，逃至艾特魯里亞（Etruria），但隨即被殺；在羅馬的餘黨共五人，於12月5日在獄中被處以絞刑。然而這是在未經正常審判程序下執行的死刑，西塞羅的政治前途蒙上陰影。成功阻擋卡特利納的叛國，西塞羅萬民擁戴，甚至被冠以「國父」（patera patridos）的封號[27]。不過如此歡欣鼓舞的氣氛並未持續，原因有二：第一，卸任執政官職後，彭沛烏斯、凱撒及克拉蘇斯（Marcus Licinius Crassus，約115-53 BC）形成三人執政，大大傷

26　參見《論義務》II, xvii, 59。

27　*Plut. Cic.* XXIII, 6。

害西塞羅極力維護的共和體制。第二，西元前63年處理卡特利納時的非法行刑，後續效應產生。護民官克婁帝烏斯（Publius Clodius Pulcher，約92-52 BC）在凱撒的支持下，重新恢復對非法執刑者處以放逐懲罰的法令，西塞羅因此被迫於西元前58年離開羅馬且家產充公。隔年的9月4日西塞羅獲召重回羅馬，並恢復其家產，但此一放逐對西塞羅往後的政治立場有決定性的影響：他憎恨克婁帝烏斯，對未支持他的貴族感到反感，以及感謝彭沛烏斯在召回他的法案上全力支持[28]。

　　重返羅馬的西塞羅，投身於法律訴訟，西元前53年獲選為占卜師，且於隔年被指派為奇利奇亞（Cilicia）的行政長官，從西元前51年至50年赴任。西塞羅離開羅馬這段期間，城內政治情勢急轉直下，凱撒率軍從法國邊境渡紅河，直通羅馬。彭沛烏斯見勢不可遏，率眾遠離羅馬，整軍經武，準備與凱撒一戰。西元前49至48年間內戰爆發，西塞羅多所猶豫，最後站在日後失敗的彭沛烏斯一方[29]。不過凱撒對此不以為意，西元前47年的9月與西塞羅在布倫迪希恩（Brundisium）前嫌盡釋[30]。西塞羅公私兩面打擊接踵而來，與妻子離異，而女兒圖麗雅（Tullia）去世。西元前45至44年間，西塞羅在哲學中尋找慰藉，大量書寫哲學著作[31]。

28　M. Atkins: ibid. 486。

29　參見《給阿提庫斯的信》VIII, 21, 1-3 及 X, 16, 4。

30　參見Ibid. XI, 24。

31　這段期間完成的哲學作品，參見後附的西塞羅生平與哲學著作年表。

　　西元前44年羅馬政治史上的大事是凱撒遇刺身亡，西塞羅多次在書信中稱許刺殺凱撒是英雄的行為[32]。但獨裁者雖已逝，羅馬政體卻未因此而自由解放[33]，因為安東尼的獨裁野心日顯，他不僅握有凱撒的文件與私人財產，且在廣場上為他舉行喪禮，並發表一篇令人不齒的祭悼文[34]。此一作為無異於國葬，行刺者的正當性完全消失殆盡。西塞羅不能接受事態如此，堅定認為凱撒以不正義的方式追求榮耀（gloria），為自己安排帝位，追求個人的貪欲，這不僅對多數人無益，也不會被大眾所認可[35]。眼見當下政治情勢發展無可挽回，西塞羅無奈地決定離開羅馬[36]，在義大利鄉間及南部海岸城鎮遊歷。從這段期間的書信得知，西塞羅欲拉攏屋大維（Gaius Octavius，63 BC-14 AD）對抗安東尼[37]，但事與願違，屋大維與安東尼的密約出賣了西塞羅，西元前43年12月7日他被安東尼的手下逮捕處死，並在安東尼的命令下將其頭顱懸掛在廣場的演說台展示。

貳、《論義務》的藍圖

　　西塞羅生前最後一部哲學著作《論義務》，即是在上述的背景下完成。根據西塞羅寫給阿提庫斯的信，這部著作是寫給兒子

32　參見《給阿提庫斯的信》XIV, 4, 2；6, 1；14, 3。

33　參見Ibid. XIV, 4, 1；9, 2；11, 1；14, 3。

34　參見Ibid. XIV, 10, 1及14, 3。

35　參見《論義務》I, viii, 26；II, ix, 31-34。

36　參見Ibid. III, i, 1-3。

37　參見《給阿提庫斯的信》XIV, 11, 2；12, 2。

小西塞羅的一封信（XV, 13a, 2及XVI, 11, 4）。書中內容主要是提醒兒子，什麼樣的行為才是適切合宜（officia）。《論義務》I, iii, 9有言[38]，書中卷一及二的論述來自西元前二世紀的希臘斯多葛學派哲學家帕奈提烏斯（Panaetius，約185-109 BC）的作品《論合宜的行為》（*Peri Kathēkontos*）。此外，在III, ii, 7及《給阿提庫斯的信》XVI, 11, 4中，西塞羅更明確地說，《論義務》的前兩卷是將帕奈提烏斯的三卷書濃縮而成，至於《論義務》卷三則是參考另一位斯多葛哲學家波希東尼烏斯的著作[39]。因此《論義務》至少是以這兩位哲學家的作品為藍本，應無疑義[40]。

　　帕奈提烏斯來自羅德島，出身貴族，曾從學於沛爾嘎蒙的克拉特斯（Crates of Pergamon，C 2 BC），之後受教於塔爾蘇斯的安提帕泰爾（Antipater of Tarsus，C 2 BC）及巴比倫的狄歐金尼斯（Diogenes Babylonius，約240-152 BC），接受斯多葛學派思想的薰陶。他約於西元前140年移居羅馬，並與當時羅馬貴族交好，特別是史奇皮歐（Publius Cornelius Aemilianus Scipio，約185-129 BC），西元前129年成為斯多葛學派的主事者。他著重人們生活的實踐面，且不反對使用柏拉圖及亞里斯多德的思想[41]；對占星術及占卜術則採反對態度，雖然他接受傳統斯多葛

38　亦可參見《論義務》II, xvii, 60；III, ii, 7。

39　亦可參見《論義務》III, ii, 8。

40　A. R. Dyck: 1984, 227認為，西塞羅書寫《論義務》時除了參考帕奈提烏斯及波希東尼烏斯的著作外，亦可能參考克勞帝烏斯．夸德里嘎里烏斯（Quintus Claudius Quadrigarius，C 1 BC）。後者是位史學家，西塞羅在書中大量使用歷史案例，應是受其影響。

41　參見M. Van Straaten: 1952, *Frr.* 57, 127-129。

學派的命定論；最後，由於強調實踐倫理道德，他忽略斯多葛學派傳統關於理想智者（Sage）的主張。

波希東尼烏斯來自敘利亞的阿帕梅亞（Apamea），他在雅典受教於帕奈提烏斯，而且定居於羅德島，西元前87年曾代表羅德島出使羅馬，在當時受到許多羅馬著名人士，包括西塞羅與彭沛烏斯的注意。史學上他發展出從道德理論詮釋歷史的方法；其他學科如天文學、數學、地理學、氣象學、地震學、動物與植物學及人類學等亦有著述，可惜大都失佚。倫理學方面他反對斯多葛學派克呂希普斯（Chrysippus，約280-207 BC）所謂的去情緒（*apathē*），而認為靈魂中有理性及非理性的元素，後者是感受快樂的能力，是一與善惡無關的中性能力[42]。

參、主要議題

西塞羅告誡兒子，合宜的行為（*kathēkontos*）——西塞羅以拉丁文「officia」（義務）譯之[43]——是哲學家們共同探究的倫理議題（I, ii, 4-5），所以依帕奈提烏斯的論述模式，他提議先討論德性行為的判定，其次處理所做的行為是有利或無益，最後探討德性行為是否會與有利之事衝突的議題（I, iii, 9及III, ii, 7）。這三個主題構成了《論義務》三卷的結構，但西塞羅特別強調，帕奈提烏斯並未論及第三個議題，波希東尼烏斯則有所觸及。

42　L. Edelstein and I. G. Kidd: 2004, *Fr.* 35。

43　參見《給阿提庫斯的信》XVI, 11, 4: 'no doubito quin kathēkon officium sit'（我無疑合宜行為是義務）。

　　《論義務》卷一關於德性行為的論述，首先以斯多葛學派的「*oikeiōsis*」（固有特質）之概念說明，生物皆有自我保存及維繫生命的特質[44]。然而人與其他的動物不同，因為後者僅受當下的感覺影響，但前者具有理性，可知事物的前因後果，能掌握自身的生命歷程，對自己的人生發展有預做準備的能力。此外，理性的力量亦可將人與人匯集群聚，形成社群，並成為人的行為指導，「因為只有這個動物（即人類）感知什麼是秩序，什麼是適切的事，及在行為與言談中什麼是恰如其分」（I, iv, 14）。所有正直的事或德性行為（honesta）皆由秩序與適切合宜產生，且每一個德性行為都源於四個源頭：智慧、正義、雄心（magnitudo animi）及節制（15-17），即所謂四樞德。介紹四樞德的內容前，先就羅馬人，特別是西塞羅的德性觀做一討論。「Virtus」（德性）一字的字根得自「vis」，有男子氣概及勇氣的內涵；西塞羅認為「vis」是出自「vir」（男人），且德性具有兩個功能：鄙視死亡及痛苦，此屬於男性的德性是勇氣[45]。任何符合德性的行為皆是具有榮耀的行為，對羅馬人而言，德性始終有一實踐的意義，德性的實踐是在政治場域中個人自然之性的實現，因此德性不僅是個人靈魂的好狀態，如希臘人認為，更是對國家社會有卓越的貢獻[46]。因此追求德性者不會自外於政治事務，推辭擔任公職的機會。這也是為何西塞羅對主張遠離政治事務的伊比鳩魯（Epicurus，341-270 BC）及其學派，不假辭色地

44　斯多葛學派對 *oikeiōsis* 的論述，參見 I, iv, 11 的注釋。

45　參見《在圖斯庫倫的論辯》II, xviii, 43。

46　參見《論義務》I, vi, 19；ix, 28-29；xxi, 70-72；xliii, 153-155；亦可參見 T. N. Mitchell: ibid. 15 及徐學庸：2009, 230-233 的論述。

批判[47]。

　　四樞德之首是智慧（sapientia），西塞羅將之定義為對「真理的了解與精進」（I, v, 15-16）。值得注意的是，西塞羅討論智慧時，經常將「sapientia」與「prudentia」（慎思明辨或明智）並置，且《論界限》將後者理解為生活的技藝，它是生活的指導，善與惡的判準（V, vi, 16-vii, 18）。之所以對「prudentia」有此理解，主要是因為西塞羅認為它是從「providere」（預見）此一動詞而來，可對將來發生之事提供「providentia」[48]（先見之明）。由此可見明智是一實踐智慧，它與智慧的並置透顯出西塞羅對智慧的看法，他說：

　　　　那個與一切德性有關的卓越的智慧，希臘人稱之為索菲雅（因為明智，希臘人稱為實踐智慧，我們有不同的理解，它是關於對事情期待與避免的事），然而智慧，我之前稱之為首要德性，是關於神聖及世俗事務的知識，在其中包括了神與人及人與人之間的互動與聯繫，若它是最首要的德性，它一定是，一定有由社群互動所導出的義務，這個義務是最首要的[49]。

　　西塞羅似乎視智慧與明智為同義詞，一位智者不僅具備追求哲學真理的能力，也展現出在日常生活中洞察先機的特質。哲學

47　參見《論共和國》II, i, 1-vii, 12；《論界限》II, x, 34-36及《論義務》III, xxxiii, 116-120。

48　參見《論神的本質》II, xxii, 58。

49　《論義務》I, xliii, 153。

思維及默觀冥想都必須以對實際生活有利為依歸。西塞羅對智慧的看法，體現羅馬人的實用主義傾向。

智慧因此可與不同的專業連結，如醫學或法律，西塞羅特別著注於它與政治事務及政府運作的關係，政治智慧（prudentice civilis）的功能是，關注國家的運行及變化，了解國家發展方向[50]。《論發明》（De Inventione）II, liii, 160有言，明智中包含「intellegentia」（辨識能力或理解），它使智者或從事公職者能辨是非、評善惡[51]。這凸顯出西塞羅個人的政治保守主義立場：政府的運作及國家的管理需要有智慧的人承擔，烏合之眾不宜涉足政治，故民主制不是一好的政治體制；此外，智慧需經驗的積累與學習，適合年輕人的行為是敬重長者，且後者的明智是前者躁動無知的指導與控制，故有智慧的年長政治人物應成為國家及政府的舵手，這形成了政治上的寂靜主義（quietism）。

第二個德性是正義。前文曾言，西塞羅主張人與人形成社群是出於人性的原因，人類不僅愛自己，也會關愛他人[52]。國家形成後，正義這個德性表現在「忙碌於維持人群的聯繫（societate），分配給每個人應得的事物（suum cuique），及確保關於約定事物的承諾[53]（fides）。」正義是最耀眼的德性，它是好人之所以有其名的原因；此外，它由兩個部分組成，正義及慷慨（liberalitas）。正義的主要任務是，不使任何人傷害其他人；次要任務是區辨公私財產，俾使前者為公共所用，後者為個人使

50　《論共和國》II, xxv, 45。

51　亦可參見《論共和國》II, xxv, 45。

52　參見《論界限》III, xx, 65；《論友誼》XXIII, 86-88及《論共和國》I, xxv, 39。

53　參見《論義務》I, v, 15。

用[54]。讓我們先就主要任務而論，西塞羅認為人與人的聯繫需藉助慷慨，但實踐慷慨應謹守下述原則：第一，切勿以不正義的方式從事慷慨的行為，例如掠奪他人的財富來幫助朋友；第二，要評估個人的能力，不可讓慷慨大方的行為超過自己的財富能力[55]；第三，應注意協助對象的選擇，我們欲慷慨以對者應具有道德性格，對我們有善意及願意回報我們的善意[56]。同時，西塞羅亦提醒小西塞羅或其讀者，慷慨大方的行為要根據人倫關係的親疏遠近來實踐，《論義務》I, xvii, 58以國家、父母、子女及親友來表現此一概念，具體顯示愛國主義的立場[57]。

　　與正義有關的德性還有誠信（fides），西塞羅有言：「正義的基礎是誠信」，不正義的產生一則出於暴力，一則出於詐欺，雖然二者皆是違背人性的行為，但西塞羅更痛恨後者，因為它是對於人倫關係的破壞[58]。一個人能如何表現誠信，獲得眾人的信賴？西塞羅認為，在與信賴有關之事中，正義比明智有影響力，因為沒有正義的明智無法激發信賴，兩者結合可激起信賴。這個說法呼應了正義是最耀眼的德性主張，沒有正義便沒有誠信與信賴，且明智也失去效能[59]。無怪乎《論義務》III, vi, 28說，正義

54　Ibid. I, vii, 20。

55　類似的觀點，亦可見於亞里斯多德《尼科馬哥倫理學》（*The Nicomachean Ethics*），1120b27-31。

56　《論義務》I, xiv, 42-xv, 49。

57　參見I, xlv, 160，西塞羅在國家之前加上不朽的諸神。

58　Ibid. I, xiv, 42-xv, 49。

59　Ibid. II, ix, 34；斯多葛學派主張：「擁有一個德性就擁有全部的德性」（LS 61B）。

「是所有德性的女主宰與女皇」。

　　上文言及西塞羅關於正義的論述，尚觸及私有財產的保護。他之所以看重私有財產，可從理論與實踐兩個面向觀之。就理論面而言，斯多葛學派並不反對擁有私財，雖然私有財產乃不善不惡之事，但與貧窮相較是較令人喜愛之事。以帕奈提烏斯的著作為書寫《論義務》藍本的西塞羅，亦接受此一思想。就實際面而言，西塞羅於西元前58年被迫放逐及個人家產充公；西元前48年彭沛烏斯戰敗身亡，家產為凱撒充公；土地重新分配及取消債務的提案，以消弭貧富不均[60]，都是西塞羅重視私產的原因。西塞羅的立場是，一個人的財富多寡應由其所有的「dignitas」（政治社會的位階）決定，如此才符合正義。財富平均分配會對國家造成莫大的傷害，例如國家有難時人民無法展現慷慨大方的行為，故不應由法律保障[61]。然而，強調保障私有財產並不是鼓勵人們貪婪，西塞羅對私產的累積下一附帶條件，「不傷害任何人的情況下[62]」。如此累積財富不僅滿足個人欲求，也兼顧國家利益。

　　第三個論及的德性是雄心。早期斯多葛學派的思想中，雄心（*megalopsuchia*）是屬於勇氣（*andreia*）裡的一個次要的德性[63]，帕奈提烏斯則以它取代勇氣成為四樞德的一員。西塞羅除了跟隨帕奈提烏斯，他個人在西元前46年底或西元前45年底所完成的《論演說術的分類》（*De Partitione Orateria*）已提到，雄心包

60　《論義務》I, vii, 20-21；II, xxiii, 80-84。

61　Ibid. II, xxi, 73；《論共和國》I, xxxii, 49。

62　《論義務》I, viii, 25。

63　參見LS 61H7, 9。

括勇氣與耐心[64]。此外，對雄心的重視與西塞羅在凱撒被刺後，個人的生活經歷與當時政治情勢的發展有關[65]。西塞羅認為雄心是保衛公義（pro aequitate）的德性，它不是為了戰勝他人獲得權力，而是以除惡為目標的德性，所以有雄心之人不會期待權力與榮耀，而是會維繫道德不墜。雄心必須以正義為基礎，因為缺乏正義的雄心是一種野蠻，如此的有雄心者不具與他人合作的能力。雄心不是暴力或殘酷的表現，有雄心者是明智之人，他也能具有長遠的眼光，洞燭先機，以國家的全體利益為依歸行事。既不在意群眾的言論，也不關心身外之物，特別是金錢，這使得他不接受諂媚阿諛，而會採納忠言。忠於人性，依循智慧是有雄心者之所以偉大的原因，他只從事真正重要及偉大的事。再者，雄心不等同於易怒或情緒不穩定，所以有雄心者不會以極度憤怒的方式對待敵人，在懲罰敵人時要以似乎生氣的方式進行，且懲罰應合於比例。有雄心者不論在順境或逆境中，都會保持平和心境[66]。最後，《論義務》I, xxvi, 92有言，有雄心者的生活有兩種：一種是參與公共事物，另一種是專注於學問研究的生活；然而西塞羅在帕奈提烏斯的主張之上加上第三種生活：處於政治人物與哲學家之間的生活，致力於財富追求，當需求出現時，得以分享給自己的國家及親友。這種人在現實生活中的代表，是西塞羅的摯友阿提庫斯。從以上對雄心的簡述可見，西塞羅鼓勵兒子或有志於政治的羅馬年青人追求雄心，但勿被利欲薰心，榮耀盲

64　相關討論，參見徐學庸：ibid. 118及120。

65　相關討論，參見徐學庸：ibid. 120-123。

66　參見《論義務》I, xviii, 61-xxvi, 92。

目，做出禍國殃民之事，應維繫共和體制，保護國家安全。

接續討論的德性是節制。西塞羅將節制置於合宜之事（decorum）裡討論，並主張合宜之事即德性行為，且所有適切合宜的行為都在人與人的對待中清楚展現，這指出合宜與正義之間的關係[67]。關於合宜行為的討論，西塞羅參考帕奈提烏斯的「四個角色理論」，這個理論的基本內容是：每個人在其生命中都具有四個角色，第一個是來自普遍人性，第二個是出自於個人特有的天賦，第三個是環境或機運所給予的，最後是每個人選擇或判斷的角色[68]。角色，無論是希臘文「*prosōpon*」或是拉丁文「persona」，都與舞台戲劇表演的演員角色有關。它通常具有兩個意涵[69]：第一，角色指的是一暫時性的外在行為，當時空環境改變，如演員離開舞台，角色便不復存在或產生替換，所以角色不是一持續性的個人身分認同。這個角色的意涵與帕奈提烏斯的第三個角色相通。第二，不同的角色標誌角色與角色的個別性及差異性，這個意涵與帕奈提烏斯的第二個角色相合。

讓我們接著簡述這四個角色與合宜行為的關係[70]。西塞羅說，自然賦予人類兩個角色，一個是普遍的，另一個是屬於個人的。前者指的是普遍人性，亦即人類所共同擁有的理性，藉由它使之與其他的動物有別，一如上述關於智慧的討論，理性不只使人追求真理，也是合宜的道德行為的源頭。後者指的是個人的天賦才能，所以每個人因稟賦不同，適合從事不同的活

67　Ibid. I, xxvii, 93-xxviii, 99。

68　Ibid. I, xxx, 107-xxxi, 115。

69　Ph. H. De Lacy: 1977, 163-164。

70　完整的論述參見，徐學庸：2011b。

動[71]。除了這兩個角色外，我們尚有第三個角色：「某種機會與情況」賦予的。這個角色與我們所身處的社會環境及個人人生際遇有關，所以合宜行為的判斷及展現必須參照此一社會背景。西塞羅或帕奈提烏斯不認為，合宜的行為可建立在一不具社會脈絡的（asocial）基礎上。值得注意的是，第三個角色凸顯出，西塞羅依循斯多葛學派的思想，認為一個人的倫理生命必須建立在一社會與政治的架構中，每一個行為的選擇都與社會環境連動，所以關注社會環境的變化就遠比墨守成規重要[72]。此外對社會環境變遷的關心，使得西塞羅特別強調「適時」（occasio）的概念。他主張合宜的行為是表現「在不同角色、狀況及時間中」（I, xxxiv, 25），且說：「此外，他們〔斯多葛學派〕說行為的地方是時間合宜，在希臘文中被稱為應時（eucairia），在拉丁文中被稱為適時。因此這個紀律，如我所言我們是如此翻譯，是關於適當時機（opportunitatis），與行為時間的相關知識」（I, xl, 142），因此懂得審時度勢者是明智之人。最後一個角色是個人的選擇，這個角色凸顯的是，一個人欲維持何種角色是出於個人的意願（voluntas），不同的人會有不同的生涯選擇，且「不同的人喜歡在不同的德性上出類拔萃」（I, xxxii, 115）。

在第一卷文末，西塞羅對四樞德進行比較，並強調與社群有關的德性，而正義，是最值得尊敬的。完成了德性與義務的論述，西塞羅接續處理何謂有效益與有德之事的議題。卷二及卷三

71　《論義務》I, xxx, 108-109列舉諸多實例。

72　Ibid. II, xv, 55；xvii, 59。亦可參見P. A. Brunt: 1972, 21及T. N. Mitchell: ibid. 37-38。

的論述主要是卷一的延伸，卷二的主議題是：有效益的行為是否可與德性分離？西塞羅明確地主張，只要是有德之事一定是有效益之事（II, iii, 10），他提及善意或愛是維持個人利益的最佳方式；追求榮耀應注意的事項，並特別強調應維護正義，因為只有正義存在，我們才能擁有真正的榮耀，且將它擴大（II, xi, 39-xii, 42）。慷慨大方的行為可藉由金錢的給予及提供服務來表現，但金錢給予應量己之力，勿用罄家產，且不可劫他人之富，大方給予；此外，關於服務應慎選服務的對象，選擇的標準是道德性格，且在為國家服務時切勿為己牟利。更重要的是要保護每個人的私有財產，不可以國家之名，恣意徵收私有財產。一如《論義務》卷一反對土地重分配的法案（I, vii, 20-21），卷二再次呼應此一立場。西塞羅認為，土地重分配對某些想要贏得名聲者是有利的，但這不是正義的作為，因為這是劫他人之富的具體表現，同理亦適用於免除債務一事上。因此西塞羅告誡其子或現在及未來的執政者，不可「拿他人之物贈予別人」，在保護國家時應注意，「每個人在法律及司法審判公平的基礎上保有自身的家產，且較貧窮之人不可因卑微低賤的緣故遭受壓迫，對富人擁有或重獲財富勿以惡意嫉妒待之」（II, xxiv, 85）。卷二尾聲西塞羅提出帕奈提烏斯忽略的兩個議題：保持健康及維護家產[73]，因為這兩件也是有利之事。正確的觀念、生活節制及遵循醫生的建議與指示，是保持身體健康的方式；家族財富之持盈保泰，除了個人要勤奮努力外，亦應懂得正確地使用金錢。

---

73 關於西塞羅對此二議題的討論，是引用哪位哲學家的思想，可參見II, xxiv, 86的論述。

　　卷三的主題是討論有效益之事與德行之間的衝突。西塞羅指出帕奈提烏斯言及此一問題，但未進行實質的討論。首先就卷三的結構而言，可見此卷幾乎是呼應卷一關於德性的討論[74]，卷一20-41及卷三40-49討論正義；卷一61-92及卷三96-115探討雄心；卷一93-151及卷三116-120討論節制或合宜行為。除了這個結構相似性外，卷三有一基本原則：有德性的行為只會與看似有效益的行為產生衝突，而不會與真正有效益的行為扞格不入（III, vii, 34）。換言之，有德性之事即為有效益之事，反之亦然。因此任何有效益之事都不可違逆正義，且要避免欺騙，無論是人與人的交往、處理政治事務或進行買賣[75]。此外西塞羅說，在處理戰爭事務時的有效益行為，是符合雄心的行為，他特別以荷馬《伊里亞德》（*The Iliad*）中的奧迪修斯（Odysseus，其拉丁名為尤里西斯〔Ulysses〕）及羅馬執政官雷鼓路斯（Marcus Atilius Regulus, C 3 BC）為例，前者認為不出兵特洛伊是有利之事，實則不是，故是不具德性的行為；後者雖犧牲自己的生命，但對國家是有效益之事，故是有德性的行為。因此追求看似有效益之事是對權力擁有者的傷害，且任何有效益的行為的實踐皆須注意符合環境的變化，否則它不會是德性行為。再者，有效益的行為是否建立在身體欲望的滿足及快樂的追求？西塞羅對合宜行為或節制的論述，以此問題為切入點，並反駁道，快樂的追求定會與德行扞格不入，因為它使得節制無用武之地，「節制對欲望

74　參見 P. Mackendrick: 1989, 256；Mackendrick 教授認為《論義務》的內容充分顯示是西塞羅的原創作品。

75　關於安提帕泰爾與狄歐金尼斯兩位斯多葛學派哲學家，在貨物買賣上賣方是否對貨物的優劣實話實說，參見 III, xii, 50-xiii, 57。

有敵意，但欲望是快樂的追隨者」（III, xxxiii, 117）。這是西塞羅
對伊比鳩魯即其學派批判之一；第二個批判是對追求快樂及遠離
痛苦的強調，使得伊比鳩魯學派不贊成或不鼓勵參與公共事務，
所以它對正義的討論，對西塞羅而言，僅在其倫理學思想中聊備
一格，或「處在沉睡的狀態」（III, xxxiii, 118）罷了。失去了正
義，一切人倫關係中的善皆無從表現。

　　《論義務》文末西塞羅告訴兒子，這三卷書是送給他的一份
重要禮物，且提醒兒子，雖然他從學於逍遙學派哲學家，但對這
部以斯多葛學派思想為藍圖的作品，應認真以對。根據西塞羅
的書信，《論義務》前兩卷完成於西元前44年11月5日之前[76]，
且第三卷完成於12月9日[77]。他於9月2日發表了第一篇《菲利皮
凱》（*Philippicae*），撻伐安東尼的恣意妄為，並在10月底完成
第二篇《菲利皮凱》，對安東尼進一步做批判。或許從著述時間
的相近，可推斷《論義務》與《菲利皮凱》有某種特殊的體用關
係，前者為唯有以正義的方式追逐權力才是合宜的行為，提出理
論的論述；後者是對違背此一理論者進行的批判[78]。在隨後幾近
一年的時間，西塞羅陸續發表了十二篇反對安東尼的演說詞，被
激怒的獨裁者最終以刺殺西塞羅，來回應其對他的批判。西塞羅
對兒子說：「我會很快與你親自談話」（III, xxxiii, 121），卻因此
未曾實踐。

76　參見《給阿提庫斯的信》XV, 13a, 2；XVI, 11, 4。

77　參見 P. Mackendrick: ibid. 232。

78　參見 Ibid. 250-252。

肆、《論義務》的影響

　　這部倫理學作品充分顯示西塞羅政治保守主義的立場，對愛國主義及道德行為的堅持。然而就行文的形式而言，雖然西塞羅的文字駕馭無可挑剔，但文中不少內容重複，部分論述的邏輯亦待斟酌。這或許是因為寫作時間倉促而且政治上的快速發展，令他無法專心創作。儘管如此，《論義務》對後世的倫理學及政治哲學發展，有深刻的影響[79]。例如安博洛斯（Ambrose, C 4 AD）即模仿西塞羅《論義務》，創作一以基督宗教為背景的《論義務》，將前者於書中所舉的實例皆改以基督宗教的例子替代，如《申命記》是關乎節制的例子之出處；讚美詩為正義提供了論述的例子。文藝復興時期，馬其維利（Niccolo Machiavelli，1469-1527）的《君王論》（*The Prince*），對西塞羅《論義務》有諸多引述，例如君王應趨慷慨避吝嗇，與《論義務》II, xv, 52-xviii, 64的觀點相仿；君王是否應信守承諾可與《論義務》I, x, 32及III, xxix, 107比較；君王應以仁慈而非以殘酷對人，亦在《論義務》I, xxv, 88及II, viii, 23-26有類似的敘述；君王應親切，不可傲慢，則來自《論義務》II, iv, 15關於心靈平靜與謹言慎行的重視。至於馬其維利認為君王應具備認真嚴肅的態度，這符合《論義務》I, xxxv, 128對合宜行為的描述。

　　十七世紀的葛勞秀斯（Hugo Grotius, 1583-1645）亦受到《論義務》的影響，他成書於1625年的《論戰爭與和平之法》（*De Iure Belli ac Pacis*）在結構上亦為三卷，其中關於自然法與

79　參見Ibid. 258-293。

戰爭的限制，都可見《論義務》為其論證的基礎。英格蘭哲學家洛克（John Locke，1632-1704）的《政府二論》（*Two Treatises on the Government*）之思想，特別是保護私有財產，明顯源於《論義務》II, xxi, 73-74及III, vi, 29-30。啟蒙運動時期的法國政治思想家孟德斯鳩（Baron de Montesquieu，1689-1758）分享西塞羅的觀點：倫理道德與政治不可分，他所著的《法意》（*De L'esprit des Lois*）承襲《論義務》及《法律篇》。十八世紀的愛爾蘭哲學家哈奇森（Francis Hutcheson，1694-1746）在《關於我們的美及德性觀念的起源之探究》（*An Inquiry into the Original of Our Ideas of Beauty and Virtue*）的首頁引述《論義務》I, iv, 14指出人類能感知美、和諧、秩序及德性。蘇格蘭哲學家休謨（David Hume, 1711-1776）的倫理學思想，如《道德原理的探究》（*An Enquiry Concerning the Principles of Morals*）Sec. II, Par. I, 139，受到西塞羅《論義務》的影響；休謨的好友亞當・史密斯（Adam Smith，1723-1790）於1759年出版的《道德情操論》（*The Theory of Moral Sentiment*），書中關於合宜（propriety）的討論，可參照《論義務》I, xxvii, 93-xl, 145。在德國嘎爾維（Christian Garve）的《論義務》德文譯注，對康德的倫理學思想，明確命令（Categorical Imperatives）的形成有所啟發，特別是自立法（III, iv, 19-vi, 28）、人的理性能力（I, vi, 18-19）及普遍法則（III, vi, 27）等概念。十九世紀的英格蘭哲學家穆爾（John Stuart Mill, 1806-1873）在《論自由》（*On Liberty*）裡，關於政府對個人干預應減到最小的論述，亦呼應《論義務》I, vii, 21-22；II, xxi, 72-xxii, 77；III, vi, 29-30。

　　從上所述，自西塞羅《論義務》問世後，它在不同世代都對某些哲學家有或多或少的影響。現在輪到我們，閱讀完這部經典後，它能帶給我們在道德及政治上什麼樣的啟發。

西塞羅生平與哲學著作年表

西元前	生平	哲學著作	其他歷史事件
106	1月3日生於阿爾皮農。		馬里烏斯（Marius）六任執政官。
90	穿上鑲紫邊長袍，以示成年。		馬里烏斯與蘇拉（Sulla）衝突日劇。
89	在史特拉寶・彭沛烏斯（Strabo Pompeius）（導論提及之彭沛烏斯的父親）麾下服役。		
88	在羅馬學習文學、政治學與哲學。		內戰發生，蘇拉獲勝。
87-81		《論發明》	馬里烏斯死亡，蘇拉剷除其黨羽。
81	發表第一次公共演說，為昆克提烏斯（Quinctius）辯護。		蘇拉任獨裁者，立法修憲。
80	發表第一次政治演說，為羅斯奇烏斯（Roscius）辯護。		
79-77	在雅典及羅德島研習修辭學。		蘇拉放棄獨裁者的職務。

西元前	生平	哲學著作	其他歷史事件
77	返回羅馬，與特倫緹雅成婚（一說成婚於西元前79年）。		彭沛烏斯統軍於西班牙。
75-74	於西西里任財務官，且獲得進入元老院的機會。		彭沛烏斯在西班牙與塞爾投里烏斯（Sertorius）作戰。
70	起訴維瑞斯，成為羅馬著名律師，並開始支持彭沛烏斯。		彭沛烏斯及克拉蘇斯首任執政官職。
69	當選市政官。		凱薩於西元前68年當選財政官。
67	與阿提庫斯首次通信。		彭沛烏斯掃蕩海盜。
66	當選司法官，且支持彭沛烏斯遠征米特里達特斯。		
65	兒子馬庫斯出生；準備參選執政官。		凱薩任市政官。
63	阻擋卡特利納選上執政官，起訴卡特利納的同夥。		凱薩於西元前62年選上行政官。
60	對三人執政抱持中立態度。		第一次三人執政形成。
58	克婁帝烏斯指控西塞羅非法濫刑；西塞羅被迫離開羅馬。		凱薩接管屬於他的行省，並著手征高盧。
57	被召回羅馬；女兒圖莉雅的第一任丈夫去世。		彭沛烏斯成為義大利的食物管控者。

西元前	生平	哲學著作	其他歷史事件
56	為塞斯提烏斯（Sestius）辯護；女兒再婚，旋即離婚。		三人執政續新約。
55	未參與政治，但忙於法庭。		
55-52		《論演說家》	彭沛烏斯及克拉蘇斯二任執政官。凱薩延長在高盧統軍的期限。
54-51		《論共和國》	克拉蘇斯任敘利亞省長；彭沛烏斯任西班牙省長，但留駐在羅馬。
53	任占卜師。		克拉蘇斯被帕耳西亞人（the Parthians）所殺。
52	為米婁（Milo）辯護失敗；被指派為奇利奇亞的行政首長。		羅馬動亂；彭沛烏斯被指派為一人執政官，並與元老院聯合對付日漸壯大的凱薩。
51-50	上任奇利奇亞的行政長官；女兒第三度結婚。		
49	凱撒希望得到西塞羅的支持，但他選擇彭沛烏斯陣營；西塞羅個人婚姻出問題。		凱薩渡紅河，與彭沛烏斯的內戰一觸即發。

西元前	生平	哲學著作	其他歷史事件
48	彭沛烏斯戰敗，西塞羅返回義大利，並專心於哲學著述。		彭沛烏斯戰敗，死於埃及。
47	雖得到凱薩的諒解，但依然在政治上無法有任何作為。		凱薩返回羅馬。
46	與妻子離異，並娶普柏麗麗雅（Publilia）為妻。	《布魯圖斯》、《演說家》、《論法律》、《斯多葛學派的悖論》	凱薩於地中海沿岸清除彭沛烏斯的殘部。
45	女兒病逝，西塞羅哀痛欲絕。	《學院思想》、《論界限》、《在圖斯庫倫的論辯》、《論神的本質》、《歐爾天希烏斯》	凱薩成為獨裁者。
44	凱薩被謀殺後，西塞羅趁勢發表演說撻伐安東尼。	《論占卜》、《論命運》、《論老年》、《論友誼》、《論題》、《論義務》	安東尼掌控羅馬；屋大維至羅馬主張他對羅馬的統治權。
43	持續撻伐安東尼，西塞羅於12月7日被謀殺。		屋大維選上執政官，並與安東尼及雷皮都斯（Lepidus）形成三人執政之勢。

斯多葛學派發展分期

西提恩的芝諾（335-263 BC）：約於西元前300
年成立學派

克雷昂塞斯（331-232 BC）：西元前263年成為
學派主事者

克呂希普斯（約280-207 BC）：西元前232年成
為學派主事者

塔爾索斯的芝諾（C 2/3 BC）：西元前204年成
為學派主事者

**早期斯多
葛學派派**

巴比倫的狄歐金尼斯（約240-152 BC）：克呂希
普斯的學生，西元前156年訪問羅馬的雅典哲學
家代表團成員之一

塔爾索斯的安提帕泰爾（C 2 BC）：學派主事
者，帕奈提烏斯的老師

帕奈提烏斯（約185-109 BC）：西元前129年成
為學派主事者

羅德島的赫卡投（C 2 BC）：帕奈提烏斯的學生

波希東尼烏斯（約135-51 BC）：帕奈提烏斯的
學生，於羅德島成立學派

**中期斯多
葛學派**

塞內卡（約3 BC-65 AD）：受斯多葛學派及犬儒
學派影響；擔任羅馬皇帝尼洛的導師

穆叟尼烏斯‧魯夫斯（約25-100 AD）：艾皮克
提投斯的老師

艾皮克提投斯（約55-135 AD）：原為奴隸，受
教於魯夫斯，成為自由人後於羅馬講授斯多葛學
派思想直至89 AD

馬庫斯‧奧瑞利烏斯（121-180 AD）：羅馬皇帝

**晚期斯多
葛學派**

奇歐斯的阿里斯同（C3 BC）：另立學派，重回犬儒學派的
思想

迦太基的赫里路斯（C3 BC）：另立學派，知識而非德性為
人生的目的

關於譯文

中譯文根據M. Winterbottom為牛津大學「牛津經典文叢」（Oxford Classical Texts，縮寫OCT）所編修的 *M. Tulli Ciceronis De Officiis*（1994）的拉丁文本譯成，翻譯過程亦參考H. A. Holden, *M. Tulli Ciceronis De Officiis*（Cambridge, 1899）及W. Miller, *Cicero On Duties*（Cambridge Mass. 2001）的拉丁文本。譯文盡可能貼近原文，以求閱讀時能讓不諳拉丁文的閱讀者「間接地」感受拉丁文的神韻，並使自己置身於一擬古的情境中，如此或可更親近理解這部經典。為達此效果，有時中譯文的呈現會出現一些較非中文式的表述；然而畢竟拉丁文與中文的語法大相逕庭，在句型結構上，中譯文會出現與拉丁文不同的安排。

譯文中的章節分段有別於拉丁文本，此一安排的缺點是，有時必須拆散一節完整的敘述；優點是有助於讀者閱讀時，章節段落的辨識。

主要參考的工具書：

S. Hornblower and A. Spawforth (eds.), *The Oxford Classical Dictionary* (Oxford, 1996)（縮寫為 OCD）。

J. Roberts (ed.), *The Oxford Dictionary of the Classical World* (Oxford, 2005)（縮寫為 ODCW）。

符號說明：

譯文中

〔 〕內的文字，拉丁文本編修者認為是出於後人的竄插。

[ ]內的文字，絕大多數的拉丁文編修者認為是贗造的段落。

（ ）這個符號是由編修者所加，在手抄本中原不存在。

〈 〉內的文字為編修者所加。

《論義務》章節分析

第一卷結構分析

1-6 導論：給兒子馬庫斯的建言

　　1-4 哲學與拉丁文

　　4-6 本書論述的主題：義務

7-10 定義與分類

　　7-8 義務的定義

　　9-10 義務的分類

11-17 德行與人性

　　11-14 不同種類的德行與人性的關係

　　15-17 德性的分類：四樞德

18-151 四樞德

　　18-19 智慧：真理的追求不應妨礙公共事務的參與

　　20-60 關乎他者的德性

　　　　20-41 正義

　　　　　　20-23 正義的二原則

　　　　　　　　20 無人可傷害他人

21-22 公共與私人的利益應受保障

23 正義的基礎是信賴

23-29 不正義的兩個形式

23-27 出於恐懼及貪婪

28-29 出於對公共事務的忽略

29-33 判斷正義的困難

29-30 過於關注自己

31-32 情況的改變

33 法律上的詭辯

33-40 對傷害我們之人的適切行為

33 對我們為惡之人

34-40 對待戰爭中的敵人

41 與奴隸有關的正義

42-60 慷慨

42 實踐上的注意事項

43 避免不正義的發生

44 合乎個人所有的財富

45-59 對象的選擇

46 道德性格

47 對我們有善意者

48-49 對我們有助益者

50-59 人與人之間的交誼

60 好的實踐需要經驗與練習

61-92 雄心

61 最耀眼的德性

62-65 與正義緊密的關係；要注意：

　　62-63 勇氣的扭曲

　　64-65 對權力的過度欲求

　　66-67 兩個特質：鄙視外在善及實踐偉大
　　　　　的行為

　　68-73 雄心與寧靜的心靈

　　　　68-69 免於干擾

　　　　69-71 參與公共事務與休閒的比較

　　　　72-73 參與公共事務者要有雄心及
　　　　　　　事前的準備

74-78 軍事與公民活動的比較

79-84 戰爭時的訓誡

　　79-82 在戰爭中雄心的重要

　　82-84 有雄心者對冒險的態度

85-87 對平時政治人物的告誡

　　85 為民謀福，不為單一政治派閥謀福

　　86 為城邦整體謀福

　　87 公職的競爭者應相互尊重

88-89 雄心與怒氣的關係

　　88 有雄心者應懂得化解與原諒

　　89 懲罰應不帶怒氣

90-91 對好與厄運要保持堅定

92 富有的有雄心者應以正當的方式聚財，適度
　　地增加，並妥善利用，與人為善

93-151 與合宜相關的德性

93 哪些德性

94-98 合宜的種類

99 合宜與正義

100-151 衍生的義務

　　100-103 衝動受制於理智，並合乎自然

　　103-104 合宜的遊戲與玩笑

　　105-125 四個角色的理論

　　　　105-106 第一個角色：人性及
　　　　　　　　其意涵

　　　　107-114 第二個角色：個別人
　　　　　　　　性的多樣性與從其而
　　　　　　　　出的格訓

　　　　115 第三個角色：受限於運氣
　　　　　　的角色

　　　　115-117 第四個角色：出於個
　　　　　　　　人選擇的角色

　　　　117-121 行業的選擇

　　　　122-125 特殊情境

　　　　　　122-123 年齡：年輕
　　　　　　　　　　與年老

　　　　　　124-125 社會地位

　　105-140 觀察合宜發生處

　　　　126-132 身體

　　　　132-137 言談

　　　　138-140 房舍

141-151 適時與合乎情境的行
為
141 基本三原則
142-144 有序
145-147 知道錯誤
148-149 在社會中合
宜的行為
150-151 工作與合宜
152-160 德性的比較
152 比較的重要
153-158 正義與智慧相較
157 雄心
159 節制
160 義務的排序：諸神、國家、父母及他人
161 結論

第二卷結構分析

1-8　導論

　　1　陳述主題

　　2-6　為好人辯護及指出哲學的價值

　　7-8　為新學院辯護

9-10　效益與德行不可分

11-17　對人類有益及有害之事：無生物與有生物；後者又可區分為有理性的及無理性的。有理性之有生物又分為神祇與人類

18-20　其他的因素

　　18-19　德性

　　19-20　運氣

21-22　主題的區分：獲致眾人的支持

23-29　什麼是維持個人利益的最佳方式：愛，抑或恐懼

29-30　朋友的數量與個人生活形式的關係

31-51　榮耀

　　31　前言

　　32　眾人的愛

　　33-34　誠信

　　35　語詞通行之意涵

　　36-38　欽佩讚賞

　　39-42　正義與真正的榮耀

　　43-51　使年輕人獲得榮耀之義務

52-85　慷慨及利益的給予

　　52-54　給予利益的方式：金錢與服務

54-64　金錢

　　54-55　限制

　　55-60　奢華

　　61-64　慷慨

65-85　服務

　　65-71　給予個人的利益

　　　　65　民法

　　　　66-68　言說的能力

　　　　69-71　選擇接受者的標準是性格，而非財富

　　72-85　給予國家的利益

　　　　72　前言

　　　　73-74　財產所有權

　　　　75-77　要避免貪婪

　　　　78-83　不正義的土地法

　　　　83　反對免除租金

　　　　84　反對債務累積

　　　　85　執政的訓誡

86-89　非帕乃提烏斯的觀點

　86　照顧個人健康

　87　關注個人的金錢

　88-89　有效益之事的比較

第三卷結構分析

1-6 導論

1-4 思考自己與老阿菲里康奴斯的休閒

5-6 給兒子的勸誡

7-39 德行與有效益之事衝突的問題

7-10 帕乃提烏斯言及此問題，但未曾處理

11-13 帕乃提烏斯提出此問題是否有正當性

13-19 格訓

13 只有智者可履行完美義務

14-16 大部分的人皆不完美，混淆中間義務與完美義務

17 儘管如此在一般意義下的德行不可與有效益之事比較

18-19 產生疑慮的不是選擇德行或有效益之事，而是行
為的判定

19-28 判定行為的準則

19-20 根據斯多葛學派的思想

21 剝奪屬於他人的利益是違背自然之事

22 以犧牲他人的方式自我擴張會造成整體的敗壞

23 法律禁止諸如此類的行為

24 德性比外在美善事物更符合自然

25 與人為善比獨善其身更合乎自然

26 不同於上述之行為是建立在對外在美善錯誤的評估

27 所有的人都分享一自然之法

28 人類是夥伴關係，不應有公民同胞與外國人之別

29-32 準則的應用

29-30 不可剝奪他人的必要之物以求個人利益的滿足

30-31 例外：若某人對國家極為重要，他可拿取對國家無用之人的利益

31 自愛不可成為此一判斷的阻礙

32 專制者可被剝奪，甚至處死

33 只有德行應被追求

34 德行只與表面有效益之事，而不與真正有效益之事，產生衝突

34 西塞羅宣稱他處理此一議題之獨立性

35-39 表面有效益之事與吉格斯的故事

40-120 表面有效益之事與德性

40-42 行為能以不醜陋的方式實踐嗎？

43-46 正義與友誼

46-49 表面有效益之事與國家

49-64 避免欺騙

49-57 安提帕泰爾與狄歐金尼斯的比較

58-61 蓋伊烏斯・卡尼烏斯

62-64 史凱渥拉

65-72 契約買賣法的例子

65 前言

66-67 舉例說明

67-72 民法

67 民法的範圍

68 在處理欺騙上與哲學的處理方式不同

69-72 以自然法為本

70　有誠信的行為

71　奴隸的販售

72　自然為法律的源頭

72-78　好人的行為

73-74　以巴希路斯及薩特里烏斯為例

74-75　德性與有效益之事相同

76-78　不正義之事不會是有效益之事

79-88　追求表面有效益之事對有權力者的敗壞

79　譴責馬里烏斯

80-81　譴責葛拉提迪阿奴斯

82-85　譴責彭沛烏斯及凱撒

86-87　法博里烏斯

87　菲利普斯取消免稅

88　卡投與庫里烏斯對行省的治理

89-92　安提帕泰爾與狄歐金尼斯的比較

92-95　情境的改變與履行承諾

96　剩下的兩個德性

97-115　雄心與有效益之事相同：以雷鼓陸斯為例

116-120　批判伊比鳩魯的享樂主義

121　結語：留給兒子的話

《論義務》三卷書譯文及注釋

第一卷

[I]（1）雖然，馬庫斯我的兒子，已經在雅典聽了一年克拉提普斯[1]的課，你應該具備充分的哲學原理原則，藉由此位教師與這個城市[2]的最高權威[3]，這兩者之中任何一個都可使你在知識上增長，此外，不同於前人，我自己經常將拉丁文與希臘文結

1　克拉提普斯（Cratippus，C 1 BC）為逍遙學派哲學家，於西元前44年繼羅德島的安卓尼庫斯（Andronicus of Rhodes）後，接任亞里斯多德學院（Lyceum）的主事者。根據普路塔荷（Plutarch）的記載，他的羅馬公民身分是由凱撒賦予，而且西塞羅對此人評價甚高，並說服在阿瑞歐帕古斯（Areopagus）的委員會通過敕令要求克拉提普斯留居雅典講授哲學（*Plut. Cic.* XXIV, 7-8）。

2　在《論界限》V, i, 2-ii, 5西塞羅讓馬庫斯・皮叟（Marcus Piso）例舉多位雅典聲名卓著之人，其中包括哲學家、文學家及政治人物。

3　西塞羅在寫給赫洛德斯（Herodes）及其子馬庫斯（Marcus Cicero）的信中曾鼓勵他們在克拉提普斯門下學習哲學，只可惜這些書信現已失佚，參見 *Plut. Cic.* XXIV, 8-9。

合，為了我的方便，我不僅在哲學上，也在演說練習上做此結合，我認為應該為你做相同的事，所以你在這兩種演說上具有相等的能力[4]。事實上，我們，如我所見，要非常適切地把這重要的協助帶給我們的同胞[5]，使他們會認為，為了學習[6]與判斷，不僅要獲取粗糙的，也要取得大量有智慧的希臘文學作品。

（2）因此，你確實要從學於當代哲學家中的翹楚，且你想學多久就學多久（但你應該希望長期，因為你會後悔沒有長足的進步）[7]，然而解讀我們與逍遙學派哲學家並無太大的歧見，因為我們希望成為蘇格拉底與柏拉圖的追隨者[8]，關於這些事運用你自己的判斷（因為我不阻礙），此外你一定會完成比我們所閱讀的還要豐富的拉丁文演說辭。但我真的不希望這個說法被無禮地評

4　哲學演說與公共演講是兩種不同的演說型式，前者試圖闡述真理，後者企圖尋求說服；西塞羅在《布魯圖斯》提及他在練習演說術時經常是拉丁文及希臘文交互使用，來自希臘最優秀的老師得以糾正他的希臘文演講，他再將正確的演講方式應用於拉丁文的演講（XC, 310）。

5　這裡所指的或許不是拉丁文與希臘文的結合，而是指哲學的學習。廣義的文學中包含哲學，西塞羅認為自己在增長羅馬人的學識上負有責任，參見《論界限》I, iv, 10 及《在圖斯庫倫的論辯》I, iii, 5-6。

6　W. Miller 的版本是「dicendum」（言說），而非「discendum」（學習），支持後者的論述，參見 A. R. Dyck: 1996, 63 及 P. G. Walsh: 2001, 127。

7　這句話及括號中的缺乏進步的敘述指出，西塞羅擔心兒子在雅典浪費時間；事實上小西塞羅約在西元前44年年底於馬其頓擔任布魯圖斯的騎兵隊長，半途結束他在雅典的哲學學習，參見《給布魯圖斯的信》（Epistulae ad Brutum）2, 6。

8　西塞羅，身為一位「學院」思想的追隨者，認為逍遙學派只是以不同方式表述學院的思想，它們之間的不同是「用語」（vocabulis）（《學院思想》I, x, 37）。亦可參見 II, ii, 8 的注釋。

斷,因為從事哲學活動的知識許多人皆可擁有,它是演說家的特質,話要說得適切、清晰及優雅[9],由於我在此學科上耗費青春,若我認同它,我似乎在某層面上以我的權威保護它[10]。

(3)因此,我非常鼓勵你,我的小西塞羅,不但要勤勉閱讀我的演講,而且要讀哲學相關的書籍,這些書幾乎與我的演講稿一樣多[11];事實上在演講稿中言說的力量較大,但這平和適中的演講方式也要練習。其實我知道這至今尚未出現在任何希臘人身上,所以在這兩類言說方式上你要努力體悟:公開演說的方式及平和討論的方式。或許法雷倫的德梅特里烏斯[12]可被視為這種人,精確的討論者,不太激烈的演說家,儘管如此是位令人愉悅的演說家,塞歐弗拉斯圖斯的學生可能知道他。此外,我們在這兩件事上會有長足的進步,會有其他人的評斷:

9　參見《論演說家》(*De Oratore*) I, xxxii, 144:以一、單純,二、清晰明瞭,三、優雅地及四、合於及相稱於主題的方式言說。

10　普路塔荷認為這是西塞羅的自我炫燿,參見 *Plut. Comp. Dem. et Cic.* II。

11　此說雖有誇大之嫌,但西塞羅至此已出版了約75至80篇的演講詞,其中有17至22篇只剩斷簡殘篇;至於他的哲學與修辭學的作品有56卷,尚有些計畫中未完成的作品,參見 A. R. Dyck: ibid. 65-66。

12　德梅特里烏斯(Demetrius of Phalerum,約350-283 BC),逍遙學派哲學家及雅典政治人物,為塞歐弗拉斯圖斯(Theophrastus,約371-287 BC)的學生,重視哲學與修辭學的整合。後者於西元前317年至315年對前者在雅典憲法修訂上,有高度的影響。西塞羅在《演說家》(*Orator*)提及德梅特里烏斯的演說形式是介於簡單與華麗之間的中間形式(xxvi, 92);《論法律》III, iv, 14有言,德梅特里烏斯將其政治哲學思想付諸於實行。

（4）我們確實了解這兩種言說方式。至於我，我看重柏拉圖，若他希望操作公共演說的方式，他有能力以極為嚴肅及流暢的方式發表演說，德莫斯塞內斯[13]有能力說得流暢出色，若他從柏拉圖那兒學到那些事，並記得且希望發表；關於亞里斯多德與伊索克拉提斯我以相同的方式評判，他們兩人對自己的著述感到滿意，卻鄙視對方的作品[14]。

[II] 然而當我考慮寫些什麼給你，在此時，在漫長的未來[15]，我最希望從最適合你的年紀及我的權威的事開始。因為在哲學中，哲學家費心完整地討論許多嚴肅有益的議題，那些由他們傳承並教授的關於義務的事，似乎廣為人知。事實上生命中沒有一

---

13 德莫斯塞內斯（Demosthenes，384-322 BC），曾從柏拉圖學習哲學，但隨後放棄（《布魯圖斯》XXXI, 121），為雅典偉大的政治演說家，西元前355年後逐步從司法界進入政治圈，從西元前352年以降發表三部演說提醒雅典人北方馬其頓的菲利普二世（Philip II）的帝國野心，西塞羅於晚年還模仿他寫《菲利皮凱》，用以聲討安東尼。

14 西塞羅認為柏拉圖及亞里斯多德皆不曾在法庭任職過，這是正確的說法，但後者曾著演說術的相關著作《修辭學》（Rhetoric）；西塞羅在《演說家》中讚美柏拉圖的文章與講演皆具高貴與優雅的特質（gravitate et suavitate），但少了力道與刺激（neque nervos neque aculeos）。普路塔荷記載，西塞羅與德莫斯塞內斯的差異在於，後者專注在修辭學，但前者熱中於哲學（Plut. Comp. Dem. et Cic. I）。關於西塞羅記載亞里斯多德與伊索克拉提斯（Isocrates，436-338 BC）間的競爭，參見《在圖斯庫倫的論辯》I, iv, 7；《演說家》XIX, 62；《論演說家》III, xxxv, 141。伊索克拉提斯，雅典著名的演說詞作家，是位拙於言詞，但精於修辭學理論的作者。在馬其頓的威脅遽增的情況下，他於西元前355年發表三部演說詞，一部鼓吹雅典與希臘所有的城邦謀和，另一部主張恢復雅典的憲政傳統。

15 西塞羅的死使得考慮未來將寫些什麼給兒子的事永無實現之日。

部分，無論是國事或私事，公共事務或家務事，無論是你對自己的行為或與他人的約定，都不能沒有義務，在每一個立基於生命中的部分，應珍惜每一件高尚[16]的事物，忽略每一件有損顏面的事。

（5）其實這是所有哲學家共同的探究[17]。因為有誰敢說自己是哲學家，當沒有任何關於義務的準則被傳授下來？沒有任何主張善與惡的範圍的學問推翻所有的義務，因為以此方式教授至善的人，會使無物與德性結合，他以自身的利益，而非以道德來判斷每一個善，在此，若他言行一致且不會偶爾被人性的道德完整給說服，他不可能珍惜友誼、法律及善意。勇者當然完全不可能斷定痛苦是最大的惡，或節制之人判斷快樂是最大的善[18]。雖然這些議題就在手邊，不需現在討論，但我們會在他處討論[19]。

（6）因此，若這些學問想要與它妥協的話，它們會無法說與義務相關之事，確定、一致及與人性結合的義務準則也無法陳述，除非那些只為了正直，或對正直非常渴求的人自己陳述。那個訓誡是斯多葛學派、學院及逍遙學派的特色，因為亞里斯

---

16 「honestas」在此與希臘字「*kalon*」（高尚或美的事物）同義；當然亦可以其原意譯之，有榮譽的事物或德行。

17 在《論界限》中，西塞羅陳述各個哲學家或哲學學派對至善及至惡為何的看法（II, xiii, 39 ff.）。

18 西塞羅想必是在批判伊比鳩魯的思想，以快樂為至善，參見《論界限》II, xvii, 56及III, viii, 29。

19 參見《論界限》卷二的論述。

投[20]，皮若[21]及艾里魯斯[22]的看法早已被駁斥[23]，儘管如此，他們有自己討論義務的正當性，若他們允許某種對事物的選擇，如此會有通往發現義務的入口。因此，我們在當下的探究中是跟隨最重要的斯多葛學派哲學家，不是當翻譯者，而是，如我們所習慣，從他們思想源頭開始，以我們的判斷與決定，我們會體會多少，以什麼方式它會被理解[24]。

（7）那麼這似乎不錯，因為所有的論證都將與義務有關，先定義什麼是義務[25]。我驚訝這被帕奈提烏斯[26]所忽略，因為所有關於某事例的安排被思想接受，應該從定義出發，以了解所討論的相關議題是什麼。

20　亞里斯投（Aristo of Chios，約活躍於250 BC）是斯多葛學派創立者芝諾（Zeno）的學生，克雷昂塞斯（Cleanthes）的朋友。雖然主張德性的重要性，但認為如何使用德性更重要。

21　皮若（Pyrrho of Elis，約365/60-275/70 BC），古希臘懷疑主義的創始人，主張懸置判斷以獲得平靜生活。

22　艾里魯斯（Erillus〔或Herillus〕，C 3 BC）來自迦太基的斯多葛學派哲學家，是學派奠基者芝諾的學生，他主張追求知識，而非德性，是人生的首要目標（《論界限》II, xv, 43 及 V, viii, 23）。

23　參見《論界限》II, xi, 35 及 V, viii, 23。

24　這段敘述有兩層意義：一、西塞羅在倫理議題上以斯多葛學派思想為立論基礎，並非斯多葛學派的倫理思想為真，而是其在真的概率上較其他學派思想高；此外在其他議題則不必然採取斯多葛學派的思想，他會採用其他學派的思想，這符合他身為學院思想追隨者的身分；二、西塞羅的方法論是，不翻譯所引用的哲學家的思想（亦可見II, xvii, 60），但以轉述的方式呈現其思想與看法，並在這些看法上加諸個人的判斷及觀點（參見《論界限》I, ii, 6）。此外III, ii, 7西塞羅指出他有時候會修正帕奈提烏斯的觀點；II, v, 16顯示，他會濃縮及簡化帕奈提烏斯的論證。關於這個議題，可參見徐學庸：2008, 41-48 的論述；T. N. Mitchell: ibid. 275, n. 135。

[III] 所有關於義務的探討有兩類：一類就善的目的而論[27]；另一類被置於格言訓誡中，生命中每一環節的常規皆可在這些格訓中形塑。這些例子是與前類義務有關的問題，是否所有的義務都完美，某種義務是否比另一種更重要及諸如此類之事。然而關於這些義務的格訓的傳承，雖然它們是就善的目的而論，但這一點都不明顯，因為它們似乎較關注社會生活的組織安排，關於此必須在我們的各卷中處理。

（8）此外，關於義務還有另一種區別[28]；因為我們稱義務是某種中道及完美。我認為我們或可稱完美義務為正當，因為希臘人說的恰到好處[29]，但他們稱共同分擔的義務為〈中庸〉[30]。因此他們以此方式限定了什麼是正當，他們確立這個義務是完美的；然

25　為論證的主題先下一定義，西塞羅表現出自己是位優秀的學院哲學家，參見《論共和國》I, xxiv, 38；關於定義的說明，參見《論演說的分類》XII, 41 及《論題》（*Topica*）II, 9 與 V, 27，「定義是解釋被定義者是什麼的陳述」（Definitio est oratio quae id quod definitur explicat quid sit）。

26　參見導論第二部分的敘述。

27　德性行為關乎幸福生命（*eudaimonia*）的追求，這類的探討，對西塞羅而言，離日常生命較有距離。

28　因此關於義務可區分為三類：一、目的，二、格言訓誡，以及三、中道或恰到好處。

29　「katorthōma」原意為修正或成功，亞里斯多德似乎是第一位將此字用於道德思想脈絡的哲學家，一個人能「katorthoun」，意謂其行為會產生好的結果，論述的前提是行為本身合乎道德（《尼科馬哥倫理學》，1107a14）。

30　Holden 及 Miller 的版本皆為「commune officium kathēkon」，但 Winterbottom 的 OCT 版本是「commune officium <meson>」。P. G. Walsh: ibid. 131 支持後者的修訂，但未詳述理由；A. R. Dyck: ibid. 78-79 指出「medium officium」（中道的義務）與「commune officium」（共同承擔的義務）只有當「commune officium」之後加上「meson」（中庸的）或「kathēkon」（合宜的）才是同義詞。

而他們是說，這個義務是中道，因為行為的可能理由可被提出。

（9）因此，帕奈提烏斯認為，關於下判斷的思考有三種。首先，關於行為是道德或卑劣的，人們在他們的思慮中猶豫；在思慮中理性經常對反的意見感到茫然失措。再者，人們探究或諮詢與生活利益及享樂有關的事。關於事物的功能與便利，關於用處，關於效率，藉這些事他們可以使自己感到愉悅，但他們不思考無用之事，所有的思慮都是配合利益用處的理由。第三，有一種懷疑，當行為不符合德性，因為它似乎是為了獲利。因為利益實際上似乎是掠奪自己，反之，正直似乎[31]是重獲自己，在思考中理性出現困惑，且助長思想搖擺的焦慮[32]。

（10）在此分類中有兩件事被略而不談，因為分類的過程中，帕奈提烏斯忽略了某個嚴重的錯誤。事實上不僅行為是道德或卑劣經常被思考，而且所提出的兩種正直是否比較正直，同樣的，所提出的兩種利益是否比較有利也經常被思慮。因此他認為有三種考量必須被分配到五個部分中，且在其中被發現。所以首先是關於德行，但有兩種解釋，再來提出關於利益的說明，之後必須討論關於它們的比較。

[IV]（11）從一開始自然賦予一切有生物這些能力：保護生命及身體，避免看來會造成傷害的事，及追求與準備一切生活上的必需品，如食物、藏匿處及其他相同的事物。此外，為了繁衍

---

31 「videtur」（似乎）這個字可視為第三卷內容的伏筆，西塞羅在該卷將討論道德與利益不必然相互衝突。

32 這三種思考或分類形成了《論義務》的論證結構，卷一論述德性行為，卷二論述利益與用處，卷三則論證道德與利益之關係。

後代，交媾的自然欲望及對其後代的關心是一切有生物共通的特質[33]。但這在人與動物中有所不同[34]，因為後者只受感覺的影響，只向當下的事物移動，且專注在眼前的事物，對過去與未來之事感覺甚少。然而人，因為分享理性，藉由理性可判知結果，了解事物的原因，且對在事物原因之前的東西，所謂前因，並不是不

33　根據狄歐金尼斯・拉爾提烏斯（Diogenes Laertius）的記載，斯多葛學派哲學家克呂希普斯（Chrysippus，參見III, x, 42）主張，自我保存（to tērein heauto）是動物的最初動力（hormē），這是自然從一開始就使它為動物所有（oikeiousēs）（LS 57A）。關於希艾洛克雷斯（Hierocles）認為自我保存是生物的本能，參見LS 57C；關於自愛或自我保存的觀點，亦可參見西塞羅《論界限》III, v, 16。此外，在柏拉圖的《饗宴篇》（The Symposium）中，蘇格拉底敘述迪歐緹瑪（Diotima）提出關於愛的論證：「你認為，蘇格拉底，這個愛與欲求的原因是什麼？難道你沒知覺到所有的動物都會特別受到影響，一旦牠有生殖的欲望，……，且由於愛的關係他們都感到焦慮，首先是關於與對方交配的焦慮，然後是關於養育後代的焦慮，……」（207a6-b2），表達出相同的觀點；然而值得一提的是，斯多葛學派或特別是帕奈提烏斯，並沒有像柏拉圖將此欲望與對不朽的欲求結合。

34　根據亞里斯多德的說明，植物、動物及人都分享攝取營養的靈魂能力（dunamis psuchēs），後二者分享感覺及移動能力，但只有人具有理性能力（logismon kai dianoia），參見《論靈魂》（De Anima）414b20 ff.。根據艾提烏斯（Aetius）記載，斯多葛學派主張靈魂有8部分，最主要及最高階的部分是領導的部分（to hēgemonikon），即理智（logismon），從此部分產生其他7部分，其中5個是主司視覺、嗅覺、聽覺、味覺及觸覺，所剩的兩部分，一是掌生殖，另一是管言說（LS 53H）；德爾圖良（Tertullianus）記載，帕奈提烏斯認為靈魂有六部分，'Dividitur（sc. anima）autem in partes, … in sex a Panaetio'（Fr. 85），因為他將言說的部分併入動力的管轄（kath' hormēn），將生殖的部分視為生理狀態的一部分（meros tēs phuseōs），而非靈魂的一部分（Fr. 86）。西塞羅在《論法律》I, vii, 22亦提出人與動物不同，在於前者具有理智及思慮（plenum rationis et consilii）。

知道，會比較相似的事物，且在當下的事物上結合與聯繫未來之事，輕易地理解整個生命歷程，並準備必要的東西度日。

（12）同一個自然也藉由理性的力量將人與人結合在一起[35]，為了有理性與生命的同伴，並特別創造某種特殊的愛在那些受造物中，它鼓勵人們的相會與聚集，它希望他們自己能參與其中，由於這些緣故，它熱心準備那些供給衣食的東西，不僅是為了自己，也為了伴侶、小孩及其他他關心且該保護的人，此一關懷也讓人們的精神為之一振，並使他們更熱中於做事[36]。

（13）特別是，探討與研究是人真正的特質[37]。因此當我們免於必要的工作及擔憂時，我們希望看某事、聽某事及多學點事[38]，我們認為關於神祕或令人驚奇的事物的知識，對活的快樂是必要的。從此可知，因為真理簡單明瞭，它最適合人性。與了解這個真理相結合的欲望是領導人的某種自然欲望，所以受過良好教育的靈魂在本質上不願服從任何人，除非他為了益處以正當及合法的方式告誡、教導與命令，從此出現雄心[39]及對世俗事物的鄙視。

35　在《論界限》III, xx, 65西塞羅說：「我們是為與人結合聚集及為了自然的情誼而生」；無人愛孤獨生命，參見《論友誼》XXIII, 86-88。

36　參見柏拉圖《第九封書信》（*Epistle* 9）358a-b及西塞羅《論界限》II, xiv, 45。

37　求知是人類與生俱來的欲望，參見亞里斯多德《形上學》（*Metaphysics*）的第一句話 'Pantes anthrōpoi tou eidenai oregontai phusei'（980a22）及西塞羅《在圖斯庫倫的論辯》I, xix, 44, 'natura inest in mentibus nostris insatiabilis quaedam cepiditas veri videndi'。

38　閒暇之餘從事哲學，參見《在圖斯庫倫的論辯》I, xix, 44-45；不同於羅馬人，希臘人認為哲學研究可成為一專職，且從事哲學研究須不受俗務干擾。

39　「magnitudo animi」與「magna anima」（雄心）同義。

（14）事實上自然與理性的影響力不小，因為只有這個動物
感知什麼是秩序，什麼是適切的事，及在行為與言談中什麼是恰
如其分。因此我們藉視力所感知到那些事物的美麗、魅力及各個
部分的和諧，其他動物無法感知到。自然與理性將此相似之物從
眼睛傳遞至靈魂[40]，認為這美、恆定與秩序更應該被保存，並提
醒不要做有失體面或不具男子氣概的事，而且在所有的意見與行
為上都不要做或想情欲之事。

　　從這些事會產生及實現我們所追求的德行，就算它不是最富
盛名，却是高尚可敬的；我們正確地說，對自然而言，它是值得
讚賞之事，雖然它不被任何人稱讚。

[V]（15）其實你，馬庫斯我的兒子，看見那形象，就像看
到正直的樣貌，若它被雙眼識出，如柏拉圖所言[41]，會激起對智
慧不可思議的愛。然而每一個德行的事都起源於某四種源頭[42]其
中一種，因為不是某人忙碌於真理的了解與精微；就是忙碌於維
持人群的聯繫，分配給每個人應得的事物[43]，及確保關於約定事
務的承諾；還有忙碌於卓越無敵的靈魂的偉大與堅實；不然就是

40　這個說法或許是從柏拉圖而來的靈感，參見《饗宴篇》211b5-212a7。

41　參見《費德若斯篇》（*The Phaedrus*）250d，'*deinous gar an pareichen erōtas,
　　ei ti toiouton heautēs enarges eidōlon pareicheto eis opsin ion*'（d4-6）；亦可參
　　見《艾爾奇比亞德斯篇》（*The Alcibiades*）132d-133c，蘇格拉底以眼睛看別
　　人雙眼中之自己的倒影，看見自己為例，說明靈魂在其他的靈魂所具有的智
　　慧中看到自己。

42　即四樞德，正義（12）、智慧與勇氣（13）及節制（14）。

43　這個正義的概念是源自柏拉圖《理想國篇》433e10-434a1及斯多葛學派的正
　　義觀（LS 61B, C, H）。

忙碌於一切所做所說的事物的秩序與標準，謙遜與節制在其中。

　　雖然這四部分相互連結糾纏，但從每個單獨的部分產生某種義務，一如從首先描述的那部分，在其中我們放入智慧與慎思明辨，真理的尋找及發現屬於這一部分，這個義務是此一德性的特質。

　　（16）因為任何人能更精準看見在任何事物中的最真之物，都能以最敏銳快速的方式了解及說明道理，他經常被恰當地認為是最慎思明辨及最有智慧的人。因此從屬於此德性的是，它處理及涉入的事物，真理。

　　（17）此外，準備及保護那些使生活中的活動得以維持的事物之必要性，是由剩下來的三個德性來表現[44]，所以人的交誼與聯繫可被維持，且靈魂的優越及偉大在增加資源及提供自己與親友利益，更甚者，在看輕這些資源與利益上綻放光芒。另一方面，秩序、綱常、節制及那些與這些類似的德性被認為是那種一個行為必須與之符合的例子，不只是心靈的活動。因為將某種標準及秩序應用於生活中所處理的事務上，我們保持端正的儀節。

　　[VI]（18）再者，從這四個主題，我們曾區分出德行的本質與意義，首先，那存在於真正的思考的事物，對人的本質影響甚深。因為我們都受到思想及知識的欲望的吸引及驅使，在其中我們認為卓越是美的特質，而失誤、犯錯、無知及受騙使我們過得狼狽可恥。此種與生俱來的德行中，我們必須避免兩種錯誤，一

44　由於智慧只處理真理，正義、勇氣及節制這三個德性則處理人的日常生活事務（actio vitae）；儘管如此，真理之探究應兼顧其實用性，參見VI, 19。

個是讓我們不要偏愛未受認定之事甚於已被認定之事，且讓我們不要輕率同意這些未受認定之事[45]，因為想要免於犯錯之人（事實上所有人都該這麼想）會耗時勤勉地思考這些事。

（19）另一個錯誤是，有些人投注相當多的熱忱及時間在模糊困難卻非必要的事上[46]。若要避免這些錯誤，將思想的時間與注意力置於道德及有價值的事物上，這會受到妥適的讚美，如在天文學中我們聽過蓋伊烏斯・蘇爾皮奇烏斯[47]，幾何學中我們知道塞克斯圖斯・彭沛烏斯[48]，邏輯中我們知道許多人，公民法中我們知道更多人，這一切的知識都與真理的探究有關。從管理政務中被對真理的熱中給吸引是違背義務，因為德性的一切讚美[49]在行為中。然而行動的中斷經常發生，許多人被允許回到研究，此外心靈的活動未曾停歇，它能夠在思想的研究中支持我們，甚至不用我們的活動力。然而所有的思考及靈魂的運動，要從事與德性行為、活得好及快樂相關的決定上，或是知識與思想的研究。

45　西塞羅所表達的是典型的「學院」思想，參見《學院思想》I, xii, 45，特別是他說，最可恥之事是同意與贊成逾越了知識與感官知覺。

46　西塞羅認為，對哲學的追求不可以影響個人在公共事務上的表現，參見《學院思想》II, ii, 6。德性與行為的關係，參見《論界限》V, xxi, 58及《論神的本質》I, xxxix, 110。

47　蓋伊烏斯・蘇爾皮奇烏斯（Gaius Gallus Sulpicius, C 2 BC），於西元前169年任法務官，在西元前169年預測月蝕，使得軍隊在皮德納（Pydna）戰役前不受月蝕影響。他於西元前166年任執政官。

48　塞克斯圖斯・彭沛烏斯（Sextus Pompeius），西塞羅在《布魯圖斯》XLVII, 175提及此人不僅投身於幾何學，亦專注於法律及斯多葛學派哲學思想。

49　H. A. Holden: 1899, 165認為，「laus」（讚美）這個字在此有功能之意。此外亞里斯多德在《尤德莫斯倫理學》（*The Eudemian Ethics*）1219b8說，對德性的讚美是因為行為（dia ta erga）。

（20）到此，我們實際上已提到關於義務的最初源頭；

[VII]然而關於剩下的三個德性，此議題最廣為人知，人與人之間的聯誼及所謂生命的伙伴皆依此得以維持。它有兩個部分：正義，其中德性的光輝最耀眼[50]，藉由它好人[51]得以名之；與此關係相近的是仁慈，它也可被稱為寬大及慷慨[52]。

但正義的首要任務是不要讓任何人傷害他人[53]，除非他受到不當的挑戰，再者，讓任何人使用公共財產是為了公共目的，使用私人財產是為了私人目的。

（21）私人財產不是出於自然，而是長期經營事業的結果，例如之前人們來到荒地，或是在戰爭中獲得勝利，或在法律、契約、規範及運氣中獲利[54]。長期經營的結果是阿爾皮農的土地被

50　參見亞里斯多德《尼科馬哥倫理學》1130a8-10，正義不是德性的一部分，而是完整的德性（holē aretē）。

51　「viri boni」（好人）在此不具有斯多葛學派智者的意涵；它表達出下列三個面向：一、一般性的道德概念，正義之人為有德之人；二、羅馬法律訴訟上的審判（III, xvii, 70 及 xix, 77）；三、類似專門性之政治術語，具有享有政治權力資格之人，參見D. Earl: ibid. 19-20。

52　H. A. Holden: ibid. 164認為，西塞羅在此關於正義及仁慈的區分，與斯多葛學派的「isotēs」（平等）與「eugnōmosunē」（公平）之區分類似；然而E. M. Atkins: 1990, 264-266認為Holden的詮釋不妥，她論道，「iustitia」（正義）是對應「dikaiosunē」（正義），而非「isotēs」，且「beneficentia」（仁慈）與「eugnōmosunē」並無相對應的意涵。Atkins教授因此主張，正義有兩部分的觀點不是承自斯多葛學派的思想，而是西塞羅個人對其所身處的社會實際運作所提出的觀點。

53　不傷害他人是對正義的一消極理解；為公益服務是對它的積極理解（X, 31）。

54　J. Annas: 1997, 170認為，西塞羅在此提出每個人對屬於自己之物，具有正當

認定為屬於阿爾皮農人，圖斯庫倫的土地是屬於圖斯庫倫人的，私人財產的分配也類似如此[55]。由於這個分配的結果，某些原來是公有財產的事物，變成私人財產，因為個人的運氣，任何人擁有它，從此若有人為自己牟利[56]，他將違反高尚社會的法律。

（22）但因為，如柏拉圖清楚所寫的[57]，我們不僅為自己而生，且國家是我們存在的部分原因，朋友也是。此外，如斯多葛學派認可[58]，在大地之上所有受造事物的產生是為人所用，但人的出生是為了人的緣故，所以在人之間可以互蒙其利，這事上我們應跟隨自然的指引：為了公益帶來為眾人所用之事，在人與人之間的交誼以施與受的相互協助，以技藝、工作及能力的互通有無來強化。

（23）此外，正義的基礎是誠信[59]，它是關於承諾與約定的堅持及誠實。因為，雖然這個說法對某人而言是牽強的，但讓我們勇於傚效斯多葛學派哲學家，他們苦心研究語言從何處形成，且

（續）——

　　的所有權，但沒提出理論或標準證明，此一所有權的正當性；然而 M. Scho-field: 1999, 227, n. 67 認為，西塞羅沒提出證明，並不是因為他對此一標準無想法，而是他在原則上的忽略，且正義與法律理當接受私產的所有權。

55　西塞羅以其出生地（阿爾皮農）及其擁有的別墅所在地（圖斯庫倫）為例。

56　OCT 的版本在「e quo si quis」前後置入匕首符號，表示對此表述有疑；Holden 的版本是「eo plus si quis」，譯文為「從此若有人為自己牟更多的利」。相關討論，參見 A. R. Dyck: ibid. 112。

57　參見柏拉圖《第九封書信》358a。

58　參見西塞羅《論神的本質》II, lxi, 154；關於克呂希普斯的主張參見 ibid. II, xiv, 37。

59　D. Earl: ibid. 33 指出，誠信是羅馬政治的基石，它特別表現在派閥與派閥間的關係及保護主與被保護之平民的關係上。

讓我們相信所謂的誠信，因為所言之事會發生[60]。

　　然而，不正義有兩種：一種是造成不正義，另外一種是被不正義之事所影響，若可以的話，它們不會避免傷害。因為對某人做不當攻擊的人，不是受憤怒所激，就是受某種其他的情緒的鼓動[61]，就好像他將手置於同伴身上；但此同伴既不避免也不制止傷害，若他能的話，這種錯就如同放棄父母、朋友及國家一樣。

　　（24）事實上這些傷害，它們有意使人負傷，經常是出於憂心恐懼，因為想要傷害他人的人擔心，除非他傷害他人，否則會遭致某種不利於己的事。然而他們多半出手傷人，所以可獲得他們所欲求的事；在這錯誤中貪婪是顯而易見[62]。

　　[VIII]（25）再者，財富的需求不僅是為了生活必須，也是為了欲望的滿足。然而對財富有較大熱愛的人，從這些金錢他的欲求看到權力與影響力，及予人恩惠的資源，如近來馬庫斯・克拉蘇斯[63]否認，他會滿足於任何大量的家產，他想成為國家的領導者，若他無法以家產的收入供養一支軍隊的話。甚至可觀的收入及精緻富裕的舒適生活令人愉悅；這些事證明，對金錢的欲望

60　西塞羅以「fides」（誠信）及「fiat」（將發生）表現兩者字源相似，中文譯文無法呈現，特此說明。

61　斯多葛學派認為情緒（*pathē*）是非理性及過度的衝動（*hormai*），既違背自然亦違背理智，參見LS 65J。

62　亞里斯多德有云，貪婪是不正義之源頭（《尼科馬哥倫理學》1130a31）。

63　馬庫斯・克拉蘇斯（Marcus Licinius Crassus，約115-53 BC），又有富者（Dives）之稱號，羅馬政治人物及軍事將領，他於西元前71年籌組4萬名軍人在陸卡尼亞擊潰史帕爾塔庫斯（Spartacus）率領的奴隸革命。

是無盡的。事實上家族財富的增加，不傷害任何人的情況下，不應被責難，但這必須避免不正義[64]。

（26）此外大多數人認為，當他們掉進追求軍事，政治職務及榮耀的欲望中時，他們忘了正義。事實上艾尼烏斯[65]說：

對暴君沒有神聖不可侵犯的交情，也沒有誠信。

這句話可適用於較多的事例。因為任何諸如此類情況的存在，其中大多數人不可能出類拔萃，那情況通常會發生激烈的競爭，以致於很難維繫「神聖不可侵犯的交情」。最近蓋伊烏斯‧凱撒[66]的輕率魯莽顯示了此事，他為了趁民意迷惑替自己安排帝王之位，破壞一切神聖及世俗的律法。其實在這種情況下，令人困擾的事是，極富熱情與卓越才能的人身上，通常存在著對功名、權力、影響力及榮耀的欲望。要更加注意的是，不要在這種事上犯錯。

（27）然而，一切不正義的事例中存在相當的差異性：不正義的發生是在靈魂的某種情緒下，它通常為時不長且是臨時性

64　以不正義的方式為個人謀取利益是違背義務亦背離人性，參見 III, iv, 19-v, 21。

65　艾尼烏斯（Quintus Ennius，239-169 BC），生於位在卡拉博里亞（Calabria）的魯迪艾（Rudiae），深受希臘文化及語言影響。在第二次迦太基戰爭加入羅馬軍，成為百夫長，並由老卡投將他帶回羅馬。約於西元前186年獲得羅馬公民身分，在羅馬教授希臘文與拉丁文，並與貴族交好。他最重要的著作是《年譜》（Annales），敘述從艾尼德離開特洛伊至迦太基戰爭的故事。他自認為拉丁的荷馬。

66　蓋伊烏斯‧凱撒（Gaius Iulius Caesar，100-44 BC），高盧的征服者，第二次內戰的勝利者及羅馬的獨裁者，西塞羅在此暗喻凱撒被刺的正當性。

的，或是發生在擘畫設計及深思熟慮的情況下。這些在某種突發
情緒中發生的不正義之事，與那些經過思慮及準備而產生的不正
義之事相較，嚴重性較低[67]。

　其實關於不正義的發生說得夠多了。

　[IX]（28）關於義務的辯護與放棄的諸多理由通常必須被忽
略。因為人們不願樹敵、受苦或犧牲；或無心、緩慢及怠惰，或
被他們個人的工作或某些職務給阻擋，所以他們允許該受保護的
人被遺棄。因此在柏拉圖的著作中關於哲學家的說法是否令人滿
意，必須斟酌思考[68]：因為他們從事真理的探究，且因為他們鄙
視大多數人熱烈期盼欲求的事物，人們經常為了這些事互相攻
擊，且他們視這些事為無物，因此他們是正義之士。沒錯，他們
追求另一種正義，不以從事不正義的行為傷害任何人，他們陷入
這另類的正義，因為他們被學習的熱忱所阻礙，放棄他們應該保
護之人。因此他們認為自己將不會參與政治，除非受迫[69]。但這
依他們的意願發生會較好，因為本質上是正當的行為之所以是正
義的，只有當它的發生是出於自願。

67　出於突發情緒的行為雖可對之減輕懲罰，但依然是屬於自願的行為，參見柏
　　拉圖《法律篇》866e ff.，亞里斯多德《尼科馬哥倫理學》1111b1-3 及西塞羅
　　《論題》XVII, 64。西塞羅在此的論述似乎未參照斯多葛學派之學說，因為
　　這兩種行為在斯多葛學派的觀點下皆為非理性的，即受制於情緒。

68　帕奈提烏斯是柏拉圖的崇拜者（Fr. 57），他對柏拉圖的對話錄有頗多的關
　　注（Frr. 126-130）。西塞羅在此是指柏拉圖《塞鄂提投斯篇》（The Theaete-
　　tus）173c-174a，哲學家與世俗事務脫節。

69　參見柏拉圖《理想國篇》347c，520a-e 及 540b，哲學家「被迫」執政。關於
　　西塞羅對智者不參政的態度，參見 XXI, 71。

（29）此外，有人藉由關切家務的熱忱或某種對人的憎惡，宣告他們從事的是自己的事業，對他人不會產生真正的傷害。他們避免了一種不正義，却涉入另一種不正義；事實上，他們放棄了生命中的聯繫，因為他們個人所追求的是對此聯繫沒有任何貢獻，不做任何努力，也不提供任何資源。

（30）因此我們提出兩種不正義，並分別附上理由，先前我們確立那些標準，藉此可獲得正義，我們將可在每個情況下判斷自己的義務是什麼，除非我們極為自私。因為對他人的事情表現關切是困難的[70]。然而，特倫提烏斯[71]筆下的角色克瑞梅斯「認為關於人的事皆與他有關」；但儘管如此，因為我們對發生在自己身上的好事或壞事的感受與知覺，比對發生在他人身上的事的感受與知覺來得強烈，就像是我們在遠距中看著他們，對於他們及對於自己，我們的判斷不同。因此，他們有不錯的建議，避免做任何你不清楚是公平或不公平的事[72]。因為正義會透過其自身散發光芒，懷疑指出不正義的想法。

[X]（31）然而經常發生的情況是，被認為極為適合正義的人及我們稱之為好人的行為，改變成為相反的行為，例如退還押

70　亞里斯多德曾云，正義是他人的善（*allotrion agathon*）（《尼科馬哥倫理學》1130a3-4）。

71　特倫提烏斯（Publius Terentius Afer，即 Terence，約195-159 BC），羅馬喜劇詩人，生於迦太基，成為元老院議員特倫提烏斯‧拉卡奴斯（Terentius Lacanus）的奴隸，後者提供他教育，並給予他自由。他的創作主要是以希臘喜劇為依據。

72　A. R. Dyck: ibid. 127指出這是民間的智慧。

金、許下承諾，及真理與誠信的促進，有時候逾越及不遵守這些行為規範是正義的。因為重新回到我一開始所定下適切的正義基礎，首先，勿傷人，再者，為公益服務。行為隨情況改變，義務改變且不會一直維持不變。

（32）因為這可能發生在某個承諾或契約上，履行承諾有害無益，無論是對被承諾人或承諾人而言。如神話中[73]若海神內普圖奴斯沒有做祂承諾塞修斯的事，塞修斯不會失去他的兒子希波呂投斯，因為出於三個願望，如神話所言，這是第三個願望，盛怒的塞修斯希望希波呂投斯死，當心願完成，他陷入極度的哀傷。因此對被承諾之人有害的承諾不須履行，若這些承諾對你的傷害比對你下承諾之人的利益大，也不須履行，違反義務比偏愛較沒價值的事更重要[74]。例如，若你與任何人有約，你將以證人的身分上法庭，且同時你的兒子開始生病，不履行你所言之事並不違反義務，若你下承諾之人抱怨自己被棄之不顧，反而是他違背義務。此外，某人沒有必要依約遵守那些承諾，若他做承諾時不知道自己是受恐懼的脅迫及受悲傷的欺瞞，事實上行政官的敕令免除了許多義務[75]，法律也免除了一些。

73　典出尤里皮底斯（Euripides）《希波呂投斯》（*Hippolytus*）887 ff.。塞修斯（Theseus）為傳說中雅典的明君，結束雅典向克里特島獻祭七對童男童女的舊習，參見柏拉圖《費多篇》（*The Phaedo*）58a10-b1。

74　關於義務的履行行為者應考量人倫關係（XVI, 50）及從事何行為（XVIII, 59）。

75　行政官的敕令每年頒布一次，是榮譽法（ius honorarium）中的一部分，其功能是對民法（ius civile）做補充修正，參見 H. A. Holden: ibid. 173。

（33）不正義也以某種極高明的狡辯存在著，但法律的詮釋上是詭詐的。藉此，那句陳腔濫調「無上的法律是不正義的極致[76]」出現在日常語言中。許多諸如此類的錯誤甚至出現在國與國的交際中，如他[77]，當與敵人訂定三十天的停戰協定，在晚上掠奪土地，因為協定事關白天不關夜晚。

若真的是昆圖斯・法比烏斯・拉貝歐[78]或其他人（因為我只有聽說此事），我們不應贊許自己的同胞，他被元老院指定為奴拉及拿波里邊境的仲裁者，當他到達該地，他與雙方分別晤談，他們不熱中於做任何事，也不急切，却想要撤退更甚於前進。當雙方皆完成撤退，中間留下一片土地。這片地便劃定了它們之間的界線，如他們所言的邊境，他將此中介地歸給羅馬人[79]。這事實上是欺騙，不是仲裁。結論是，在所有的情況下諸如此類的精明應要避免。

[XI]（34）然而對會帶給你傷害的人的某些義務還是須履行。因為報復與懲罰是有底線的；我說得更恰當些，或許這是足夠的：一個為惡之人後悔自己的不正義行為，所以他不會在未來

---

76 語出特倫斯《自我苦惱之人》（*The Self-Tormentor*）796。

77 這是指斯巴達王克雷歐梅內斯三世（Cleomenes III），於西元前235至222年統治斯巴達，在與阿爾勾斯（Argos）訂定失敗的和平協約後，於西元前225年攻陷阿爾勾斯。

78 昆圖斯・法比烏斯・拉貝歐（Quintus Fabius Labeo），於西元前183年任執政官。

79 瓦雷里烏斯・麥克希穆斯（Valerius Maximus）也曾提及這則軼事，參見《著名言行錄》（*Memorable Sayings and Doings*）VII, iii, 4。

做諸如此類之事，其他人也會較無意於不正義之事。

　　此外在國與國的關係上，戰爭的正義必須特別地確保。例如有兩種決勝負的方式，一種是透過法律的討論協商，另一種是透過武力，由於前者是人的特質，後者是禽獸的特質，有必要依賴武力，若協商討論不被允許使用[80]。

　　（35）因此為了那個理由一定要開啟戰爭，在和平正義中過活，然而戰勝之後，那些戰爭中沒有殘暴言行的人應被饒恕，他們不是野蠻人，如我們的祖先甚至曾接納圖斯庫倫人、艾奎人、渥斯奇人、莎賓人，以及艾爾尼奇人具有公民身分[81]，但他們徹底摧毀迦太基與奴芒提亞[82]；我拒絕他們完全毀滅柯林斯，但我

80　協商討論是人理性活動的表現，若兩造中有一方否認自己的理性本質，即以武力攻擊，被攻擊的一方出於自衛及制止對方的侵略與令其感到後悔，亦可使用武力（參見《給阿提庫斯的信》XIV, 15，西塞羅對都拉貝拉〔Dolabella〕的讚美；亦可參見《論法律》III, iii, 8，維繫國家安全是使用暴力的正當理由）。這預示了 XXIII, 81 對勇氣的說明（亦可參見《為塞斯提烏斯辯護》〔Pro Sestio〕XL, 86）。此外西塞羅《為凱奇納辯護》（Pro Caecina）XV, 46 將武力或暴力區分成兩種，一種是身體暴力，它造成人身傷害；另一種是語言暴力，它造成心靈傷害。關於西塞羅不反對使用武力的論述，參見 N. Wood: ibid. 185-193, esp. 186。

81　圖斯庫倫人於西元前 381 年成為羅馬公民，艾奎人於西元前 304 年之後；渥斯奇人於西元前 303 年成為不具投票權的羅馬公民，於西元前 188 年正式成為享有一切公民權的公民；莎賓人於西元前 290 年享有部分公民權，於西元前 268 年享有全部公民權；艾爾尼奇人於西元前 306 年擁有公民權。興戰是為了和平，參見柏拉圖《法律篇》628d-e 及亞里斯多德《政治學》（The Politics）1333a35。

82　普博利烏斯・史奇皮歐・小阿菲里康奴斯（Publius Cornelius Scipio Aemilianus Africanus，約 185-129 BC），於西元前 147 年摧毀迦太基，西元前 134 年擊潰奴芒提亞。

相信他們有某些理由做此事，特別是柯林斯有利的地理位置[83]，
有時候這個位置真的會鼓動開啟戰爭。事實上我的看法是，必須
持續地關注和平，不使任何巧詐之事發生。在這個看法上若他們
同意我的話[84]，我們或許沒有最好的，但至少是某種現在沒有的
政府。對那些你以武力完全征服的人不僅要照顧，且要給那些
解除武裝依賴指揮官誠信的人承諾，即使撞槌衝擊城牆[85]。在這
件事上，正義經常被我們的祖先執行，他們承諾接納戰爭中被擊
垮的國家與氏族，他們成為那些戰敗者的保護主，依據先祖的
慣例[86]。

（36）其實羅馬人的菲提亞利斯[87]以最恭謹的態度將戰爭法
寫入法律中，從此法可知戰爭無一正義，除非是在要求決戰之後
發動，或是先提警告，再宣戰[88]。〔波匹利烏斯將軍是一省之主[89]，

83　柯林斯於西元前146年被穆米烏斯（Lucius Mummius，C 2 BC中葉）所毀。
　　西塞羅在 III, xi, 47對摧毀柯林斯的行為不表贊同，因為戰爭是為了和平，而
　　非奪取有利的地理位置。

84　西塞羅意指他周旋於凱撒與彭沛烏斯之間，希望求取和平不成，造成西元前
　　49年的內戰。

85　羅馬在戰場上的慣例，敵人若在撞槌衝擊城牆前投降可獲赦免。

86　保護主（patronus）的慣例，參見ODCW 542。被保護人（clientes）會回報
　　保護主敬意、服從及服務，且亦會給予他在政治上，如選舉的支持；此外被
　　保護人的身分，特別是因戰敗而有的被保護人的身分，可世襲至後代子孫。

87　「fetialis」是專職戰爭與和議之宗教儀式的祭司，通常由20位祭司組成。相
　　關說明，參見OCD 594。

88　根據 T. N. Mitchell: ibid. 207的論述，西塞羅有意忽略一事實，宣戰法（The
　　Fetial Law）在羅馬擴張時期，即停止適用。值得一提的是，與帕奈提烏斯
　　在34的主張相較，西塞羅對興戰原則顯然有不同的看法。

89　波匹利烏斯（Marcus Popilius Laenas，C 2 BC），於西元前171年任執政官。

他的部隊中，卡投[90]之子是新進士兵。當波匹利烏斯想要解散一個軍團，卡投的兒子在該軍團服役，所以他也會遣散他。然而卡投之子依然保有在軍中戰鬥的熱忱，卡投寫信給波匹利烏斯，若他允許其子待在軍中，他會使他有第二次向部隊宣示效忠的義務，因為之前的宣誓失效，他無法與敵人作戰。所以這是在發動戰爭中最應留意之事。〕[91]

（37）老馬庫斯‧卡投給兒子馬庫斯的信尚存，其中他言及聽到執政官[92]將兒子解職，當他在馬其頓與沛爾塞斯的戰爭中任職士兵[93]。因此他提出警告，注意不要挑起紛爭，因為法律拒絕不是軍人的人與敵人戰鬥。

90　卡投（Marcus Porcius Cato，234-149 BC），有監察官（the Censor）之稱謂，於西元前195年任執政官，西元前184年任監察官。他是羅馬散文寫作的奠基者，傳世之作為《論農耕》（De Agri Cultura）及一部未完成的史學著作《起源》（Origins）。西塞羅《論老年》（De Senectute）以此人為主要對話者。

91　P. G. Walsh: 2000, 134認為「波匹利烏斯……應留意之事。」這一整段應被刪除，因為它與隨後的內容衝突，且有語言上的問題，如「militiae sacramentum」的表述並未出現在西元三世紀之前的文獻裡（關於此亦可參見H. A. Holden: ibid. 177）。然而A. R. Dyck: ibid. 143認為這段話確有語言問題，但以省略連接詞的方式舉例說明是非常普遍的寫作方式。

92　這位執政官指保路斯（Lucius Aemilius Paullus，228-160 BC），羅馬傑出將領，於西元前168年第三次馬其頓戰役擊敗馬其頓最後一位國王沛爾塞斯（Perses）。沛爾塞斯於西元前179至168年統治馬其頓，反對馬其頓與羅馬交好。

93　參見《著名言行錄》III, ii, 16。

[XII]事實上我也關注另一件事，因為某人在名義上是公敵，以前是被稱為敵人[94]，令人不愉快的事以軟性的表述來淡化。因為他被我們的祖先稱為敵人，我們現在稱為外國人。十二木表法指出：「固定一天審判外國人」，還有「與外國人起爭執，所有權具永久效力[95]」。還有什麼可加在這文雅的用語上，以如此軟性的稱謂稱呼你興戰的對象？然而古代已使得那個稱謂更嚴苛，因為它已失去外國人的意涵，且維持它適切的稱謂，攜武反對之人。

（38）當榮耀由真正的權力決定及在戰爭獲得時，儘管如此這必須完全基於相同的理由，我之前說過戰爭的理由是正義的。但那些戰爭，藉它們國家的榮耀被展現出來，必須以較不嚴酷粗暴的方式啟動。例如，我們與自己的同胞公民起衝突，若他是敵人的話，是一回事，若是競爭者的話，又是另一回事（後者是公職與尊嚴的競爭，前者是生命與榮譽的競爭），如此與克爾提伯里亞人、金伯利人作戰就像與敵人作戰[96]，是為生存而戰，不是為擁有統治權而戰，但與拉丁人、莎賓人、薩米亞人、迦太基人

94　「perduellis」（公敵）；「hostis」（敵人）。

95　古羅馬公民對私人財產的所有權，除了被國家徵收外，在任何情況下皆不可被剝奪。

96　克爾提伯里亞人為西班牙中部的民族（Celtiberi），羅馬與此民族間的戰爭持續二十年（153-133 BC）；金伯利人（Cimbri）是德國北部的民族，與羅馬的戰爭期從西元前113年至101年。

及皮魯斯是為權力而戰[97]。「背信的迦太基」,殘酷的漢尼拔[98],其他民族較正直。皮魯斯那些關於歸還戰俘的發言極為著名[99]:

> 我不要求我的黃金,你們也不要歸還我的錢,
> 我們不是買賣戰爭而是開啟戰爭
> 以劍,不是以黃金,讓我們決定雙方的性命。
> 命運之神想要你們或我統治,祂帶來何事,
> 讓我們以勇氣嘗試。且同時接受這句話:
> 命運之神饒恕那些在戰爭中有勇氣的人,
> 我決定賦予他們自由。
> 我將此獻給你們,帶走吧,依循偉大神祇的心願。

這是堂堂正正的觀點,且相稱艾亞奇德斯氏的後人[100]。

[XIII](39)此外,若他們在緊迫的狀況下對每一個敵人承

---

97 與拉丁人及莎賓人的戰爭從西元前六世紀至四世紀;與薩米亞人的戰爭發生於西元前343年至290年;與艾皮魯斯(Epirus)的皮魯斯間的戰爭發生於西元前280年至275年,之後三次迦太基戰爭,分別在西元前264年至241年,西元前218年至202年及西元前149年至146年。

98 漢尼拔(Hannibal,247 BC-約182 BC),迦太基的軍事將領,羅馬共和最強大的敵人,亞歷山大大帝(Alexander)與皮魯斯是他戰爭謀略的啟發者。

99 艾尼烏斯的《年譜》有關於皮魯斯於西元前280年擊敗羅馬的記載,惟現僅存斷簡殘篇。

100 皮魯斯(Pyrrhus,319-272 BC),是艾亞奇德斯(Aeacides)的兒子,亞歷山大大帝的表兄弟,艾皮魯斯的統治者,於西元前281年接受塔倫邨人的請求,協助他們抵禦羅馬的入侵。

諾任何事，誠信必須被維繫於其中，正如在第一次迦太基戰爭中，雷鼓路斯[101]被迦太基人俘虜，當他為交換戰俘之事被釋放回羅馬，他發誓會回迦太基，首先當他到達羅馬時，在元老院他投票反對釋回戰俘，然後，當他被親友留滯，他寧願回去面對極刑，而不願違背他給敵人的承諾。

（40）〔然而第二次迦太基戰爭中，卡奈之役[102]後漢尼拔釋回十人，並要他們發誓會返回，若他們沒有完成拯救那些被俘的迦太基人，所有的法官判這十人褫奪公權[103]，只要他們還活著，因為他們發偽誓，這與不履行誓言所犯之罪相同。當某人在漢尼拔的同意下走出軍營，他想他豁免於自己的誓言，所以他是重形式[104]，不重實質的人。但在誠信中要一直想到，你的想法是什麼，不是你說了什麼。

關於正義最好的範例是由我們的祖先在對待敵人時所奠立的，當一位來自皮魯斯的叛將向元老院保證，他會給皮魯斯王毒藥，且會殺了他。元老院及執政官蓋伊烏斯·法博里奇烏斯把他獻給皮魯斯。如此他並不贊成以非法的手段謀殺一位強悍及有戰爭野心的敵人。〕[105]

---

101 雷鼓路斯（Marcus Atilius Regulus，C 3 BC），於西元前267年及西元前256
　　年任執政官，於第二任執政官時被迦太基俘虜，並死於囚禁期間。西塞羅在
　　III, xxvi, 99-xxxi, lll有較完整的陳述。

102 此戰役發生於西元前216年8月。

103 當時為西元前214年。

104 西塞羅是用「verbis」（靠言說）一字，亦即一個不重誠信之人，只有嘴上說
　　誠信，沒有任何實質行為表現。

105 本節的真實性在手抄本傳統中受到質疑，相關說明參見A. R. Dyck: ibid.
　　150-153。

（41）關於戰爭的義務已說得夠多。此外，我們要記住，即使是對待最卑微的人，都應維持正義。最卑賤的地位及命運是屬於奴隸的，那些要求如此使用他們的人有不錯的警告，以僱工使用之，工作必須完成，他們應享有基本權利[106]。

然而以兩種方式，亦即以暴力或以欺詐，不正義發生，就好像狐狸的狡詐，獅子的力量。這兩種動物與人最不相似[107]，但狡詐更令人憎恨。此外，沒有不正義的例子比那些在做詐欺行為的當下，他們的目標是讓自己看起來是好人的人，更值得極刑。

關於不正義說得夠多了。

[XIV]（42）接下來，如所提議的，要說關於仁慈與慷慨：的確，無事比此更適合人性，但它有許多要慎重的地方。因為首先要注意，善意不會傷害那些似乎被善意以對之人及其他人；再者，沒有好意是超乎能力的；此外，它的分配是依據個人的可信賴度[108]，因為這是正義的基礎，所有的事都必須參照正義。

---

106 如生活上基本需求的滿足。值得一提的是，羅馬人並沒有如亞里斯多德「天生奴隸」的觀念（《政治學》1254a13-16，1254b19-20），而認為奴隸是社會結構中一政治與經驗上的必要。相關討論，參見P. Garnsey: 2008, 407-408；P. A. Brunt: ibid. 18言及，狄歐‧克呂索投姆（Dio Chrysotom，C 1 AD）或許是第一位為文反對奴隸制度的作者。

107 「與人最不相似」（homine alienissimum）這個表述，不是指出藉由暴力與欺詐行事者不是人，而是指這種人背離了人性，特別是人性中的社會性，所以他的行為會破壞社會關係與秩序，參見E. M. Atkins: ibid. 268。

108 「dignitas」（價值，地位），在此譯為可信賴度，主要根據斯多葛學派的倫理學思想將正義視為公平的分配，且分配的依據是個人的德性與道德行為的展現，參見LS 61H及A. R. Dyck: ibid. 157。

例如，那些給予某人協助的人，傷害了他們似乎想要幫助的人，他們不會被認為是樂善好施之人，而是有害的諂媚者，且為了要對他人慷慨，他們傷害那些人，他們犯了相同的錯：就像把別人的東西當作是自己的。

（43）此外，有許多人，真的帶著滿懷輝煌榮耀之心，搶奪某些人，所以他們可以對另一些人施惠，他們認為在朋友中他們似乎成為慷慨大方之人，若他們以任何方式讓朋友不虞匱乏。但這是多麼地背離義務，沒有比此更讓對反於義務之事得以存在。因此要注意，我們使用慷慨來幫助朋友，不傷害任何人。所以陸奇烏斯‧蘇拉[109]及蓋伊烏斯‧凱撒[110]將錢從它的合法擁有人那兒轉移給外國人[111]，他們不必被視為慷慨，因為不正義的慷慨不是慷慨。

（44）第二個要小心謹慎的地方是，好意不超乎個人能力[112]，因為那些想要成為有好意之人的人，他們的慷慨大方超過其家產所能承受，首先他們在此行為上犯錯，因為他們傷害了近親。事實上這些財富供給並留給親人比較恰當，他們卻將其轉送給外人。此外，通常在此種慷慨中存在著以不當方式攫取獲得金錢的

---

109 本段是西塞羅的真實經歷，他於西元前80年接下羅斯奇烏斯（Roscius）被當時獨裁者蘇拉（Lucius Sulla，137-78 BC）的黨羽克里叟貢奴斯（Chryso-gonus）以低價購其房產的案子，而克里叟貢奴斯為了轉移焦點，控告羅斯奇烏斯的兒子謀殺他的父親，參見西塞羅《為羅斯奇烏斯‧阿梅里奴斯辯護》（*Pro Roscio Amerino*）。

110 凱撒在內戰後交易彭沛烏斯陣營的家產，參見《菲利皮凱》II, 108。

111 關於這兩人的不義之舉，參見II, viii, 27。

112 類似的觀點，參見亞里斯多德《尼科馬哥倫理學》1120b27-31。

欲望，以使他們有足夠的財富施予。還有應注意，許多人不是天性驅使他們成為慷慨的人，而是受到某種榮耀[113]的慫恿，所以他們好像做了許多慈善之事，這些事的完成與其說出乎於心，不如說出於誇示。此種偽善與其說相近於慷慨或正派，不如說相近於詐騙。

（45）第三個提議是，在仁慈中存在著與可信賴度相關的選擇；其中應測試接受利益之人的性格，他對我們的感受，生活上共通的情誼，及他之前為我們的利益所履行的義務[114]。這一切皆是值得欲求的事，若有所不足，他們擁有愈多較重要的特質，我們愈有理由給予他們助益。

[XV]（46）既然我們日常生活不與完人及智者生活在一起，而是與那些人，他們身上清楚表現出德性的影像，生活在一起，我真的認為應對此有所了解，其中其他的德性徵象浮現，沒有人可以全然漠視；此外，每個人在此條件下都須特別接受培養，他在較溫和的德性上十分出色，合度及節制，還有正義，關於它已有相當的論述。因為在非完人的智者身上，勇氣與高貴的情操通常比較躁動，有德之人的那些德性似乎比較近似[115]。這是

---

113 「gloria」（榮耀）在此有為了成就個人的野心或博取名聲而從事慷慨大方行為的意思。

114 西塞羅分別在46討論接受善意者的行為；47討論他對我們的感受；48-49討論他履行之義務及50 ff. 相互間的情誼。

115 帕奈提烏斯從一現實經驗的立場，來說明一個人在德性上進步的可能性，類似觀點之記述，亦可參見塞內卡（Seneca）《書信》（*Epistles*）CXVI, 6。關於帕奈提烏斯在基本立場上與早期斯多葛學派之思想一致，唯倫理論述著力

關於性格。

（47）至於善意，任何可能對我們有善意的人，這是我們的義務的首要部分，給我們最多尊重的人，我們會報以最大的善意。但我們判斷善意不是以年輕人的態度，某種愛的激情，而是以堅貞穩定。

但若善意的協助已存在，必要的不是提供善意的協助，而是回報所接受的善意，這要更加注意，因為沒有比回報善意更必要的義務。

（48）然而若接受那些你必須擁有的善意協助，赫希俄德要求要加倍奉送[116]，若你可以的話，助益發生後我們應該做什麼？或是仿效肥沃的耕地，它們生產的比接受的多？事實上，若我們毫不遲疑對那些我們期待將來會給我們協助的人給予協助，我們應該對已經協助我們的人抱持何種態度？有兩種慷慨，一種是給予善意協助，另一種是回報善意協助，我們給或不給是由自己決定，但有德之人不可以不回報善意，只要他能以不具不正義的方式回報。

（49）然而必須擁有關於接受助益的選擇，毫無疑問最大的回報是給每一個人最大的助益。在此之中我們應用心與熱忱看重每一位以善意行事的人。事實上許多人以一種衝動，不經判斷地——受到某種疾病的刺激，在所有的事情上輕重不分[117]，或受

（續）————

　　的焦點不同的看法，參見De Lacy: ibid. 166；C. Gill: 1988, 178, 184；C. Gill: 1994, 4605；I. G. Kidd: 1955, 188 ff.。

116 參見《工作與時日》（*Works and Days*）349-350。

117 OCT的版本在此置入匕首符號，表示對「vel morbo in omnes vel」這句話有所懷疑。

到某種突發的心靈上的衝動，如風一樣——做了許多事，這些助益不可被視為與那些必須經冷靜判斷、謹慎思考及態度一致的方式所提供的助益有相同的重要性。但安排助益及回報善意上，若其他的事皆平等，這特別是與義務有關，任何一位極為欠缺資源的人，要因此特別幫助他。但群眾做相反之事，因為他們對他有極高的期待，即使他對他們沒有需求，他們卻對他特別順從。

[XVI]（50）人與人之間的關係與聯繫會以最佳的方式維護，若有人是最友善的，要因此將最大量的好意慷慨賦予他。但人的結合與交誼的開端是人性，對此似乎應有更深刻的思考[118]。現在首先是，在整個人類的人倫關係中所識別出的東西，人倫關係的維繫是推理與言說，藉由教授、學習、溝通、討論及判斷，促進人與人之間的關係，並以某種自然的聯盟關係結合，且沒有任何事物使我們與動物的本質更加不同，在動物身上我們經常說有勇氣，如在馬及獅子身上，但我們不說正義、公平及善，因為牠們不分享推理及言說。

（51）所以這是最廣義的社會，人與人之間相互開放，所有人皆可互相接觸。在這社會中自然為了人的共同利益所創造的一切事物之共享應受維護，如法律與民法所做的分配，這些分配要在法律本身所訂定的範圍內被維護[119]，其他事要如希臘俗諺所說

---

118 關於斯多葛學派認為人性是具城邦的特質或社會性，且真正的法律是合乎理性及自然之法，此法規範人的行為等觀念，參見 LS 67R 及 S，或西塞羅《論共和國》III, xxii, 33。

119 西塞羅強調私人財產的所有權應受到法律的保障；亦可參見《論法律》III, I, 2 及《論題》II, 9。

的方式被遵循[120]，朋友之間一切事物是共有的。所有人共有共享似乎是某種觀念艾尼烏斯置於某一事例中[121]，但或許可運用在許多事上：

> 某人慈悲地向迷途之人指引道路，
>
> 好像他從自己的燈點亮另一盞明燈：
>
> 他的燈並未減低光芒，他以它點亮別人的燈。

　　從一個例子足以訓示，任何不會造成損失的事皆可以施與他人，甚至是給予陌生人[122]。

　　（52）從此出現那些一般的格言訓誡：不要阻止他人使用流動的水；允許他人從你的火源點火；若有人願意的話，給尋求建議之人值得信賴的建言；人們以不帶給贈予者麻煩的方式，獲得有益的事物。因此要實踐這些格訓，且要一直對共通的利益提供某種捄助。然而，因為個人的資源少，但無數的群眾對此有需求，一般的慷慨應該會到艾尼烏斯的限定「他的燈並未減低光芒」，這或許是我們得以慷慨的方法[123]。

---

120 參見柏拉圖《理想國篇》424a2-3 及亞里斯多德《尼科馬哥倫理學》
　　 1159b31。

121 艾尼烏斯的引文出處並不清楚，參見 A. R. Dyck: ibid. 169。

122 這個「不會造成損失的事」指的是，在幫助陌生人時我們不會失去給予國家
　　 及親人協助的能力及資源。

123 A. R. Dyck: ibid. 171 認為這個提醒無必要，但若我們將西塞羅寫這部著作的
　　 目的及小西塞羅平庸的資質納入考量，他重複地提醒有其道理。

[XVII]（53）在人倫關係中有許多的層級。其實不用思考無數的民族，在相同的民族，種族及語言中有較親近的關係，藉此人們特別親近[124]。同一個國家的人民甚至更加親近[125]，因為對公民而言，他們之間分享一切，廣場、聖殿、廊柱、道路、法律、司法、判決及投票，此外，熟識者及親密友人，還有很多人之間的生意往來。但其實親戚間的交誼更緊密，因為它從那廣泛的人與人之間交誼被縮限至小窄的範圍內[126]。

（54）因為動物的本性中，這具有共通性：牠們有繁衍的欲求，第一個結合是在婚姻之中[127]，再來是在於子嗣，然後一個家庭，共有一切；這是城市的起源，可謂是國家的苗圃[128]。接下來是兄弟姊妹的關係，之後是表兄弟姊妹的關係及表兄弟姊妹子女間的關係，由於一個家庭無法容納他們，他們出走到其他的家庭，就像是去殖民地。再來是合法婚姻及姻親關係，從此將有更

---

124 類似的觀點，參見《論友誼》V, 19；這兩部作品中的說法似乎都是斯多葛學派「oikeiōsis」（視為己有）觀念的簡易版；西塞羅不是主張「愛無等差」之概念，如希艾洛克雷斯所云：雖然人倫關係像是一不等距的同心圓，但我們要盡力使此同心圓向圓心靠近，參見LS 57G。此外關於語言與人倫關係形成的關連，參見IV, 12及XVI, 50。

125 關於國家產生的原因，參見《論共和國》I, xxvi, 41。

126 類似的觀點，參見《論友誼》V-VI, 19。

127 關於斯多葛學派的芝諾夫妻的主張，參見LS 67B4。性的欲求是出於自然的觀點亦出現在伊比鳩魯學派的思想中，參見陸克瑞提烏斯（Lucretius）《論萬物的本質》（De Rerum Natura）V, 962-965；關於性愛的問題，參見IV, 1037-1287。

128 參見亞里斯多德《政治學》1252a26-28, b9-29。但不同於亞里斯多德，西塞羅認定家庭是國家的苗圃，不需經過村莊的中介過程才形成國家。

多的親戚，繁衍後代是國家的起源[129]。此外，血緣的關係將人以善意〈與〉關懷聯繫在一起。

（55）擁有與祖先們相同的紀念物，使用同樣的祭禮[130]，擁有共同的基地，是重要的。但沒有一種人倫關係比相似的有德之人藉性格與親近的關係的結合還要卓越與堅實[131]。我們經常論及的那種道德品質，即使我們在別人身上看到，它都會影響到我們，且會與看來擁有此一特質的人成為朋友。

（56）雖然每一個德行都吸引且使我們朝它而去，我們也看重那些在他們身上顯現德性的人[132]，但正義與慷慨特別會產生這種效果。此外，無物比道德性格的仿效更值得愛與接觸，因為在道德性格中他們有相同的熱忱，有相同的態度，在這些事中發生：每一個人皆對對方感到愉快，就像是對自己一樣，且畢達哥拉斯想要的事也在友誼中完成，從多變成一[133]。

還有另一個重要的人際關係，它是由利益的互相施與受而形成，只要他們是相互感謝的，在人際間存在這些事，人們被堅定的關係聯繫著[134]。

---

129 A. R. Dyck: ibid. 174 認為，在「這是城市的起源」後出現這句話顯示西塞羅在書寫這部著作的急促。

130 當時羅馬每個民族皆有自己的宗教儀式。

131 參見《論友誼》中賴立烏斯與史奇皮歐的友情。

132 參見《論友誼》V, 18 及 XIV, 50。

133 畢達哥拉斯的形上學思想，參見 DK 58B5 及 8，宇宙是一整體與和諧。

134 這並非完美的友誼，但朋友間有互利的必要，參見《論友誼》XIV, 51 及《尼科馬哥倫理學》1162a34-1162b4。

（57）但當你以理性的精神檢視一切，沒有一種人際關係比我們每一個人與國家的關係還要重要寶貴。有可愛的父母、子女、親戚及朋友，但一個祖國包含了一切的愛，任何一位有德之人會猶豫為國捐驅，若這對它有幫助的話呢？那些人的野蠻更令人憎惡：他們以各種形式的罪行破壞國家，在現在與過去他們從事徹底滅亡國家的工作[135]。

（58）然而若出現某種競爭與比較，誰應被賦予最重的義務，最主要的是國家及父母，關於他們的最佳利益是我們的責任與義務；再來是我們的子女及全家，他們只指望我們的保護，且無法擁有其他的庇護所；接著是與我們交好的親戚，通常我們甚至與他們是命運共同體[136]。因此生命中必要的支持特別是歸功於我之前提到的這些人，但共同的生命與生計、建言、談話、鼓勵、安撫慰藉及偶爾還有斥責，皆在友誼中極為有效率[137]，且最令人愉快的友誼是由相似的道德性格的結合而形成。

[XVIII]（59）然而在分配這一切的義務時必須思考，每個人最應該被分配到的事是什麼，及每一個人沒有我們的協助，是否能履行義務。因此人際關係與外在的環境皆有不同的層次，我

135「現在」指的是凱撒與安東尼，參見《菲利皮凱》；「過去」是指葛拉庫斯兄弟及卡特利納，分別參見《論友誼》XII, 40-41 及《反對卡特利納》（*In Catilinam*）。

136 國家、父母、子女及親戚的排序，充分顯示西塞羅的愛國主義的思想。在內戰期間他選擇彭沛烏斯而非凱撒，即是一愛國主義的表現，相關討論參見 P. A. Brunt: 1986, 26。

137 參見《尼科馬哥倫理學》1172a6-14。

們對某些人有義務更甚於對其他人，如你會以比幫助兄弟或朋友更快的速度，幫助鄰居採收水果[138]，但，若有訴訟上的糾紛，你與其為鄰居辯護，不如為親人或朋友辯護。因此此類的事在每個義務中要謹慎考慮，〔我們應養成習慣，身體力行〕所有我們能夠擁有正確評估義務的能力，藉由增加及減少來考量所剩的總數有多少，由此你會知道對每個人盡多少義務。

（60）但醫生、將軍及演說家，雖然他們擁有相關技藝上的基本原理，無法達成某種值得大加讚賞的事，沒有經驗與練習[139]，因此那些維持義務的準則確實是被陳述傳達，如我們自己正在做，但這件事的重要性對經驗與練習實作有所要求。

此外，從這些在人的交誼中是正確的事裡，道德的善好像被引領出來，適切的義務從它而來，我們幾乎已經說得夠多了。

（61）然而我們必須了解，道德與義務是出自我們所提出的這四種源頭，由偉大崇高及蔑視世俗之物的心靈所做的事，看來是最閃亮奪目。因此在辱罵時，若有這類的話可說是特別的方便[140]：

你們年輕人帶著一顆女人心，那女孩帶著男人心。

及某種這類的話[141]：

138　西塞羅或許是援引帕奈提烏斯引用的赫希俄德之句子，參見《工作與時日》342-351。

139　參見《論演說家》II, 34-35 安東尼烏斯（Antonius）的論述。

140　出處不詳。

141　關於「Salmacida Spoila」詮釋上的問題，參見 A. R. Dyck: ibid. 186-188。在此根據 H. A. Holden: ibid. 193 的詮釋將「Salmacida」理解為名詞而非形容詞。

薩爾馬奇斯的後人，不用汗血的戰利品。

反之，在讚美由偉大、較勇敢及較優秀的心靈所完成的事時，我們設法以所謂較華麗的詞藻讚美它們。因此關於馬拉松、薩拉米斯、普拉台亞、塞爾莫皮萊及呂克特拉[142]是演說家們的主題，〈還有我們的〉寇克磊斯、德奇烏斯父子[143]、格奈烏斯及普博利烏斯・史奇皮歐、馬庫斯・馬爾克路斯[144]，還有其他無數的人，特別是羅馬人自己以雄心表現傑出[145]。此外，他們表現出對戰爭榮耀的追求，我們看到雕像上通常都有著軍人的裝扮。

[XIX]（62）但在危險及勞動中被識別出的高昂精神，若它不是致力於正義之上，不是為公共福祉而戰，是有瑕疵的，因為

---

142 雅典在這幾場戰役中皆擊敗波斯大軍，馬拉松於西元前490年，薩拉米斯於西元前480年，普拉台亞於西元前479年；斯巴達在西元前480年於塞爾莫皮萊，以及西元前471年於呂克特拉為波斯人與塞貝斯人擊敗。

143 寇克磊斯（Horatius Cocles）在台伯河上通往羅馬的橋上，抵禦來犯的波爾塞納（Porsena）的軍隊；德奇烏斯（Decii）這對父子雙雙於西元前四世紀末至三世紀早期為國捐軀，父親在與拉丁人及坎帕尼亞人的戰役中陣亡，兒子在與薩米亞人及其他民族作戰時陣亡。

144 格奈烏斯・史奇皮歐（Gnaeus Scipio）及普博利烏斯・史奇皮歐（Publius Scipio）兄弟的哥哥於西元前222年任執政官，弟弟於西元前218年任同職，兄弟倆於西元前211年與迦太基的戰役中殉國；馬庫斯・馬爾克路斯（Marcus Claudius Marcellus，約271-208 BC），五任執政官，於西元前208年中迦太基的埋伏而遇刺身亡。

145 亞里斯多德《後分析論》（*Posterior Analytics*）97b18-28舉艾爾奇比亞德斯（Alcibiades）、阿奇里斯與艾亞斯（Aias）及蘇格拉底與呂山德（Lysander）為具雄心者的代表。

這不僅不是德性的特質，反而是將一切的人性倒回野蠻[146]。因此斯多葛學派哲學家對勇氣下了適切的定義，他們說：那是為保衛公義的德性[147]。所以沒有人以狡詐獲致勇氣的榮耀，以惡意得到勇氣的讚譽，缺乏正義無物有德。

（63）因此柏拉圖那句名言，他說：「遠離正義的知識與其說是智慧，不如說是奸巧，且冒險犯難的精神若是受個人欲望驅使，不是共同利益的話，它的名字與其說是勇氣，不如說是膽大[148]。」所以我們希望有勇氣〈及〉有雄心之人，同時是有德及單純的人，是真理的朋友及沒有欺騙，這些是正義的核心價值。

（64）但這是令人憎恨的，在高昂精神與雄心中，固執與過多的欲求非常容易滋長為權力的欲望。如在柏拉圖的著作中[149]，斯巴達人的整體特質是受戰勝的欲望所激發，正如每一個有雄心的人表現特別傑出，他特別想成為人上人，或我該這麼說，獨自享受權力[150]。當你渴望出人頭地時，維持公義，這是正義的特

---

146 亞里斯多德《尼科馬哥倫理學》1124a1-3有言，雄心是諸德性之裝飾，且沒有德性就沒有雄心的出現；姑且不論「裝飾」（cosmos）這個概念應如何詮釋，帕奈提烏斯是將雄心與其他德性並列，而非它們的裝飾。

147 A. R. Dyck: ibid. 191-192建議，此定義是由帕奈提烏斯個人提出。

148 參見《拉克斯篇》（The Laches）197b；亦可參見《梅內克塞諾斯篇》（The Menexenus）246e-247a。

149 參見《拉克斯篇》182e-183a，斯巴達人特別注重軍事訓練。塞內卡《論恩惠》（De Beneficiis）V, iii, 1有云，斯巴達訓練公民所向無敵。

150 西塞羅暗指凱撒及彭沛烏斯不願分享權力，故導致內戰。根據A. Erskine: 1990, 156，帕奈提烏斯在此的論述，暗喻西元前三世紀斯巴達國王克雷歐梅內斯（Cleomenes），欲恢復呂庫爾勾斯（Lycurgus）的憲法體制，使斯巴達重回昔日光榮，但失敗，並在西元前220年自殺；此外，亦暗指西元前二世紀葛拉庫斯提出改變古法的土地法，將公有土地分配給貧苦農民，但受到護

質，是困難的。從此產生，他們既不允許被討論擊倒，也不允許被任何國家憲政的法律所打敗，且在國家中他們通常以賄賂者及性好派系鬥爭者的身分存在，所以他們追逐大量的財富，他們以權勢高人一等，而不是以正義與人平等。然而困難愈大，愈傑出，因為任何時候都不可缺少正義。

（65）因此，有勇氣、有雄心的人必須被視為不是為惡的人，而是除惡的人。此外，真正有智慧的雄心會追求人性極為渴望的善德，它被置於行為中，而不是在榮耀中宣告[151]，它喜歡自己是領導者，更甚於看來是領導者。事實上，有人看重出於無知群眾的錯誤，他不該被視為屬於偉大人士的一員[152]。他非常容易被鼓勵為惡，由於任何有最大熱情的人，對榮耀皆有欲求。這確實是個不易討論的議題，因為很難發現有人從事勞動及冒險犯難，卻不想要成事後的名聲榮耀，就像報酬一般[153]。

[XX]（66）兩件事中特別能看出全然勇敢及雄心，第一件

<hr />

（續）————

　　民官歐克塔維烏斯（Marcus Octavius）的否決，在將之移除後，得以通過立
　　法。但在西元前133年被納西卡率群眾以亂棍打死。

151　人性不渴求榮耀，因為在斯多葛學派倫理學思想中它被視為與幸福生命無關
　　的外在善；此外 II, xii, 43 西塞羅指出榮耀有真假之別，真正的榮耀不可以不
　　具正義。

152　有雄心者不在意眾人的意見，參見《尼科馬哥倫理學》1124b31-1125a2；柏
　　拉圖認為執政者應在道德上教育群眾，而非曲意順從他們，參見《高爾奇亞
　　斯篇》（The Gorgias）502d-e。

153　亞里斯多德認為維護正義者，如統治者，必須被賦予榮譽與報償，參見《尼
　　科馬哥倫理學》1134b1-9。

是，對身外之物的鄙視[154]，因為要深信：人不要欽羨、期盼或渴求任何事物，除非它是高尚合宜的，也不要屈從任何人，情緒的波動與運氣[155]。第二件是，當你在心靈上有如此的氣質，如我之前所言，你當然會做那些重要的事，特別是有用的事，但生命會充滿許多艱困的工作與危險，且許多與生命相關的艱辛的事。

（67）這兩件事所有的亮麗特質，我特別加上用處，是表現在後者，但成就偉大的人的原因及理由是在前者，因為在第一件事中，使人有卓越的心靈，蔑視世俗之物。在兩件事中可看出卓越的心靈，你判斷一件事是好事，只有它是合乎道德時，且你不受一切情緒波動的干擾。例如，眾人所認為卓越傑出之事，勇氣與雄心的特質一定會被穩定堅實的原則驅使，認為它們沒有價值並鄙視它們，那些事躁動不定，在人的生命與運氣中以繁雜多樣的形式出現，因此要承擔下來，你不要背離人性的傾向，不要遠離智慧的高尚價值，堅定的心靈是高尚沉穩的[156]。

（68）此外，這是不合理的，人不受到恐懼害怕的影響，卻受到欲望的影響，不被從事辛苦的勞動擊敗，卻被快樂給征服。因此，這個對金錢的欲望必須避免與躲開，因為無物比喜好財

---

154 關於有雄心者鄙視外在善的事物，參見亞里斯多德《尼科馬哥倫理學》1124a12-20。

155 亞里斯多德在《後分析論》有言，不受情緒與命運左右的有雄心者之代表是蘇格拉底與呂山德（97b20-25）。

156 亞里斯多德《尼科馬哥倫理學》1125a12-16有言，有雄心者具有動作緩慢、聲音低沉、說話沉穩、不急躁及不緊張等特質；帕奈提烏斯在此凸顯出一斯多葛學派倫理思想之特質：道德行為的基礎是行為者的內在道德性格，而非行為本身（LS 61A）。

富更具有氣狹量小的氣質[157]，無物比鄙視金錢更高尚而且更了不起，若你沒有錢的話；投身於樂善好施，若你有錢的話。再者，一定要注意對榮耀的欲求，如我先前所言，因為它會撕裂每一位有雄心者都需戮力追求的自由。當然也不應該期待權力[158]，或更恰當地說，不應有時拒絕或有時棄之不顧。

（69）接著，要去除一切情緒上的波動，出於欲望與恐懼，甚至是出於疾病，過多的快樂及暴烈的性情[159]，因此心靈可保持平和穩定[160]，它不僅帶來恆定，也帶來尊嚴。

然而有許多人追求平靜是將自己從公共事務中抽身，並以閒暇為避難所；在這些人中有最著名，非常卓越的哲學家[161]，有些嚴肅莊重之士[162]，他們皆無法承受人民及執政者的行為，其中有些人住在鄉村，在私人事務中得到滿足。

---

157 有雄心者對財富抱持合宜的態度，參見《尼科馬哥倫理學》1124a12-16；對財富不屑一顧，參見《尤德莫斯倫理學》1132b10-14。

158 德謨克利圖斯（Democritus，約460-356 BC）認為，過度參與政治會導致心靈不平靜（DK 68B3）；亞里斯多德《尼科馬哥倫理學》1124b25-26有言：有雄心者「作為少，但皆重要與著名」。

159 早期斯多葛學派主張造成心靈不平靜的「非理性的事物」有四種：欲望、恐懼、焦慮，以及肉體快樂（LS 65A）；中期斯多葛學派哲學家加上第五種：暴烈的性情（EK 155）。

160 「animi tranquilitas」是西塞羅用來表達帕奈提烏斯的「*euthumia*」（心靈平靜）的拉丁文表述。

161 如柏拉圖及亞里斯多德並未參與政事；斯多葛學派的芝諾、克雷昂塞斯及克呂希普斯亦不曾參政，參見塞內卡《論心靈平靜》（*De Tranquillitate Animi*）I, 10；伊比鳩魯學派反對參與公共事務（LS 22D）。

162 指西塞羅的好友阿提庫斯。

（70）這也被提及，國王們享受他們的自由，由於他們對事物沒有需求，也不順從任何人，這是自由的特質，你依自己所願活著[163]。

[XXI]因此這種特質是對權力有欲望及我剛才說的不涉足公共事務之人所共同分享，有些人認為他們可以獲得自由，若他們有雄厚的資源的話，另一些人卻滿足於自身少量的家產。在此事例中，這兩個觀點真的不必被蔑視，但不涉足政事的生活是較舒適、安全，且對他人較少壓迫與困擾，反之，致力於從事公共及重要的事務的人，在人世中享有較高的成就，富有更大的名氣與聲望。

（71）因此，或許我們應該原諒那些不參與政事的人[164]，他們有著超群卓越的本質，投身於學問之中；我們也應諒解因健康不良或其他沉重的妨礙的理由遠離政事的人，他們將自己在管理政事上的權力與功績轉讓給他人[165]。然而沒有這種理由的人，若他們說自己看輕眾人所欽羨之事，如權力及公職，我認為他不僅不該受到讚許，更該視他們的作為是錯誤。很難不贊同他們的看法，他們鄙視榮耀而且認為它是無物，但他們似乎害怕辛苦勞頓

---

163 類似的概念，參見艾皮克提投斯（Epictētos）《言談錄》（*Discourses*）IV, i, 1。

164 根據塞內卡《論休閒》（*De Otio*）VIII, 1，克呂希普斯主張人依法（e lege）可休閒。

165 塞內卡《論心靈平靜》I, 10言及他個人追隨斯多葛學派的前輩，就算自己不參政也會鼓勵他人參政；此外他視任何一種角色皆為政治行為的一種（IV, 2-3, 6）。斯多葛學派傳統上認為智者應參政，但有諸多原因會阻礙他們對政治的實際參與，參見《論休閒》III, 3。

及麻煩，也怕失敗與拒絕的某種所謂的恥辱與不名譽。其實有些人在相互對立的事態中行事非常不一致，他們極其嚴厲地鄙視肉體的快樂，在悲傷中他們過於軟弱，他們忽視榮耀，卻被不名譽給擊碎，即使是在這些事上[166]他們都無法展現充分的一致性。

（72）然而對那些具有與生俱來的處理政事的能力的人而言，要摒棄一切猶豫躊躇，要掌握公職，為國做事。因為沒有別的方式城邦能被統治或雄心得以展現[167]。此外，從事政事之人即是哲學家[168]，或許更勝於哲學家，他們必須展現豪情與對世俗之物的蔑視，這我經常說，還有平和穩定的心靈，若他們將來真的要免於焦慮，且有尊嚴及和諧地活著。

（73）這些對哲學家而言是較輕鬆的事，在他們的生命中給命運襲擊的空間較少，且他們所需不多，因為若發生不幸的事，他們衰弱不會比從政之人嚴重。因此這不是沒有原因的：在完成較重要的事及處理政事中的情緒翻滾[169]，比不從事政務來得大，對他們而言更要使用雄心及免於焦慮不安。

此外，參與政事之人要注意，不僅要思考那是值得榮耀之事，也要留意自己有能力完成工作；必須考慮的是，他不要因懦

---

166 鄙視肉體快樂及忽視榮耀；亞里斯多德《尼科馬哥倫理學》1124a30-b6 對偽有雄心者有所著墨。

167 西塞羅似乎認為參與政事是唯一展現雄心的方式；然而在92節的論述卻指出雄心之展現不止一種，這或許透顯了西塞羅與帕奈提烏斯對此議題的不同立場。

168 這是援引自柏拉圖《理想國篇》哲學家統治者的概念，但忽略其具有的形上學之背景。

169 在《在圖斯庫倫倫辯》III, iv, 7西塞羅稱這些翻滾的情緒為疾病（morbos）。

弱膽小輕易拒絕，或因欲望而過度自信。再來，所有的事務在處理之前，一定要勤勉地準備。

[XXII]（74）然而眾人皆認為戰爭事務比高尚優雅的事務更重要[170]，這個看法必須被壓低，因為許多人追求戰爭是為了榮耀的欲望，且這通常會發生在那些有雄心及具天賦之人，特別是若他們適合從事戰爭事務，且對興戰有欲望。但若我們真的要評斷的話，許多關於高尚優雅之事是比戰爭之事更重要與卓越。

（75）雖然塞米斯投克雷斯[171]受到適切的讚賞，且他的名字比梭倫[172]的名字響亮，關於最著名戰役的見證薩拉米人被提及，這被認為比梭倫的提議，成立阿瑞歐帕古斯的諮議會，還要受青睞，後者不應該被判定為比前者遜色。因為梭倫帶來長久的利益，但塞米斯投克雷斯經常帶給國家利益，雅典的法律與先人的傳統受到梭倫計畫的保護。事實上塞米斯投克雷斯在關於他對阿瑞歐帕古斯的協助是無話可說，但阿瑞歐帕古斯對塞米斯投克雷斯真的有幫助，因為戰爭是由梭倫所建立的諮議會的決議所發動[173]。

---

170 戰爭事務重要的觀念是從荷馬以降便建立的傳統。

171 塞米斯投克雷斯（Themistocles，約524-459 BC），雅典政治人物及軍事將領，於西元前480年在薩拉米斯之役，引誘波斯軍隊進入峽灣，將其擊敗。

172 梭倫（Solon，C 6 BC），雅典政治家、立法者及詩人，他解除窮人的債務，並將雅典公民分為四等級，賦予他們政治上的權力，以稀釋貴族的政治權力，為雅典的民主制度奠下基礎。

173 參見 *Plut. Them.* X, 4。西塞羅在這節的敘述中將成立於梭倫執政前的阿瑞歐帕古斯的諮議會及梭倫所成立的諮議會（boulē）混為一談，這或許是出於帕奈提烏斯個人的混淆。西塞羅在此的論證要旨是：追求戰爭勝利的榮耀，

　　（76）關於包山尼亞斯及呂山德也可說相同的事[174]，雖然斯巴達的軍事力量被認為是他們的成就，然而事實上這些成就一部分應該歸因於呂庫爾勾斯[175]的立法及紀律；甚至更恰當地說，是由於這些因素他們擁有較服從及較勇敢的軍隊。其實我認為在我幼年時的馬庫斯‧史考魯斯[176]沒有比蓋伊烏斯‧馬里烏斯[177]差，當我們在為國事忙碌時，昆圖斯‧卡圖路斯[178]也沒比格奈烏斯‧彭沛烏斯[179]差，因為國外的戰事不多，除非是在國內的決議。阿菲里康奴斯[180]，卓越的勇士與將領，剷除奴芒提亞時帶給國家的利

（續）————
　　經常造成消耗國家資源及動搖其安全的危險，因此擁有政治權力者應轉變態度，不以追求戰爭榮耀為目的，而著眼於妥適管理城邦內政。

174 包山尼亞斯（Pausanias，卒於480 BC），於西元前478年在普拉台亞擊敗波斯軍隊，參見希羅多德（Herodotus）《歷史》（*Historia*）IX, 49-74；呂山德（Lysander，卒於395 BC），斯巴達將軍，於西元前404年的海戰擊敗雅典，參見色諾芬（Xenophon）《希臘軼事》（*Hellenica*）I, v, 11-15。

175 呂庫爾勾斯（Lycurgus）在歷史上是否確有其人，學者見解不一；色諾芬《斯巴達政體》（*The Constitution of Sparta*）將他視為斯巴達立法者，亦可參見普路塔荷《呂庫爾勾斯》（*Plut. Lyc.*）。

176 馬庫斯‧史考魯斯（Marcus Aemilius Scaurus，約151-89 BC），於西元前115年任執政官，西元前104年任監察官。此人具有的特質，參見XXX, 108。

177 蓋伊烏斯‧馬里烏斯（Gaius Marius，約157-86 BC），將軍及政治家，出生於西塞羅的家鄉阿爾皮農，六任執政官。

178 昆圖斯‧卡圖路斯（Quintus Lutatius Catulus，卒於61 BC），獨裁者蘇拉的支持者，於西元前78年任執政官，並於西元前63年被選為最高祭司。

179 格奈烏斯‧彭沛烏斯（Gnaeus Pompeius，106-48 BC），從西元前76年至63年彭沛烏斯在外征戰的戰功使他聲名大噪，回到羅馬後成為凱撒最大的競爭對手。

180 參見XI, 35。

益，與同一時期的普博利烏斯·納西卡[181]斬殺提貝里烏斯·葛拉庫斯[182]是一樣的。然而，事實上此一斬殺事件不只是出於國內內部的考量：它關涉到戰爭的理由，因為它是以徒手暴力完成的，但儘管如此，這件事是以政治的手段，不依賴軍隊完成的。

（77）此外，那首詩非常好，它經常受到不當及嫉妒的言論批評，我聽說：

讓軍裝讓位給長袍，讓勝利臣服於美讚[183]。

我現且忽略其他的事，當我在治理國家時，軍裝不是讓位給長袍嗎？國家不曾面對更嚴重的危險，也沒有更徹底的和平：以如此計畫及我的勤勉，武器快速地從最衝勁魯莽的市民手中掉落[184]，沒有任何抗爭。因此在戰爭中曾經做過這麼重要的事嗎？什麼樣的勝利應該與之相提並論？

（78）我或許可以，馬庫斯我的兒子，在你面前吹噓，此一光榮的傳承及行為的徽尤是屬於你的。格奈烏斯·彭沛烏斯的確

---

181 普博利烏斯·納西卡（Publius Cornelius Scipio Nasica Serapio，卒於132 BC），於西元前138年任執政官，並於西元前133年率領元老院同僚刺殺葛拉庫斯。西塞羅對納西卡的讚許，亦可參見XXX, 109。

182 提貝里烏斯·葛拉庫斯（Tiberius Sempronius Gracchus，約164-133 BC），他提議的土地分配法由於過於激進，尤其影響貴族利益，遭致元老院的否決，但葛拉庫斯將法案提至人民大會並獲通過，在他尋求第二任護民官時遭納西卡等人殺害。

183 出自西塞羅的詩作《論自己的執政官職》（*De Consulatu Suo*），參見A. R. Dyck: ibid. 208-209。

184 西塞羅應指預謀武裝叛國的卡特利納，參見《反對卡特利納》。

是擁有許多戰場上的美譽，聽了許多事，他向我致意說[185]：他帶回來的第三次勝利會是枉然[186]，除非藉由我對國家的服務，他可住在其中以慶祝勝利。

因此，國內的勇氣並不遜色於軍事上的勇氣，在國內的勇氣上甚至要投入更多的工作與熱忱[187]。

[XXIII]（79）我們所追求的善德一定是出於崇高的靈魂，高昂雄壯的精神，不是出於身體的力量。然而身體必須要活動，且要有活動的意願，所以在處理事務及承擔勞動時，它可遵循計畫，服從理智[188]。此外，我們探討的善德完全可見於靈魂的關切與思考中，就此層面而言，處理政事的羅馬公民所帶來的貢獻不比金戈鐵馬之人少。因此藉由前者的計畫，一些戰爭經常未被發動或完成，但有時候也發動戰爭，如馬庫斯・卡投[189]建議的第三次迦太基戰爭，在此例子中，死者的權威依然有效力[190]。

（80）因此，以理性解決紛爭事實上比以力量解決紛爭更該

---

185 參見《給阿提庫斯的信》II, 1, 6。

186 彭沛烏斯在外征戰共有四次主要的勝利，收復西西里（西元前81年），並獲得「偉大」（Magnus）的封號；西元前77年擊敗雷皮都斯；西元前73年完成刺殺西班牙的瑟爾投里烏斯（Sertorius），並結束了與米特里達特斯的戰爭。

187 T. N. Mitchell: ibid. 76-77認為，西塞羅於77-78比較自己與彭沛烏斯在政治上的成就，且自認兩人是相輔相成，互補有無的盟友。亦可參見《給阿提庫斯的信》VI, 1, 22。

188 對於斯多葛學派不贊成體能訓練的觀點，參見塞內卡《書信》XV。

189 參見XI, 36；於西元前153年之後在元老院中不斷提議要徹底滅亡迦太基，然而納西卡持反對意見。

190 第三次迦太基戰爭（149-146 BC）發生前卡投已去世。

被追求，但應注意，我們做此與其是為了公共利益的算計，不如說是為避免戰爭。接受戰爭的條件沒有別的，只有所追求的和平是可見的[191]。勇敢堅定的靈魂特質其實不受艱困之事所干擾，也不會在騷動之中失去平衡，如俗話所說[192]，而是具有堅定的心志與謀略，且不遠離理智。

（81）雖然這是靈魂的特質，它也是與重要的能力有關，在思想中預知未來之事[193]，且不管事情可能的演變，多少在此之前決定結果，及當它發生時應做什麼，不要招致有時候必須說的：「我沒想到。」這些是雄心及卓越的心靈在信任其深謀遠慮下的工作。然而衝動地參與戰爭及以暴力與敵人衝突，是近似某種殘暴野蠻之事，但情況所需，必須以暴力解決，死亡要優先於奴役與恥辱。

[XXIV]（82）〔此外，關於城市的毀滅與掠奪應特別關注，不要發生魯莽之事，也不要發生殘酷之事。〕在動亂中雄偉之人是懲罰有罪之人，保障大多數人，一切情況下要維繫正直與善德。如我之前所言[194]，有些人事實上是置戰爭優先於文質彬彬之事，因此你會發現一些危險冒進的計畫被許多人視為比和平的計畫與想法更為傑出重要。

191　參見 XI, 35。

192　亞里斯多德《尼科馬哥倫理學》1123b31 有言：「有雄心者絕不適合揮動雙臂逃跑」。

193　關於斯多葛學派主張對未來之事的預期（prolambanein），會使人免於恐懼，不怕死亡，參見塞內卡《書信》XXIV。

194　參見 XXII, 74。

（83）當然逃避危險的行為永遠都不應該從事，否則我們會被視為懦弱膽怯，但危險也必須避免，我們不要毫無理由地置身於險境[195]，無事比這更愚昧。因此，關於現身危險要仿效醫生的習慣，他們以溫和的方式治療患病較輕之人，卻被迫將有危險及令人懷疑的藥使用在患重病的人身上[196]。因此這是失心之人的特質，在寧靜中欲求懷抱敵意的風暴，但用盡一切方法抵抗颶風是智者的特質，更甚者，若在清晰明瞭的事中所獲得的利益比在懷疑不清的事中害處大。

再者，執行計畫的危險行為一部分落在從事這些行為的人身上，一部分是落在國家的身上，同樣地，有人在危險中失去生命，另外有人失去榮譽，還有人失去公民對他的善意。因此我們應該比面對公共的危險，更加準備好面對自己的危險[197]，比為其他的利益而戰更加準備好為榮譽名聲而戰。

（84）有許多人曾被發現，他們不僅為國家準備金錢，也準備付出生命，但同時他們其實並不願意做會失去些微榮耀的行為，即使國家要求，例如卡利克拉提達斯[198]，當他在伯羅奔尼薩戰爭任斯巴達的將軍，且表現特別出色，但最後翻轉了一切，

---

195 亞里斯多德《尼科馬哥倫理學》1124b7曾言，有雄心者不是愛危險之人。但不同於亞里斯多德（EN 1124b8-9），帕奈提烏斯的有雄心者並不執著在大危險中，反而認為有時危險過大應試著避免。

196 參見《論老年》XIX, 67及塞內卡《論憤怒》（De Ira）I, vi, 2。

197 這個更應準備好面對自身危險的主張雖與斯多葛學派自我保存的倡議有別，但與XVII, 57的主張相符。

198 卡利克拉提達斯（Callicratidas）為伯羅奔尼撒戰爭中斯巴達將領，由於不服從呂山德的指揮，恣意出船迎戰雅典軍艦，最終落海戰敗，參見《希臘軼事》I, vi, 28-35。

因為他不服從那些人的計畫，他們認為船艦應該從阿爾基奴希斯群島撤離，且不應與雅典人作戰。他回應那些人，斯巴達人可以為那艘失去的船艦準備另一艘，但他自己不能沒有羞恥心地逃跑[199]。這事實上是〔來自斯巴達人的〕溫和的一擊；那一擊具毀滅性，因為當克雷翁布羅圖斯[200]擔心嫉妒，衝動地與艾帕米農達斯[201]發生戰鬥，他們瓦解了斯巴達的力量。昆圖斯·麥克希穆斯[202]的所為比他們好太多了，關於此艾尼烏斯說：

> 一個藉延遲行動復興我們的國家的人。
> 他不重流言而重安全。
> 因此現在此人的榮耀更熠熠生輝[203]。

---

199 'Spartē ouden mē kakion oikētai autou apothanontos, pheugein de aischron ephē einai'，《希臘軼事》I, vi, 32。

200 克雷翁布羅圖斯（Cleombrotus）於西元前371年帶領斯達軍隊在呂克特拉（Leuctra）與塞貝斯軍作戰。由於傳言他與塞貝斯人交好，因此按兵不動，聽到此一傳言後為證明自己的清白遂立即出兵，卻嘗敗戰的苦果，參見《希臘軼事》V, iv, 2-15。

201 艾帕米農達斯（Epaminondas，卒於362 BC），波利尼克（Polynice）之子，塞貝斯軍事將領，參見《希臘軼事》VII, I, 41-42；關於他師從畢達哥拉斯學派哲學家的記述，參見XLIV, 155。

202 昆圖斯·麥克希穆斯（Quintus Maximus Fabius，C 3 BC），羅馬名將及政治家，與迦太基的戰爭中，因採拖延戰術，故有「延遲者」（Cunctator）的封號。

203 這句話出於艾尼烏斯《年譜》XII；西塞羅《論老年》IV, 10亦有引述，類似的觀點，亦可參見維吉爾（Virgil）《愛尼德》（The Aeneid）VI, 846。卡利克拉提達斯與麥克希穆斯的比較指出，後者的實用主義的立場比前者個人虛榮追求對個人與國家都更有利，參見C. Gill: ibid. 183。

在政治事務中，這種錯誤也應該被避免。事實上有些人由於害怕嫉妒不敢說出他們的感受，即使是最好的事[204]。

[XXV]（85）將成為國家領導人之人一定要掌握柏拉圖的兩條原則：一個是，他們要注意公民們的利益福祉，無論做什麼皆以此為依歸，並忘記自身的利益[205]；另一個是，關心國家整體，當他們注意某一部分時，不要遺棄其他剩下的部分[206]。監督保護一定要以如此的方式執行，國家的管理是為了那些委託人的利益福祉，而不是為了被委託人的利益福祉[207]。然而有些人顧及一部分公民的利益，忽略另一部分的公民，他們為國家引來最具毀滅性的事，動亂與失序[208]。從此出現民主的支持者、貴族的熱中者[209]，却少有支持社會整體之人。

（86）因為這個緣故，雅典人之間嚴重失和[210]，在我們的國家

---

204 西塞羅在此可能是指涉元老院大多數的議員，儘管對安東尼有滿腹怨氣，却礙於對他是軍事強人的忌憚，忍辱不敢作為。

205 參見《理想國篇》342e，蘇格拉底認為統治者關心的不是個人利益，而是被統治者的利益。

206 參見《理想國篇》420b，蘇格拉底以雕像上色之意象來說明，城邦的建立不是為了增進某一階級的福祉，而是城邦整體的福祉。

207 西塞羅意謂政治人物是受人民委託管理國事，應為人民及國家整體謀福祉，而非自私自利，參見《論共和國》I, xxxiv, 51-51 及 II, xxxii, 56；《論義務》I, xxxiv, 124。

208 關於政治派閥對國家造成不良的影響，參見 XIX, 64。

209 西元前49年的內戰，彭沛烏斯是貴族的領袖，而凱撒是人民的領袖。

210 伯羅奔尼撒戰爭雅典戰敗，斯巴達王呂山德在雅典成立三十僭主行恐怖統治，造成雅典內部的動盪。

不僅有動亂，還有內戰的禍害[211]；這是嚴肅勇敢的公民及值得成為國家領袖的人所避免及厭惡的事，他獻身於整個國家，且不追求財富金錢，他關注整體的利益，所以他顧及每個人的福祉。他確實也不會在恨意與嫉妒中以虛假的罪名指稱任何人，且如此全然地固守正義與道德，只要他可維繫它們，無論會承受多少的失敗，他寧願面對死亡[212]，卻不願放棄我所說的那些事[213]。

（87）四處請託及競爭公職絕對是最悲慘的，關於此在柏拉圖的著作中有出名的論述，那些相互競爭誰較可管理國家的人的行為，就像是水手們競爭誰最有能力掌舵[214]，他也告誡，我們要將武裝反對之人，而不是那些以個人的決定想要保護國家之人，視為敵人[215]。這類的事發生在普博立烏斯・阿菲里康奴斯及昆圖斯・梅特路斯之間[216]，但沒有尖酸的爭執。

---

211 蘇拉與馬里烏斯（Marius）間的權力鬥爭（西元前80年），及彭沛烏斯與凱撒之間的內戰。

212 西塞羅或許在此亦預示了，在反對安東尼的作為上他會遭致的後果，參見《菲利皮凱》II, xl, 118。

213 指德性。

214 參見《理想國篇》488a-b，柏拉圖利用此航行的意象表達，何以哲學家在現實的城邦中不受重用。

215 「他也告誡」以下數語，在柏拉圖對話錄內並沒有相對應的章節，但色諾芬《蘇格拉底回憶錄》（Memorabilia）中可見相似的記載（II, vi, 25-26）。

216 普博立烏斯・阿菲里康奴斯（Publius Cornelius Scipio Aemilianus Africanus，約185-129 BC），在非洲的征戰成功而獲得「阿菲里康奴斯」的封號，為與其祖父有所區別，故又名小阿菲里康奴斯，於西元前136年任監察官；昆圖斯・梅特路斯（Quintus Caecilius Metellus，卒於115 BC），在馬其頓的征戰成功（148-146 BC）獲得馬其東尼庫斯（Macedonicus）的封號。於西元前143年任執政官，西元前131年任監察官。雖然他與小阿菲里康奴斯於西元

（88）我們也的確不該聽信那些認為應對敵人[217]極為憤怒[218]，及主張這是屬於有雄心及勇氣之人的事，因為無物比安撫和緩及溫和慈悲更值得讚賞，更適合一位偉大傑出之人。在自由的人民中及在法律上實行平等，所謂的心靈的高度及和藹真的必須練習培養，所以若我們生氣，當有人在不恰當的時間來拜訪或以無禮的方式做要求，我們便陷入具傷害性及令人憎惡的暴躁。然而，溫和及仁慈應在如此的範圍內受到認同，為了國家的原因要使用嚴厲，缺乏它無法管理國家。此外，一切的懲罰及斥責應免於不當的辱罵，不要以懲罰某人或以言語斥責某人的利益為依歸，而是以國家利益為依歸[219]。

（89）還要注意，懲罰不要大於所犯的錯誤，及關於相同的訴訟中有些人被懲罰，有些人其實沒被起訴。在憤怒中施以懲罰是特別要禁止的，因為生氣之人著手懲罰，從未在重輕之間拿捏適度的懲罰[220]，這是逍遙學派哲學家所認可的，且正確地認可，

（續）————————

　　前133年皆反對葛拉庫斯的改革，但其他議題上，他們倆人的看法則南轅北
　　轍，參見《論友誼》XXI, 77。

217　這些敵人尤其指政治上的敵手。

218　亞里斯多德《尼科馬哥倫理學》1124b26-27言及，有雄心者不掩飾其恨意；
　　亞里斯多德的中庸之道的理論並不主張，人不可以極為憤怒，但西塞羅則援
　　引帕奈提烏斯的思想認為，憤怒並不是合宜的行為，正如塞內卡《論憤怒》
　　所言：憤怒所指之事無一卓越及精緻（I, xx, 3）。

219　普路塔荷記載斯巴達立法者呂庫爾勾斯曾言，善待戰敗投降的敵人是高貴及
　　有雄心的行為（*kalon kai megalopsuchon*），參見 *Plut. Lyc.* XXII, 5。柏拉圖
　　《高爾奇亞斯篇》525b認為，以正確的方式懲罰犯錯者，會使他變得較好與
　　獲益，或使他成為其他人的範例。

220　關於拿捏適度，這是亞里斯多德「中庸之道」的思想，《尼科馬哥倫理學》
　　1106b1-1107a9。

只要他們不要讚美易怒的性格，及說這是自然所賦予的有用事物[221]。無疑地，易怒是在所有的情況下皆應被駁斥，類似的事也應受到那些掌管國家法律的人的欲求，不要以憤怒而是以和平之心執行懲罰[222]。

[XXVI]（90）此外，在成功與順心之事中我們要極力避免無禮、倨傲及自大。以不合宜的態度承受逆境，就如以放肆的態度承受順境一樣，是輕率浮誇的特質，在人生的一生平和是件了不起的事，一直保持相同的表情及面容[223]，如我們聽到關於蘇格拉底[224]，同樣地，關於蓋伊烏斯·賴立烏斯[225]的事。我知道馬其

---

221 逍遙學派對易怒性格的看法，參見《在圖斯庫倫的論辯》IV, xix, 43，不會生氣之人，不被認為是人；塞內卡《論憤怒》I, xii, 3 提及，塞歐弗拉斯圖斯認為：'Irascuntur boni viri pro suomm iniuriis'（好人因自身的傷害而憤怒），且 'Non potest fieri ut non vir bonus irascatur malis'（這不可能發生，好人不被惡行激怒），一個人愈好愈會生氣（14）。

222 亞里斯多德《政治學》1287a32 有云：「法律是不具欲望的理智」（*aneu orexeōs nous ho nomos estin*）。塞內卡《書信》XC, 4-5 表達斯多葛學派之立場，統治者即法律。

223 西塞羅並非主張人在順境與逆境中須去除情緒反應，而是任何的情緒反應不該影響人合乎禮節的行為表現。

224 關於蘇格拉底以不卑不亢的態度為自己辯護，參見柏拉圖《辯護篇》（*The Apology*），特別是 34b6-35d8 描寫，蘇格拉底認為向法官及陪審團求情饒不是光明磊落的行為；關於他如何面對死亡，參見《費多篇》59c8-69e5，哲學家歡迎死亡來到而且練習死亡。關於蘇格拉底平和地承受自己的命運，參見亞里斯多德《後分析論》97b15-17。

225 蓋伊烏斯·賴立烏斯（Gaius Laelius，約 190-125 BC），有「智者（Sapiens）」的美譽，關於他如何承受摯友之死，《論友誼》III, 10 曾言：「因為失去如此的朋友，如我所想，將不會有人和他一樣，如我所能確定，如此摯友過去

頓國王菲利普[226]在戰爭與榮耀皆被其子所超越，但在和藹慈善之事更勝一籌。因此他的兒子一方面永遠偉大，另一方面卻經常是最醜陋的，所以他們似乎正確地教導提醒，我們愈優越，愈要謙虛行事。事實上帕奈提烏斯說，阿菲里康奴斯，他的學生及一直以來的朋友說，由於經常激烈地征戰，馬匹處於興奮狀態，牠們習慣向馴馬師屈服，所以戰士們可較容易駕馭牠們，就像在順境中放肆與自信過高之人，必須被導引至所謂的明理及學習的馬術訓練場，所以他們可觀察檢視俗事的脆弱及命運的多變。

（91）再者，在最順心的事上，一定要特別採納朋友們的建言，甚至要賦予他們比之前更大的權威。同樣的情況下也要注意，不要讓我們的耳朵對吹捧之言開放，且不允許自己被諂媚，在此之中人容易受騙[227]，因為我們認為自己是那種被適切合宜地讚美之人，從此產生無數的錯誤，當自我膨脹之人在看法上處於極端錯誤的狀態下，他們讓自己暴露在恥辱與嘲笑之中[228]。

（續）───────

　　亦不曾有。但是我不需要解藥〔化解此影響〕，在那慰藉中我極力地安慰自己，因為我沒有大多數人因朋友的逝去而慣性地產生悲傷的錯誤。我想沒有不祥之事曾降臨在希皮歐斯身上；若有事發生，也是發生在我身上。然而，極度地受自身的苦惱所困並非愛朋友，而是愛自己」。

226 馬其頓國王菲利普（Philippus of Macedon，382-336 BC），從西元前361年至338年為馬其頓國王，其子即為亞歷山大大帝。亞歷山大大帝在餐宴上刺殺其摯友克利圖斯（Clitus），參見塞內卡《論憤怒》III, xvii, 1。

227 《論友誼》XXV, 91有言：「必須嚴正以對的是，在友誼中沒有比虛偽奉承、哄騙諂媚，及歌功頌德更具傷害性」。

228 這句話 'cum homines inflati opinionibus turpiter inridentur et in maximis versantur erroribus' 在語法上並不合邏輯，在此採用 A. R. Dyck: ibid. 234根據 Heine 所做的修正 'ex quo homines inflati opinionibus in maximis versantur erroribus; unde fit ut turpiter inrideantur'；H. A. Holden: ibid. 217將 turpiter inrideantur 理解「在醜陋的

（92）然而關於此議題這事實上已足夠。之前的論述[229]應如此地決定，治理國家的人所做的是最重要及有膽識的行為，因為他們的管理擴及廣泛且與群眾有關。可是，有或曾經有許多有雄心的人依然不問世事，他們或許在探究或嘗試某些重要的事，且將自己限定在個人事務的範圍內。或是處於哲學家與管理國家之人之中的地位，他們滿意個人的財富，在一切思慮上並不想增加個人財富，也不排除他們的親人使用它，更甚者，他們與朋友及國家分享個人財富，每當需求出現時[230]。首先，此財富的獲得不出於任何不當及令人憎恨的獲利；其次，盡可能將此財富供給最多數人的利益，在他們值得的方式下；再來，財富的增加是出於核計、勤勉及節儉，不要屈從於放縱奢華，而要服膺慷慨及仁慈。

遵循這些法則會使人活得莊重、有尊嚴及有熱忱，且還會活得簡單、堅定〔及友善待人[231]〕。

（續）————————

　言行中他們受到嘲笑」，而 Dyck 認為是「讓自己暴露在恥辱與嘲笑之中」。

229 參見 XXI, 71。

230 西塞羅在此的論點似乎是綜合亞里斯多德《尼科馬哥倫理學》對重義輕利（*megaloprepēs*）（1123a4-5）及雄心（1125a11-12）的論述，有財富者亦可是有雄心者。這使得三種人，在西塞羅之論述中，可成為有雄心者，政治人物、哲學家及有財富者。然而根據 XX, 66，第三種人不可能被視為有雄心者，因為他不鄙視財富，因此我們或可推論這第三種人的提出不是帕奈提烏斯的原意，而是西塞羅個人的添加。在《斯多葛學派的悖論》（*Paradoxa Stoicorum*）VI, 42 西塞羅有言，富有之人是生活自由者（ad liberaliter vivendum），這類似亞里斯多德的觀點，有雄心者是自給自足者（1125a12）。在現實生活中西塞羅的摯友阿提庫斯或許可為第三種人的代表。

231 「hominum amice」的表述之所以有誤，A. R. Dyck: ibid. 237-238 指出，「amice」不出現在拉丁文的任何文格裡。

[XXVII]（93）接下來必須陳述關於德行的剩下的一部分，在其中可見謙遜，及所謂生命的某種光澤、節制與紀律[232]、躁動的靈魂的全然平靜及事物的限定標準被辨識出來。此議題中包括了能以拉丁語來說得合宜，因為希臘文合宜被說為適切[233]。

（94）它的力量是，它不能與德行分開[234]，因為適切合宜之事是德行，德行是適切合宜之事。然而德行與合宜的差異可較容易理解，卻不易解釋[235]。因為任何適切的事出現，當德行是它的先行者[236]。所以這一部分的德行不僅須在此討論，且適切之事也出現在之前的三個德行。謹慎地思考言說、小心從事所做之事，及在一切事物中看見且維護符合真理之事，是適切合宜的行為。反之，受騙、犯錯、失誤及被迷惑是與瘋狂及精神異常一樣羞恥，一切正當的行為皆適切，反之，一切不正當的行為皆醜陋，因此不適切。關於勇氣的說明是類似的，因為以有膽識及雄心的方式所做的事，是值得人做而且是適切合宜的，反之則是醜陋羞恥，

---

232 柏拉圖《理想國篇》430e有云：「節制，我說，想必是一種秩序（*cosmos*）及對於快樂與欲望的自制（*sōphrosunē*），如人們所言，當他們說自己的主人，我不知道是以什麼方式；其他這類的事據說就如節制的足跡。」

233 西塞羅認為拉丁文「*decorum*」（合宜）與希臘文「*prepon*」（適切）同義。「*prepon*」出於「*prepō*」（明確）這個動詞，其第三人單數「*prepei*」意謂「做……是適切的」，因此本字主要強調外在的行為。

234 德性相互連結，參見V, 15。

235 西塞羅在《論界限》II, iii, 9及xi, 35將這兩個字視為同義詞；這兩個字皆有獲社會讚許之意涵。

236 斯多葛學派的思想主張德性是一種性格上的一致性（*diathesin homologoumenēn*），此一性格就其自身是一種堅定不移的理性，因此任何適切的行為之所以適切，乃因它符合理性的指導（LS 61A及B8）。

因此是不合宜的。

（95）因此我說的這適切合宜之事，確實是屬於所有的德行，它是以如此的方式屬於德行，不是在某種難解的論證裡被識出，而是在明顯立即的推理中看到。事實上有某個適切合宜之事，是在一切的德性中皆可被理解，因為理論上它可以與德性分開，但實際上是不能[237]。就如身體的優美與漂亮是不能與健康分離[238]，所以關於我們所說的這個合宜適切，是完全與德性相融，但在理智及理論是與德性分開的[239]。

（96）此外，關於適切合宜有兩種描述：因為我們理解某種一般性的合宜，它存在於所有的德性之中；另一個是從屬於它的合宜，是屬於每一個德行[240]。前者通常習慣被定義為較優越，因為這是合理的：合宜是人類優越的特質，在此觀點下人的本質異於其他的動物。從屬於此類合宜的適切，有人是如此定義它：他們希望它是合宜，因為它符合人性，它現身於紀律節制之中，帶著某種自由人的樣貌。

---

237 換言之，適切合宜與德性僅有邏輯的區別（logical distinction），沒有真正的區別（real distinction）。《論界限》V, xxiii, 67有言：「每一個德性都是一切德性的參與者，且一個德性不可能與另一個德性分離。」

238 斯多葛學派哲學家亞里斯投將德性視為健康（LS 61B2）。

239 關於德性是一或多的問題，史投巴伊烏斯（Stobaeus）記載，斯多葛學派認為不同的德性可被個別研究，卻不可分（LS 61D）。

240 此段譯文指出這兩種對合宜的描述是「普遍／個別」的對應關係。

[XXVIII]（97）合宜是如此地被理解，我們可從詩人們所追求的合宜來判斷，關於此在其他方面常有許多陳述[241]。但我們說詩人保護維繫合宜之事，當所做所言之事適合每一個角色[242]：若就艾亞庫斯及米諾斯所言而論[243]，「讓他們憎恨，只要他們害怕」或「父親自己是孩子們的墳墓」，看來是不合宜的，因為我們接受他們是正義之士，但許多掌聲被阿特瑞烏斯[244]的言論所激起，因為言談適合角色。詩人從角色判斷每個人適合什麼樣的言行[245]，而偉大的自然在我們身上放置角色，此一角色既優秀又超越其他的有生物。

（98）因此，詩人在極為多樣的角色中，甚至在錯誤中會看見，什麼是適切之事，及什麼是合宜之事，然而自然賦予我們堅定、紀律、節制及謙遜的義務，因為同一個自然教導我們不要忽略我們如何與人相處，這證明屬於所有的德行之事似乎都是合宜之事，它擴及的範圍多麼廣，且在每一種的德性中都可見。因為

241　西塞羅對演講時如何合宜使用語言，參見《論演說家》III, xix, 71-xx, 74，西塞羅列舉了沛里克雷斯、德莫斯塞內斯、克雷昂塞斯、亞里斯多德、蘇格拉底及他自己。

242　「persona」可有三個意涵：一、面具；二、角色；三、演員，相關討論，參見XXX, 107的注釋。每一個角色有它合宜的言行舉止，把個人角色扮演好的思想，可溯源至犬儒學派的思想，參見D. R. Dudley: 1998, 66-67之論述。

243　艾亞庫斯（Aeacus）、米諾斯（Minos）再加上赫拉達芒胥斯（Rhadamanthus）及特里波投雷莫斯（Triptolemos）是冥府的判官，參見柏拉圖《辯護篇》41a。

244　阿特瑞烏斯（Atreus）為艾斯曲婁斯（Aeschylus）《阿加曼農王》中的角色，阿加曼農的父親，他弒兄並將屍體烹煮給哥哥的小孩吃（1590 ff.）。

245　詩人筆下的角色是對人的行為的模仿，參見亞里斯多德《詩學》1147a16及1148a30。關於帕奈提烏斯將文藝創作中的合宜概念轉化至倫理學的領域中之論述，參見P. O. Kristeller: 1993, 116。

如身體表現在四肢勻稱的優美[246]，處處動人的眼睛而且對這美感到愉悅，因為在身體中的每一部分以某種令人愉悅的特質調和一致，因此這個合宜，它在生命中所散發的光芒，激起眾人的讚許，與眾人一起生活在一切言行的秩序、一致及節制中。

（99）因此以某種敬意待人是必要的態度，不僅是對最優秀之人，而且是對其他每一個人，因為忽視每個人對自己的看法感受，不僅是自負，且是全然地粗魯輕率[247]。然而在人的思慮中，正義與敬意必須有所不同，正義的義務是不侵犯眾人，敬意是不忤逆眾人，在這例子中適切合宜的力量清晰可見。

（100）因此在做此說明之後，我想，這樣的意義是我們說的合宜適切之事。此外，由此而來的義務首先踏上此一路途，它導向服膺及遵循自然，若我們追尋這位指揮官，我們不會迷途，且我們將追求在本質上敏銳精巧之事、適合人的社會之事及強壯勇敢之事[248]，但合宜最大的力量是在我們所討論的那一部分中[249]，不僅是身體的活動符合自然應獲讚許，靈魂的活動一樣符合自然，更應該受到讚賞。

（101）我們發現[250]靈魂的力量與本質有兩個面向[251]：一部分

---

246 美是一種肢體的平衡，參見亞里斯多德《論題》（*Topica*）116b22-23。

247 與XIX, 65比較，在此的論述似乎指出前者的不恰當，就算群眾是無知的，亦應以敬以對。

248 意即追求智慧、正義及勇氣。

249 關於紀律與節制的討論，參見XXVII, 94。

250 「enim」的翻譯根據H. A. Holden: ibid. 223的詮釋。

251 斯多葛學派認為靈魂是由氣與火兩個物質元素混合而成，所有生物的活動都是出於靈魂的衝動，但人的活動，伴隨著理智的同意（LS 57A），參見IV, 11關於人與動物不同的注釋。衝動對斯多葛學派而言是發生在一行為者

是被置於欲求，在希臘文中是衝動，它從四方攫住人；另一部分被置於理智中，它教導說明什麼事應該從事與避免。因此結果是，理智領導，欲求服從。

[XXIX]所有的行為必須免於急躁與粗心，且不做任何無法陳述出值得讚美的理由的事，這其實幾乎是義務的定義。

（102）此外，一定要達成，欲求服從理智，既不要讓它們跑在它前面，也不要因緩慢怠惰讓它們遺棄它，要使它們平靜而且免除一切心靈上的騷動，從此一切的節操與紀律會閃耀光芒。例如，欲求四處遊蕩過久，所謂的在欲望及逃避上無法無天，它們並未充分地受到理智的鉗制，它們無疑地超越了界限標準。因為它們放棄及拋掉服從，且不遵循在自然律法上它們所從屬的理智，由於它們不僅心靈受到波動，身體也是。這可在憤怒之人的臉上、受某種欲望與恐懼刺激之人的臉上，或在過度的愉悅中感到興奮的人的臉龐辨識出來，所有這些人的面容、聲音、動作及態度皆有所改變。

（103）從這些事例中可理解這件事，我們回到義務的觀念，應使一切欲求受到控制與平靜，且應鼓勵專心與細心，所以我們的作為不會急躁或突然，魯莽與粗心。

自然生下我們不是為了讓我們看來是為了遊戲與玩笑，而是為了嚴格及某些嚴肅重要的追求[252]。然而享受遊戲與玩笑確實是

（續）————

　　心靈中的事件，且使一自願有意的行為產生，它是一自願行為的心理層面。
　　換言之，一個衝動是對一評價的印象（an evaluative impression）表示同意，
　　參見 T. Brennan: 2007, 86-87。

252 西塞羅在此提出一先前未言及的議題，但在亞里斯多德《政治學》1333a30

可以的，但它們就像睡眠與其他消除身體疲勞的方式一樣，我們還是在重要嚴肅的事務中感到滿足。玩笑不可放肆過度，而應該高尚幽默[253]。我們不要給小孩子完全的遊戲自由，但允許適合道德行為的遊戲，在此情況下某種素樸的天資會綻放光亮[254]。

（104）一般說來有兩種玩笑：一種是低俗、淫蕩、可恥及污穢的；另一種是優雅、精緻、高尚及幽默的，不僅是我們普勞圖斯[255]與阿提卡的老喜劇[256]，還有關於蘇格拉底的哲學的著作皆充滿這類的詼諧[257]，且許多作家的不少作品皆以語帶幽默的方式陳述，如由老卡投所收集的作品，眾人稱之為《格言》[258]。因此高尚

（續）─────

ff. 有類似的論述，論證特別強調，一個人要能從事必要或有用的行為，特別要能夠從事有價值的行為。

253 玩笑遊戲可以是一種心靈的放鬆休息，參見塞內卡《論憤怒》XVII, 4-5。

254 柏拉圖《法律篇》主張教育應包含或應是遊戲（643b-c, 653c-654a, 803c-804b），所以城邦應主動掌控小孩子玩的遊戲，且不允許擅自更動遊戲規則，否則會在小孩子靈魂中埋下欲求變化的危險因子。

255 普勞圖斯（Titus Maccius Plautus，約254-184 BC），羅馬喜劇詩人，詩作主要依據希臘新喜劇的形式創作，不過在角色刻畫、劇情及詼諧幽默上皆略遜一籌。

256 阿提卡（Attica）是指以雅典為中心的地區；老喜劇是指約從西元前470年至390年的喜劇作品，亞里斯多芬尼斯（Aristophanes，448-385 BC）為主要代表人物。帕奈提烏斯顯然分享希臘化時期較看重老喜劇的傳統。

257 如色諾芬（約428-354 BC）的《蘇格拉底回憶錄》、《辯護篇》及《饗宴篇》；亞里斯多芬尼斯《雲》（*Clouds*）；艾斯欽內斯（Aeschines，C 4 BC）的對話錄；柏拉圖的對話錄等，參見西塞羅《布魯圖斯》LXXXV, 292。帕奈提烏斯似乎著有《關於蘇格拉底》（*Peri Socratous*）（*Fr.* 50）。

258 普路塔荷似曾間接提到老卡投收集了許多希臘文學、歷史、哲學的文獻，參見 *Plut. Cat.* II, 4。

及低俗的笑話是有清楚的區別。一種是,若在合適的情況下,如心情放鬆時,適合〈最嚴肅的〉人;另一種其實並不適合自由人,若醜陋的事或淫穢的語言被使用。還有某種遊戲的限制應被維持,所以我們不會過度地浪擲所有的事物,且不會被物質享樂給迷惑,陷入某種恥辱中。我們的運動遊戲場地就在附近[259],且對打獵的熱中是運動遊戲高尚的例子。

[XXX](105)關於義務的所有探討中總是明顯地包括,人的本質超越牛及其他動物,那些動物除了肉體快樂外,沒有任何感受,且每一個情緒的衝動都帶領牠們朝向肉體快樂,然而人的心靈受學習及思考的滋養,總是搜尋或討論事物,且受到看與聽上的進步[260]所引導。其實,若有人對肉體快樂的傾向較低,他絕對不是出於動物階級(因為某些人是徒具人的虛名,不具實質內涵),但若有人甚少直立[261],雖然他受肉體快樂的擄獲,卻為了羞恥的緣故,他掩飾遮蓋享樂的欲求。

(106)從此例可理解,身體享樂的滿足並不與人的卓越性相符[262],享樂應被鄙視及拒絕,但若有任何人賦予享樂價值,他享樂的程度必須受到他自己小心謹慎地注意,如此身體的養育及教育可被引領至健康與活力,而非享樂。此外,若我們想要探討在

---

259 此場地是台伯河附近的「Campus Martius」,羅馬年輕人的運動場。

260 關於「delectatio」(快樂、愉悅)這個字在此脈絡的意義,參考 H. A. Holden: ibid. 227 的詮釋。

261 直立是人與其他動物區別所在;直立使人能注視神聖之物與獲得關於祂們的知識,參見《論神的本質》II, lvi, 140。

262 帕奈提烏斯曾為關於蘇格拉底有多妻的說法提出反駁,參見 *Frr.* 132 及 133。

〈我們的〉人性中的優越與價值，將了解耽溺於奢華及活得享樂安逸是何等的可恥，活得簡樸自持、嚴肅清明是多麼值得尊敬。

（107）還必須理解，自然賦予我們所謂的兩種角色[263]，一種是普遍的，這是出於我們皆為理智的分享者，且藉由它的優越性我們比動物優越，所有的道德合宜的行為皆受它的吸引，發現義務的方法也從它而來；另一種角色是被妥適地分配給每一個個人。由於在身體上有著極大的不同——我們看到有些人在跑道上快速奔跑，有些人在角力上展現氣力，同樣地在身形上有些人具有高尚尊貴的外表，有些人具有優雅美麗的外表——因此在靈魂中也存在較大的多樣性[264]。

（108）在利奇尼烏斯・克拉蘇斯[265]及陸奇烏斯・菲利普斯[266]身上有許多的魅力與機智，在蓋伊烏斯・凱撒[267]——陸奇烏斯之子—的身上有更多的機智魅力，且他更有意識地展現出來；但在

---

263 「persona」這個拉丁字與希臘字「*prosōpon*」（外表或面具）相通，它們皆與戲劇舞台上的角色有關。相關討論參見導論中關於節制的論述。

264 關於靈魂的力量說明，參見XVIII, 101；柏拉圖《理想國篇》卷四曾言：好的靈魂狀態可確保好的身體狀態（408d8-410a6）。此外關於第二種角色所具有的反躬自省及類美學的特質（110-114, 119-121），參見C. Gill: ibid. 4606-4607的論述。

265 利奇尼烏斯・克拉蘇斯（Lucius Licinius Crassus，140-91 BC），羅馬重要的修辭演說家，於西元前95年任執政官。

266 陸奇烏斯・菲利普斯（Lucius Marcius Philippus，1 C BC早期），政治人物及演說家，於西元前91年任執政官。

267 蓋伊烏斯・凱撒（Gaius Iulius Caesar Strabo Vopiscus，卒於87 BC）為一位機智的演說家，於西元前88年參選執政官，其兄陸奇烏斯・凱撒（Lucius Iulius Caesar，與其父同名，卒於87 BC），於西元前90年任執政官。《布魯圖斯》XLVIII, 177稱此人機智特出。

同一時期在馬庫斯‧史考魯斯[268]及年輕的馬庫斯‧德魯蘇斯[269]身上有著獨特的嚴肅，在蓋伊烏斯‧賴立烏斯身上有許多歡笑[270]，在他的朋友史奇皮歐身上有著較大的企圖心，較悲慘的生命[271]。關於希臘人我們聽說，蘇格拉底在談話中，親切、幽默及愉悅，且在一切言談他都是偽裝者，希臘人稱之為諷刺者[272]，反之畢達哥拉斯[273]及沛里克雷斯[274]擁有至高的威權卻沒一絲的歡樂。我們聽說來自迦太基狡詐的漢尼拔[275]，及我們的將領昆圖斯‧麥克希穆斯[276]，無疑是隱藏、沉默、掩飾、佈陷及阻絕敵人計畫之人。在這種特質中希臘人的塞米斯投克雷斯[277]，費萊的傑生[278]比他人更勝一籌，特別是梭倫機巧詭詐的行為，他假裝發瘋，因此他自

---

268 參見XXII, 76。西塞羅對此人演說的讚美，參見《布魯圖斯》XXIX, 111。

269 馬庫斯‧德魯蘇斯（Marcus Livius Drusus，卒於91 BC），於西元前91年任護民官，任職期間因許多不見容元老院的提案，及支持賦予義大利人公民身分，遭暗殺。《布魯圖斯》XXVIII, 109言及此人在演說上的重要性。

270 參見XXVI, 90。

271 參見XI, 35；於西元前132年因反對葛拉庫斯的土地法，且未妥善處理造成葛拉庫斯死亡的動亂，埋下日後被殺的因子。

272 類似的說法，參見《學院思想》II, v, 15。

273 畢達哥拉斯（Pythagoras，C 6 BC），生於薩莫斯島，在義大利南部克洛同（Croton）成立其哲學學派。畢氏定理的發現者，主張宇宙的秩序可由數字理解，有靈肉二元的觀念，並認為身體是靈魂的監獄。

274 沛里克雷斯（Pericles，約495-429 BC），雅典政治家，關於他的性格描述，參見 *Plut. Per.* V。

275 參見XII, 38。

276 參見XXV, 85。

277 參見XXII, 75。

278 費萊的傑生（Jason of Pherae，卒於370 BC），塞薩利的專制君主，關於他的記載，參見《希臘軼事》VI, i, 4-18。

己的生命較安全，且為國家帶來更大的益處[279]。

（109）有些人與這些人有著極大的不同，單純坦率，他們不暗中思考事情，絕不從事構陷之事，是真理的維繫者，謬誤的敵人；同樣地，有些人承受某事，成為該事的奴隸，只要他們願意追求它，例如我們看到蘇拉及馬庫斯・克拉蘇斯[280]，在此種性格中，我們聽說斯巴達最狡猾及堅毅的呂山德[281]，反之是卡利克拉提達斯，他隨及在呂山德之後指揮船艦[282]。再者，在言談中，我們看到有人雖然有權勢，卻讓自己看來是個普通人，這在卡圖路斯身上可見，父親及兒子[283]，同樣的性格在昆圖斯・穆奇烏斯[284]〔曼奇亞[285]〕我們從先祖們那兒聽說，這樣的性格也生於普博利烏斯・史奇皮歐・納西卡，相反的，他的父親[286]，懲罰提貝里烏斯・葛拉庫斯恣意放縱的傾向，在言談中沒有任何和善的特質，〔其實贊諾克拉提斯不是最嚴肅的哲學家[287]〕因為這件事他具有崇

---

279 參見XXII, 75；關於梭倫如何藉裝瘋取得擁有薩拉米斯的權力，參見*Plut. Sol.* VIII。

280 蘇拉（Sulla），參見XIV, 43；馬庫斯・克拉蘇斯（Crassus），參見VIII, 25。

281 參見XXII, 76。

282 參見XXIV, 84。

283 卡圖路斯（Quintus Lutatius Catulus），父子同名，父親卒於西元前87年，於西元前102年任執政官，兒子參見XXII, 76，父子皆以使用優美的拉丁文著名。

284 昆圖斯・穆奇烏斯・史凱渥拉（Quintus Mucius Scaevola，C 2-1 BC），著名法學家及占卜師，於西元前117年任執政官，所著的《公民法》已佚失。

285 H. A. Holden: ibid. 231認為這是誤植。

286 關於父親，參見XXII, 76；兒子於西元前111年任執政官。

287 關於這句話的爭議，參見A. R. Dyck: ibid. 279。根據狄歐金尼斯・拉爾提烏斯《著名哲學家生平》（*Lives of Eminent Philosophers*）的記載，贊諾克拉提斯（Xenocrates，約395-314 BC）不是位莊重之人（IV, 6）。他是柏拉圖的

高及卓越的地位。性格特質有其他數不盡的不同，但在犯錯中卻少有不同[288]。

[XXXI]（110）每一個人要完全維持自己的性格，不是敗壞的，而是合宜的性格，藉此我們追求的那個合宜比較容易保持。因此必須做的是，我們努力的方向不違背普遍人性，儘管如此，我們以維持普遍人性的方式，跟隨個人的特質[289]，即使有其他更重要及更優秀的事，我們要以自己的性格的標準來衡量自己的熱忱[290]，因為與性格對抗是無益的，且不要追求某物是你無法獲得的[291]。從此更顯示出這是合宜適切之事，因此違背智慧女神的事沒

（續）————

學生，於西元前339年成為「學院」的第三位主事者。

288 西塞羅於108-109在希臘與羅馬的歷史裡舉典範實例之目的，不是為了區隔出使人有不同於他人之獨特性之有區別性（distinguishing）及個人的特質，而是為了區隔出使人能傑出卓越（distinguished）與功成名就的特質；此外西塞羅亦以一比較競爭的觀點，列舉描述這些典範。相關論述參見C. Gill: ibid. 181。

289 在此透顯出，第一及第二種角色之衝突的可能，De Lacy: ibid. 171認為斯多葛學派的「schesis」（狀態）的概念說明，它們之間的和諧關係；C. Gill: ibid. 4633則認為，帕奈提烏斯對它們之間的衝突可能性，只有匆匆談及，且未實質地討論。此外他並未賦予第二種角色獨立及其命令權的地位。關於「跟隨個人的特質」之觀點，帕奈提烏斯似乎是援引柏拉圖《理想國篇》433a-434c的論述。

290 這句話似乎是援引亞里斯多德《尼科馬哥倫理學》1113a29-31：「優秀之人正確地判斷每件事物，且在每件事物中對他而言真理顯現。」

291 類似的觀點，參見塞內卡《論心靈平靜》VI, 3及VII, 2。這個觀點斯多葛學派之外的哲學家，如德謨克利圖斯，也分享，一個人應有可能之事的辨別力（DK 68B191）；伊比鳩魯及其學派亦有類似的看法，參見《梵蒂岡格言》（Vatican Sayings）35及陸克瑞提烏斯《論萬物的本質》III, 957。

有一樣是合宜正確，如人們所言，因為它是違背抗拒人性之事。

（111）通常若某事是合宜的，它真的就應該是在整體生活上，及在個別行為上的平和一致，若你忽略自己的性格，模仿他人的性格，你就無法保有它。例如我們應該使用為我們所知的語言，像有些人不斷牽強附會地使用希臘字，我們不要受到應得的嘲笑，因此在行為及整個生命中，我們不應該帶進任何的不和諧。

（112）此外，人性的不同有相當大的影響力，有時候有人應該自殺，但在相同的情況下有人卻不應該自殺[292]。馬庫斯・卡投[293]是否是在不同的情況下，不同於其他人，在非洲向凱撒稱臣？然而若他們自殺，這或許會被他人視為錯誤，因此他們生活是較安逸，行為是較親和。自然曾賦予卡投令人難以置信的嚴肅認真，他也持續不斷地強化它，且在計畫及執行計畫的過程中一直保持這份特質，他與其必須注視著暴君的面容，不如死。

（113）在長期的流浪中尤里西斯承受了何等多的事，當他向所有女人稱臣時，若女人必須被稱為綺爾克及卡莉普索，他希望自己在一切的言談中令人如沐春風、心生愉悅，在家他也承擔男僕及女僕的羞辱，有時候是為了能獲得他想要的結果[294]！而艾亞

---

292 斯多葛學派認為自殺是無關善惡的行為（*adiaphoron*），參見 LS 61Q。相關討論，參見 F. H. Sandbach: 2001, 48-52。

293 馬庫斯・卡投（Marcus Porcius Cato of Utica，95-46 BC），老卡投（XI, 37）的曾孫，故世稱小卡投，在彭沛烏斯與凱撒的內戰中，他支持前者，彭沛烏斯戰敗後，卡投選擇自殺，而非接受凱撒的赦免。

294 關於尤里西斯（奧迪修斯〔Odysseus〕的拉丁名）與女人間的關係，參見《奧迪賽》（*The Odyssey*）10, 480 ff. 及 5, 203 ff；關於回到綺色佳後所受到的對待，參見 17, 212 ff.，18, 321 ff. 及 19, 65 ff.。

克斯，據說具備勇氣，軍人寧願面對死亡，而不願忍受它[295]。我們反省這些例子，每個人應權衡他所有的性格特質，並適度地掌握這些特質，不要想嘗試其他的特質如何適合自己，因最適合某一個人的特質是最屬於他的[296]。

（114）因此每一個人要知道屬於自己的特質[297]，並對自己展現是善與惡精確的判斷者，所以演員不會看來比我們更具有慎思明辨的態度[298]。因為他們不是為自己選擇最好的劇作，而是選擇最適合的劇作：對聲音有自信的人選擇《艾皮構奴斯》[299]及《梅度斯》[300]，對姿態有自信的人選擇《梅蘭尼帕》[301]及《克莉台梅斯特拉》[302]，魯皮利烏斯[303]，我記得他，選擇《安提歐帕》[304]，艾索普

---

295 艾亞克斯因憤怒失望而發瘋，最終導致自殺的故事，參見索弗克雷斯（Sophocles）《艾亞克斯》（*Aiax*）。

296 任何最適合某人的特質皆出於他的天性。

297 似乎是採取自希臘著名的古諺「gnōthi seauton」（知道自己），相傳刻在德爾菲的神廟上。

298 不同於XXVIII, 97-98的詩人類比，西塞羅在此提出演員類比；若演員要選擇適合自己表演特質的角色，我們對社會角色的選擇亦應評估個人的特質，這凸顯出角色判斷包含了個人自我反省。此外角色選擇，無論對演員及我們自己而言皆受某種限定，因為演員的選擇受劇本限定，我們的角色亦受社會限定。

299 羅馬悲劇詩人阿奇烏斯（Accius，約170-190 BC）的作品。

300 羅馬悲劇作家帕庫維烏斯（Pacuvius，約220-130 BC）的作品。

301 艾尼烏斯的作品。

302 阿奇烏斯的作品。

303 生平不詳。

304 帕庫維烏斯的作品。

斯[305]並不常選擇《艾亞克斯》[306]。因此演員在舞台上會了解此事，難道智者在生命中不會了解嗎？因此關於這些事，我們要引出最合適的，在其中我們要特別努力工作。但有時候必要性迫使我們到那些不屬於我們的能力特質的事，一定要利用一切可能的專心、思維及勤勉[307]，所以我們至少能適切合宜地從事那些事，若不是適合我們的事。我們應該努力，不是為了我們所追求的好事是對我們無益之事，而是為了我們可以避免錯誤。

[XXXII]（115）在我之前提到的兩種角色[308]再加上第三種，某種機會及情況指定它[309]，還有第四種角色，我們藉由個人的判斷投身其中。例如，霸權及統治權、名聲與榮譽、財富與資源及與這些對反的事物是奠基於運氣，受到外在情況的影響，但我們自己想要維持什麼角色，是從我們的意願出發[310]。因此有些專心

---

305 艾索普斯（Clodius Aesopus，122-54 BC），羅馬悲劇演員，曾教授西塞羅發聲法，他在舞台上的表演以嚴肅著稱。

306 艾尼烏斯的作品。

307 延續XXI, 73的觀念，西塞羅強調做任何事之前務必勤勉準備。

308 參見XXX, 107。

309 第三種角色與外在環境有關，此一概念亦見於犬儒學派哲學家畢翁（Bion of Borysthenes，約325-255 BC）的思想中。他認為人要活得好，必須適應環境，因時制宜，勿抱怨命運，參見D. R. Dudley: ibid. 66-67。強調合宜的行為與外在情境的關係之論述，亦可參見塞內卡《書信》LXXI, 1, 'Cum magna pars consilii sit in tempore'（因為大部分的思慮是適時的），相關討論，參見B. Inwood: 2007, 104-105。此外斯多葛學派哲學家亞里斯投主張，智者如優秀的演員，能將被賦予的角色演得恰如其分，參見狄歐金尼斯‧拉爾提烏斯，ibid. VII, 160。

310 這個主張似乎與斯多葛學派傳統的命定論對立，但若參考克呂希普斯的共

致力於哲學，有人投身於民法，有人專注於雄辯術，不同的人喜歡在不同的德性上出類拔萃[311]。

（116）那些人的父親或先祖確實在某個榮耀上卓越傑出，他們通常熱中於在同類的讚美中鶴立雞群，例如昆圖斯‧穆奇烏斯[312]，普博利烏斯之子[313]，在民法上，保路斯[314]之子阿菲里康奴斯在軍事上。此外，有些人在從父親那兒所獲得的美讚上加上某種屬於自己的嘉許，例如同一位阿菲里康奴斯在雄辯術上增添戰爭的榮耀[315]，提莫特烏斯，康農[316]之子，也有相同的作為，他在戰

（續）────

　　同命運理論（confatalia）：一個人雖注定會成功，但他一定要努力才會成功（LS 62A及F），帕奈提烏斯的論點與命定論並不衝突。

311 根據史投巴伊烏斯的記載，帕奈提烏斯曾言，不同的德性就像不同的弓箭手，以不同的方式達到同一個目標，即依據自然而活（LS 63G）；帕奈提烏斯進一步主張，這是依據自然所賦予我們的起點（aphormas）而活（LS 63J）。與關於雄心的論述（71-73）比較，四個角色的理論並不主張，一個人一定要透過公共事務的參與來追求德性；反而是特別強調每個人應估量自己的特質與能力。此外在關於雄心的討論，有雄心者須不斷地與自己的自然傾向，即情緒對抗，以追求德性，但在此的論述則強調，德性之追求與個人的本性，可在有意識的情況下和諧一致。C. Gill: ibid. 4610認為，這些差異主要是肇因於，論雄心是以正統斯多葛學派的理論及表現方式進行，但論四個角色有較多特屬於帕奈提烏斯的想法及關於適切合宜理論的討論。

312 參見XXX, 109。

313 普博利烏斯‧穆奇烏斯‧史凱渥拉（Publius Mucius Scaevola，C 2 BC），羅馬政治人物及法學家，於西元前141年任護民官，西元前133年任執政官，並於西元前130年C任最高祭祀。

314 參見XI, 37。

315 阿菲里康奴斯是第一等的演說家，參見《布魯圖斯》XXI, 82。

316 康農（Conon，約444-392 BC）為雅典將領，在伯羅奔尼薩戰爭立下戰功，他的兒子提莫塞俞斯（Timotheus）效法其父，贏得與斯巴達海戰（西元前

爭的嘉許上不比其父遜色，並在此嘉許上添加博學與天才的美譽。然而有時會發生，有些人棄先人的生活模式於不顧，追求屬於自己的生活方式，通常那些出身寒微，志向偉大之人特別賞心此事。

（117）因此我們應該用心及在思想上理解這一切，當我們在探究什麼是合宜之事時；此外，特別要決定，我們想成為什麼樣的人，及過什麼樣的生活，這是最難的考量，因為這是進入青年期，當思慮尚有極大的缺陷時，每一個人為自己決定一種他特別喜愛的度日方式，因此在涉入某種確定的生活模式前，他可以判斷哪一種是最好的生命模式。

（118）例如普羅迪庫斯提及赫丘雷斯，如在色諾芬的著作[317]，當他剛長大成人時，自然賦予人機會選擇每一個人將來要進入的人生道路，他出走至荒地並獨自坐在那兒許久，非常猶豫躊躇，因為他要決定兩條路，一條是享樂之路，另一條是德性之路，進入哪一條路較好，這或許可以發生在赫丘雷斯的身上，「朱比特所生之子」，相同之事不會發生在我們身上，我們仿效我們個人所喜歡的人，並向他們熱中之事及行事風格接近。然而通常我們受到父親的訓示引導，浸潤在他們的態度與習慣中，有些人讓自己被眾人的意見影響，在較大多數的人看來是最美的事

（續）─────
　　376 年）的勝利。

317　參見《蘇格拉底回憶錄》II, i, 21。普羅迪庫斯（Prodicus, C 5 BC），希臘詭辯學者，以用字精確著稱，柏拉圖《尤希迪莫斯篇》（*The Euthydemus*）277e4，《卡爾米德斯篇》（*The Charmides*）163d4，《米諾篇》（*The Meno*）96d7，《普羅大哥拉斯篇》（*The Protagoras*）314c1 及《饗宴篇》177b4 皆提及此人。

物,他們會特別選擇這些東西,然而有些人因某種運氣或與生俱來好性格,沒有父親的教導下追求正確的人生道路。

[XXXIII] (119) 然而下述之人極為罕見,具有極佳的天賦、或出眾的學問知識、或兩者兼備,他們尚有餘裕思考,他們想追求的最可能的生命形式,在此思慮中所有的考量都必須參照每一個人自己的本性[318]。例如,一切所做的事情,都是根據每一個人與生俱來的特質,如前所述[319],我們探尋合宜之事,而且在整體生命的安排上,對生命的事務要給予較多的關切,以使我們在持續的生命中能保有一致性[320],且在任何義務的履行上不會步履蹣跚。

(120) 由於與此相關的論述,人性擁有最大的影響力,運氣次之[321],關於這兩者的論述皆應著墨,在選擇生命形式上。但關於人性的說明較多,因為它是較堅實穩定,所以有時候運氣好像與人性對抗[322],就像會朽之物與不朽之物間的對抗。因此有人將一切生活上的計畫配合自己沒有瑕疵的人性,他會保有穩定一致(因為這最合宜),除非或許他了解到,在選擇生命形式上犯

---

318 C. Gill: ibid. 190 認為,西塞羅言及人性時,主要關切的是在某一工作上能使一個人成功的個人天賦、傾向及態度,這使得他會以一傳統之事業的立場(a careerist way)看待角色。

319 XXXI, 110 及 XXXII, 117。

320 生活態度一致,參見 XXXI, 110-111。

321 運氣相對於人性是不可靠的,參見德謨克利圖斯 DK 68B176。

322 關於運氣與人性間的對抗,參見德謨克利圖斯 DK 68B119:運氣通常是人們愚蠢的藉口;理性是有秩序生活的基礎。

錯。若發生這事（可是它可能會發生），必須做行為與生活方式上的改變。若環境鼓勵此種改變，我們會較輕鬆自在地做改變，若不是，改變必須循序漸進來做，就像明智之人對令人較不愉悅及較不令人讚許的友誼的考量是，逐漸淡出會比突然結束更適切合宜[323]。此外，生活形式的變動一定要留心所有的理由說明，所以我們看來是依好的計畫做改變。

（121）因為之前所言是，要效法先祖，但首先，要移除此事，對惡行的模倣，再者，若人性不允許某些人可以被仿效（如卓越的老阿菲里康奴斯之子[324]，老阿菲里康奴斯收養了保路斯的這個兒子，由於健康狀況不佳，他無法如他的父親對自己的父親起而倣尤一樣，仿效自己的父親），因此若他不能經常為訴訟案辯護、在演說中掌握群眾，或發動戰爭，他將必須展現那些在自己能力範圍之內的事[325]，正義、忠誠、慷慨、謙遜及節制，所以他所不能之事對他的要求會較少。父親傳給小孩最佳的遺產是比一切遺產都更耀眼的德性與行事上的名譽，在這方面的恥辱應被視為惡行與錯誤。

[XXXIV]（122）由於不同的義務被分配給不同的年齡層，

---

323 《論友誼》XXI, 78有言：「不能讓友誼成為嚴重的敵意。」

324 普博利烏斯・史奇皮歐（Publius Cornelius Scipio, C 2 BC），是老阿菲里康奴斯（Publius Cornelius Scipio Africanus major, 234-183 BC）之子，於西元前180年獲選為占卜師，但因健康狀況不佳，影響仕途。《論老年》XI, 35亦言及此人。

325 這是斯多葛學派的基本思想；一位有德性之人總是能找到適合自己表現的作為，參見塞內卡《論心靈平靜》IV, 2 ff.。

有些是年輕人的義務[326]，有些是老年人的義務，還有必須談論關於此一區別的事。因此年輕人的義務是敬重老人，且從他們之中選擇最優秀及最傑出的人，依賴他們的建議與權威，因為年輕人的無知必須由老年人的明智來安頓與控制。此外，這個年紀特別要避免欲望，要在心理及生理的勞動與耐力中活動[327]，所以他們的勤勉能活躍在戰爭及公民的義務中。此外，當他們想放鬆心情，投身享樂[328]時，要留心不節制，要注意適度，因為這會較容易若老人不願置身於那種事中。

（123）然而對老人而言，身體的勞動似乎應減少，心靈的運動似乎應增加[329]，事實上應注意，他們以建言與明智盡最大的能力幫助朋友、年輕人，特別是國家[330]。然而在老年中最該注意的是不要讓自己身處散漫懶惰中[331]；其實奢華在所有的年齡層不僅醜陋，同時對老年而言是最可恥的事。但若奢華還加上欲望的放縱，這是加倍的惡，因為不光彩的老年涉足與從事年輕人的較無恥的放縱。

（124）談論關於公職、私人、公民及外國人的義務不會是與主題無關。因此行政長官的特有的職責是了解，他應該扮演國家

---

326 柏拉圖《大希匹亞斯篇》（*The Hippias Major*）286a-b 提及希匹亞斯曾論述年輕人應追求的生活方式。

327 參見《論老年》X, 34-XI, 38；亦可參見普路塔荷《老人是否應參與公共事務》（*Ei Presbuterōi Politeuteon*）793b-c。

328 「iucunditas」（愉快）是「voluptas」（生理享樂）的含蓄表述。

329 參見《論老年》XI, 36。

330 參見《論老年》VI, 20。

331 參見《論老年》VIII, 26-28，亦可參見《老人是否應參與公共事務》784a。

的角色、維護它的尊嚴與榮耀、維持法律、施行正義及記得那些託付給他的誠信之事[332]。再者，私人的職責應該是與公民們在平等及適當的權利下生活[333]，既不卑躬屈膝、搖尾乞憐，也不盛勢凌人，在國家中他也應該期盼祥和寧靜及值得尊崇的事，事實上我們習慣認為而且稱呼這種人是好公民。

（125）此外，外國人及居留者[334]的義務是，不要做超越他們的業務之外之事，不要探究關於他人之事，且完全不要追究在他國中的事務。

通常義務會如此被發現，當被問及什麼是合宜及什麼是適切的行為，在不同角色、狀況及時間中。然而，無事會比在做每一件事上，都藉由計畫與實踐來維持行為的一致性更合宜。

[XXXV]（126）既然這個合宜在每一個舉止言談，在身體的活動與姿態上識別，它立基於三件事上：美麗清秀、言行有序及合乎行為的衣著，這些事難以言詮，但它將充分地被理解，此外，在這三件事中也包含那個關切，我們受到與我們一同生活的人，及一起為伴的人[335]的讚許[336]，關於這些事也要談論幾句。

332　西塞羅《論法律》V, 13-VI, 14指出，帕奈提烏斯對此有過論述。

333　這句話中隱含了中庸或恰如其分的概念，參見IV, 14。

334　「incolae」就像希臘文中的「*metoikoi*」，在一個國家或城邦中有居留權，但無公民權。

335　共同生活之人（quibuscum）是指大範圍的人際網絡，一起為伴之人（apud quosque）是指個人所參與的團體。

336　關於眾人的掌聲與讚許，參見XXVIII, 97-98。

　　一開始自然似乎擁有關於我們身體的重要的想法[337]，它立即安排我們的形體及其他的樣貌，在具有漂亮的外表的範圍內，然而身體的部分被交付給自然的必要性，它們將會具有殘缺醜陋的外表，它將它們完全遮蓋掩藏。

　　（127）人的謹言慎行是仿效自然的這個費心的作品，因為自然隱藏的事物，所有明智之人也將那些事物從他們的眼睛移除，他們專注於必要性上，盡可能以最隱密的方式服膺它[338]；人們的身體的各個部分的功能是必要的，但未以適切的名稱來稱呼那些部分及它們的功能，做它不是可恥的事，只要是祕密地做，但談論它是下流猥褻之事。因此關於那些事的公開行為及下流猥褻的言談無法免於無恥[339]。

　　（128）犬儒學派哲學家[340]或任何幾乎是犬儒學派哲學家的斯多葛學派哲學家[341]都不應受到關注，他們斥責及嘲笑我們，因為我們認為那些在行為上不是可恥的事，在言語上是可恥，而我們

---

337 這或許是受色諾芬的影響，參見《蘇格拉底回憶錄》I, iv, 4-6，萬物存在有其目的，這不是出於運氣，而是出於設計；我們的外五官所有的個別功能是自然的安排，參見《論神的本質》II, lvi, 140-141。

338 狄歐金尼斯‧拉爾提烏斯曾言：柏拉圖認為這是不成文法（agraphos nomos），參見ibid. III, 86。

339 亞里斯多德《政治學》1336b3-8有類似的主張。

340 犬儒學派（Cynicism）的思想主要是建立在「依自然而活」的觀念上，揚棄一切人為世俗的價值，主要代表人物有安提斯塞內斯（Antisthenes，約445-360 BC）及狄歐金尼斯（Diogenes of Sinope，約400-323 BC）。

341 早期斯多葛學派的哲學家接受犬儒學派部分的思想，但中期斯多葛學派的哲學家反對犬儒學派，關於斯多葛學派與犬儒學派思想上的關係，參見D. R. Dudley: ibid. 99-103。西塞羅本人在道德上的傳統主義，使他無法接受犬儒學派的道德修正主義，參見C. Gill: ibid. 193的論述。

以適切的名稱稱呼那些事，在行為上它們是可恥的。掠奪、偷竊及通姦在行為上是可恥的事，但在言談中不是下流猥褻之事；對生小孩之事的關注是件值得尊敬的行為，但在名稱上是不體面的；有更多例子受到那些哲學家們的討論，在意義上是對反於謹言慎行。我們要追隨自然，且避免一切與眼耳所讚許之事相左的事；姿態、步履、坐、臥、面容及眼手的運動皆要維持合宜。

（129）這些事中有兩件事要特別避免：缺乏男子氣概與嬌弱的行為，及殘酷或粗魯的行為。也不應該認可演員及演說者，這些事或許適合他們，但對我們而言它們是放肆。其實舞台上的傳統在以往的訓練中是具有相當的謹言慎行，所以在舞台上沒有人會上台沒圍底布[342]，因為他們擔心，萬一發生身體某些部位曝露，他們會被視為不合宜。事實上我們的風俗習慣，長大的兒子不與父親共浴，女婿也不與岳父共浴。因此，此種謹言慎行應被維繫，特別是自然本身是我們的老師與嚮導[343]。

[XXXVI]（130）此外，有兩種美：在一種美中有漂亮，在另一種美中有尊嚴，我們應該視漂亮為女性之名，尊嚴為男子之美。因此一切與男人不相稱的綴飾要從外表上移除，且要留心在姿態舉止上的相似的錯誤[344]。例如，體育館中的角力的動作經常

---

342 「subligaculum」（英文：lioncloth）為羅馬男性在公共澡堂浸浴時圍於腰際的一條布，舞台劇演員上台前也要圍上這條布，以免走光。

343 Griffin and Atkins: 2000, 50, n. 1 認為，127 及 129 的論述皆與羅馬的風俗習慣有關，不大可能是出自帕奈提烏斯的思想。

344 西塞羅認為男性擁有過於女性化的走路方式「不自然」，參見《論界限》V, xii, 35。

令人憎恨，且任何演員的姿態難免造作，在這兩種活動中，正當與單純受讚賞。再者，外表的尊嚴必須注意好的臉色，身體的膚色要注意運動。接著，要注意潔淨，不要令人不悅，也不要過度設想，只要它可免於粗鄙及沒有教養的懶散。同樣的論述必須包括衣著[345]，在其中，就如在許多事例中，中庸是最好。

（131）也該留心，所以我們不會在行進的步履上使用緩慢或較輕快的步伐，看來就像擔架的遊行[346]，或在匆忙中我們採取過快的速度，當這些事發生，呼吸受干擾，臉色改變，表情扭曲；從這些事產生重要的意涵：一致性的消失。但一定要更加努力的是，心靈的活動不要背離人性，我們所追求之事，若我們留意，便不會陷入不安與慌張之中，且若我們將專心一致的心靈維持在合宜的保存上[347]。

（132）此外，心靈的活動有兩個面向：一個是思維的面向，另一個是欲求的面向。思維特別是考量真理的追求，欲求促發行為。因此必須關切的是，我們將思維使用在盡可能是最好的事上，將欲求交付給對理智的服從[348]。

[XXXVII]因為言說的影響力大，且它有兩種：一種是論

---

345 衣著合宜，參見亞里斯多德《修辭學》1405a13。

346「ferculum」為慶典遊行時裝著祭品或戰利品的擔架或托盤。

347 亞里斯多德認為有雄心者動作緩慢、聲音低沉及說話沉穩（《尼科馬哥倫理學》1125a12-14），但他並沒提供這些行為特質與靈魂狀態關係的說明。關於它們與一個人的生理狀態的關係，參見徐學庸：ibid. 151-152 的論述；西塞羅（或帕奈提烏斯）在 XXVIII, 98 指出，合宜是在生命活動中展現。

348 參見 XXVIII, 101。

證，另一種是談話。在法庭訴訟、議會及元老院的辯論中允許論證，在社交團體、討論、親友聚會中談話被考慮，宴會也接受談話。論證的原則是修辭家的原則，不是談話的原則，雖然它們或許也可能是談話的原則。但老師的發現是為了熱中學習之人，可是沒有人熱中於此[349]，却有一群修辭學家的學生[350]；儘管如此，關於字與句的原則也屬於談話[351]。

（133）由於我們具備聲音，言談的標示，在聲音上我們著眼兩種目的：一種是清晰，另一種是甜美，這兩種當然是自然應追求的目的，但運動增加前者，模倣說話輕聲和緩之人增加後者。在卡圖路斯父子[352]身上無事會讓你認為，他們關於文學使用特別設想的判斷，雖然他們是有學問之人（但其他人也是）；然而他們被認為是使用拉丁語最佳的人。他們的音調令人愉悅，文字既不裝腔作勢，也不咬文嚼字，所以不會晦澀難懂或令人作嘔，沒有掙扎，既不沉悶，也不花俏。陸奇烏斯·克拉蘇斯[353]的演說更多，且機智幽默不減，但關於卡圖路斯父子精湛的演說的意見並沒有較少。凱撒，老卡圖路斯的哥哥[354]，在機智幽默上勝過所有人，所以在那種公共演說中他談話的方式戰勝其他人的論證。因此關於這一切一定要努力，若無論如何我們要探討合宜之事。

349　日常談話的原則。

350　Holden: ibid. 247 的譯文。

351　修辭學上用字遣字的原則也可適用於日常談話中。

352　參見 XXII, 76 及 XXX, 109。關於聲調的說明，參見《論演說家》III, xi, 42-43。

353　參見 XXX, 108。

354　參見 XXX, 108。

（134）那麼這是談話，在此言說模式中蘇格拉底的追隨者[355]極為特出，在談話中要平順，完全不固執己見及令人感到愉悅的特質。對話者千萬不可排除他人參與對話，就像他闖入你私人的土地，而不僅在其他事上，且在一般的談話上，他要思考的是交相談話，不是不公平[356]。此外，他要特別留意他所說的議題：若是關於嚴肅的議題，他要使用嚴格，若是關於幽默的議題，他要使用詼諧機智[357]。特別是他要小心謹慎，對話不要顯露出在他性格中的某種缺陷；這一定會經常發生，為了對於不在場之人的輕蔑，以急切、嘲弄或極為刻薄及無禮的方式談論他們。

（135）此外，通常談話是關於家務事、政治事務或工作及學問上的理論。因此應該給予關注，就算談話偏離至其他議題，談話要被喚回至眼前的議題，無論它們以任何形式呈現[358]，因為關於相同的議題我們不會在一切情況及以類似的態度感到愉悅。還是要注意談話具有多少的愉悅，就像開始的方式是合理的，所以結束的方式也是合理的。

[XXXVIII]（136）就像在一生中最正確的金科玉律是，我們要遠離不安，這是心靈過度衝動，不服從理性[359]，因此談話應

---

355 色諾芬與柏拉圖。

356 對話是有來有往的相互交談，不可剝奪對方說話的權利。

357 西塞羅《演說家》XX, 70認為，合宜地決定以何方式言說並非易事。

358 關於「utcumque aderunt」的問題，H. A. Holden: ibid. 249將這句話理解為「根據在場的同伴」似乎與上文無法連貫，本譯文選擇A. R. Dyck: ibid. 313的詮釋。

359 根據史投巴伊烏斯的記載，這屬於斯多葛學派的思想，參見LS 65A。

該免於這類的情緒，所以憤怒、某種欲望、散漫或懶惰不會存在，或諸如此類之事不會出現，特別該留心的是，我們與某些人交談，要表現敬意與愛意。有時必要的責罵也會發生，在這些事例中或許必須使用較具駁斥性的聲音，及具嚴肅凝重的字辭，還有必須做的是，做那些事我們似乎生氣憤怒[360]。就像燒灼與開刀一樣，我們甚少、不願意，且從未來到這類的責備，除非有必要，若沒有發現其他的處方，儘管如此憤怒要遠離，與它為伍無法以正確及非常慎重的態度從事任何事[361]。

（137）再者，在大多數的事例中，可以使用溫和的斥責，但要結合嚴正的態度，所以嚴厲被使用，辱罵被摒除，且關於在斥責中所有的尖酸，必須指出這是為了受斥責之人所從事的行為。在那些以最具敵意的方式產生的駁斥中，這也是正確的行為，就算我們會聽到不值得我們聽的事，依然要保持嚴肅的態度，移除易怒的性格，因為它們在某種騷動不安的情況下會發生，交談不能以穩定的方式進行，也無法受到旁人的認可。對自己的誇讚是無恥的行為，特別是虛假的誇讚，且以聽眾們嘲笑的方式模仿誇示的軍人[362]。

[XXXIX]（138）由於我們正在探究這一切（我們真的很想探究），也應該提及什麼樣的房子，在我們意見上，是合於身居

360「videamur」（我們看來或似），西塞羅強調即使在斥責他人時，我們的情緒都應保持平和，生氣憤怒只是表面上的情緒反應。

361 類似的主張，參見XXV, 89-90。

362「miles gloriosus」（誇示的軍人）為羅馬喜劇中經常出現的角色，參見《論友誼》XXVI, 98。

高位及領導之人[363]。它的目的是實用，建築的藍圖必須符合此目的，儘管如此，關於舒適與尊嚴上的關注也應適用於此目的。格奈烏斯·歐克塔維烏斯[364]，在那家族中首位被選為執政官，我們聽說他身居要職，在帕拉提斯[365]蓋了棟壯觀的房子且極富尊嚴，群眾上山參觀這棟房子，它被認為是協助主人，新人[366]，選上執政官的原因。這棟房子被拆解後，史考魯斯[367]於自己房子旁添加了別館。因此前者是他家族中第一人將自己的房子賦予執政官職，後者，極為傑出優秀之人的兒子，擴大的房子不僅帶來選民的拒絕，且帶回恥辱與災禍。

（139）確實，尊嚴必須以房子來襯托，卻不必然完全從房子尋得，主人不應該因房子而高貴，而是房子因主人而高貴，就像在其他事情上我們不僅要考慮自己，也要考慮他人，因此名人的家裡，接待許多客人及必須容納許多各式各樣的人，我們要注意空間的寬敞。在其他情況，寬敞的房子對主人經常是恥辱，若他獨自在屋中，特別是若有其他人曾是房子的主人時，它曾是高朋滿座。這真的令人不悅，經過房子的人說：

---

363 亞里斯多德《尼科馬哥倫理學》1123a6-7有云：「重義輕利者建造適合其財富的房子。」

364 格奈烏斯·歐克塔維烏斯（Gnaeus Octavius，C 1 BC早期），於西元前87年選上執政官。

365 羅馬貴族的居住區。

366 政治上對非出身權貴，且家族中未有人曾任國家要職之人的稱謂；關於新人，參見D. Earl: ibid. 44-58的論述；徐學庸：ibid. 233-234有摘要的說明。

367 史考魯斯（Marcus Aemilius Scaurus，C 1 BC），與其父同名（參見XXII, 76），母親改嫁而成為蘇拉的繼子，於西元前54年競選執政官時，因賄選遭放逐。

老房子被多麼不同的

主人掌管[368]；

這在當下可在許多事例上來說[369]。

（140）一定要注意，特別是若你自己蓋房子，花費與豪華上不要走向標準之外，在這類行為中有許多惡果，某人的例子，因為許多人特別熱切地在此一部分模仿位高權重之人的作為，就像陸奇烏斯・陸庫路斯[370]的行為，卓越之士，有人傚效他的勇氣嗎？但有何其多的人模仿豪華的別墅！關於別墅的標準一定要符合及參照中庸。同一個中庸必須被移轉至生命中一切的經驗與教養。

（141）但關於這個議題已有足夠的論述。此外，在所有的行為中一定要從事及保持三件事：首先，欲求要服從理性，關於義務的維持無物比此更適切[371]；再者，要留意那件我們想做的事的重要性，不要投注比原因所要求的更多及更少的心力。第三是，我們要注意，關於紳士外表及尊嚴的考量要有所節制。最佳的標

368　出處與作者皆不詳。

369　或許西塞羅暗示彭沛烏斯的房子後來被凱撒佔據一事。

370　陸奇烏斯・陸庫路斯（Lucius Licinius Lucullus，約118-56 BC），於聯盟戰爭中支持蘇拉，西元前86年時蘇拉帶著他一起對米特里達特斯六世作戰，西元前79年任市政官，西元前77年任執政官，並於西元前74年開始參與第三次米特里達特斯戰役，歷時九年凱旋歸國；思想上追隨伊比鳩魯學派，晚年過著極為奢華的生活。西塞羅或許在此間接地批判伊比鳩魯學派的思想。

371　I. G. Kidd: ibid. 190認為這個對理性的強調，亦凸顯帕奈提烏斯與早期斯多葛學派之倫理學思想，並無本質上的差異與改變。

準是維持合宜,從我們之前所言[372],且不要踰越。儘管如此,這三件事中最特出的是,欲求服從理性。

[XL](142)接下來必須談論關於事物的秩序及情況的合宜。這些知識被涵括在希臘人所稱的好秩序,不是我們翻譯的紀律,在這個字中有恰如其分的意涵,在這個字好秩序中所理解的意義是秩序的維護[373]。因此,我們稱同一個字為紀律,是斯多葛學派哲學家如此定義[374],所以紀律是關於事物的安排的知識,它們在適當的場所被做及被陳述。以此方式,秩序與安排的力量似乎會是相同,因為它們是這麼地定義秩序,事物的安排依它們適切合宜的位置。此外,他們說行為的地方是時間的合宜,在希臘文中被稱為應時,在拉丁文中被稱為適時[375]。因此這個紀律,如我所言我們是如此地翻譯,是關於適當時機,與行為時間相關的知識。

(143)然而相同的定義可以是關於明智,關於此我們在一開始提及過[376];在此我們探究關於自持與節制,及類似德性。因此明智的特質在它適切的地方被提及,關於這些德性的特質我們已談論良久,它們屬於謹言慎行及與我們共同生活之人的讚許,現

---

372 參見XXIX, 102。

373 「*eutaxia*」這個希臘字意為好的秩序,斯多葛學派將它置於明智或節制(*sōphrosunē*)的範疇內,參見LS 61H。

374 因為拉丁文中沒有與「eutaxia」完全相對應的字,所以西塞羅採用斯多葛學派的觀點。

375 「eucairia」(應時),「occasio」(適時)。

376 參見第五章及第六章。

在我們必須談論。

（144）因此我們必須實踐這樣的行為秩序，就像前後一致的演說，以此方式在生命中一切事物相互同意與和諧，因為在嚴肅的議題上帶進適合在宴會或其他輕鬆的談話，是有失體面而且非常惡劣的行為。沛里克雷斯說得好，當任將領時他有位同僚索弗克雷斯，一位詩人[377]，他們對於他們所共有的職務意見一致，有個俊美的男孩碰巧聽過，索弗克雷斯說：「哇！多麼俊美的男孩，沛里克雷斯」，沛里克雷斯回應：「不！因為對將領而言，索弗克雷斯，合宜的行為不僅要限制雙手，也要限制雙眼。」儘管如此[378]，在另一方面，若索弗克雷斯在運動員的測試上說相同的話，他不會招致應有的斥責：地方與時間的力量是如此之大。例如，若有人，當他將提起訴訟，在路途中或在散步時他自我練習，或若他以較專注的態度思考其他的事，他不會受責難，但若他在宴會上做相同的事，在對時機的無知上他會被認為是沒教養。

（145）然而行為經常與教養相左，例如若有人在廣場上唱歌，或其他非常脫軌的行為，這無疑是明顯的而且並不需要警告及訓示，但那些被視為較無傷大雅及無法被眾人所理解之事，我

---

377 索弗克雷斯（Sophocles，約496-406 BC），雅典悲劇詩人，除了戲劇創作之外，索弗克雷斯也積極參與公共事務，他曾任財政官員，並兩次被指定為由將領組成的委員會成員，一次是在西元前401年，當雅典平息薩莫斯（Samos）的反叛；在西元前413年被指派為由十人組成的建議委員會成員，以處理西西里遠征失利的後續問題。

378 Holden的版本是「atque」（此外；再者），但這個判讀似乎無法表現出西塞羅欲呈現出同一行為在不同時間與地點會有合宜與不合宜的區別；OCT的版本是「Atqui」。

們應該較留意避免。就像在豎琴或笛子的例子上[379]，雖然它們只有一點走音，但專家經常注意到它，因此在生活中一定要留心，不要讓事物有機會走調，或更適切地說，要更留意，行為的和諧比聲音的和諧更重要而且更優越。

[XLI]（146）因此例如在豎琴的例子上，樂師的耳朵感覺到極小的錯誤，同樣的我們想要成為嚴厲勤奮的〈判官〉及惡行的觀察者，要經常從小事中理解重要之事。從眼睛的凝視中，或眉宇的展蹙，從悲傷、高興、笑容、言談、靜默、聲音的高低及從其他類似的行為上我們將會輕易判斷，哪個行為做得適切，哪個行為與義務及人性不同調。在這例子中，從其他人身上來判斷關於那些行為是什麼，並不是不恰當，所以在那些行為上有任何不名譽的情況，我們可以避免，因為不知怎麼地會發生此事：若有做錯的事，我們在其他人行為中，比在我們的行為中有更多識別[380]。因此在學習的過程這些人的錯誤最容易被改正，老師們模仿這些錯誤是為了修正的目的[381]。

（147）在選擇那些帶著不確定性的行為，向博學之士甚或在生活經驗上的專家請益，及探究關於每一種義務令他們感到愉悅的是什麼行為，並非奇怪的事，因為較大多數的人通常習慣被受自然所引導的方向影響。在這些人中不僅應該注意每個人說了什

---

379 這是斯多葛學派的例子，參見 LS 61G。

380 眼不看自己的過錯是愚蠢之人的特質，參見《在圖斯庫倫的論辯》III, xxix-xxx, 73。

381 西塞羅似乎在回想他學習修辭學時，接受訓練的情境，參見《布魯圖斯》XCI, 316。

麼，也應該注意每個人的感受為何，甚至每個人的感受是建立於何種理由上。就像畫家、製造塑像之人，還有詩人，他們的每一件作品希望獲得群眾的關注，所以，若有任何地方受到眾人的斥責，它可被修正，且他們自我探究及〈從〉其他人那兒探究，在作品中的瑕疵為何，如此依據他人的判斷，有許多事我們該做、不該做、該改變及該修正。

（148）事實上關於依風俗習慣及公民律則所做的行為，沒有必要給予規範，因為那些行為本身便是準則。沒有人應該受此錯誤的引導，所以，若蘇格拉底或亞里斯提普斯[382]做了或說了違反風俗習慣及公民往來的習俗，他們也可思考一樣的行為；他們擁有此自由，是出自於偉大及神聖的祝福。其實犬儒學派的論述應該被揚棄，因為它與謹言慎行為敵，沒有它不可能有正確之事，不可能有值得敬佩之事。

（149）此外，那些生命在值得敬佩及豐功偉業的事情上被徹底檢視的人，對於國家有好感[383]，過去或現在為國效力之人，就好像他們被賦予榮譽及權力，我們應該尊敬並珍惜他們，我們也要非常敬重老人，禮讓這些擁有行政職務之人，區別公民及外國人，且在外國人的例子上要區分他是為私務或公務而來。總之我不詳述個例，我們應該保護、注意及維繫整體人類[384]共享的和諧與社會。

---

382 亞里斯提普斯（Aristippus，C 4 BC）為錫蘭尼學派（The Cyrenaics）的創始者，蘇格拉底的追隨者，參見柏拉圖《費多篇》59c3。主張享樂主義，追求當下快樂。

383 即愛國心。

384 關於早期斯多葛學派世界公民的觀念，參見LS 67A, J, K, L。

[XLII]（150）接下來關於技術與職業，哪些必須被自由人所有，哪些必須為低賤之人所有，我們將下列論述視為準則[385]。首先，要拒絕這些招致人們憤恨的職業，例如海關稽稅員、經營高利貸之人。然而所有雇工的職業是卑微低賤，他們出賣的是勞力，不是技藝，因為在那些職業中回饋是奴役的薪資。那些立即將他們從商人那兒所買的物品銷售出去的人[386]，也必須被認為是低賤，因為他們從自己的職業中一無所獲，除了滿口謊言外，確實無物比虛假空洞更可恥。所有的工匠都從事低賤卑微的技藝，因為工廠無法擁有任何屬於自由人的特質[387]。那些為肉體快樂服務的技藝絕對不被讚許，如特倫提烏斯所說，「魚販、肉販、廚子、香腸製造者及漁夫」[388]。再加上，若你高興的話，香水商、舞者及所有低賤的音樂廳[389]。

（151）然而在這些技藝中有著較大程度的明智或所追求的效益並不平凡，例如醫學、建築及關於公職的知識學問，那些技藝對那些適合的社會階級的人而言是值得尊敬[390]。此外，商業，若

---

385 P. A. Brunt: ibid. 27認為，這些準則不僅是出自帕奈提烏斯，也獲得柏拉圖及亞里斯多德的認可。

386 「mercatoribus」在此或許等於當代的大盤商；「qui…vendant」是零售商。

387 類似的觀點參見色諾芬《論家管》（Oeconomicus）IV, 2；羅馬人認為與自由人相稱的工作是軍職及農業（151）。

388 此話出於《太監》（Eunuch）257。

389 關於「ludus talarius」的譯文是參考Shackleton Bailey在《給阿提庫斯的信》I, 16, 3的英譯文。

390 芝諾認為當時通行的教育（tēn egkuklion paideian），如文學教育，是無用的，參見《著名哲學家生平》VII, 32。值得一提的是，後期的斯多葛學派哲學家，如塞內卡，雖認為文學教育的實用性有限（《書信》LXXXVIII），但

是量小質輕,必須被認為低賤卑微,但若是量大質重,從各地帶進許多物品,且與眾人分享沒有虛榮,完全不應被斥責[391];事實上,若在獲利上滿足或更恰當地說,滿意,如商人經常從海洋轉向港口,接著他從港口轉向土地及房產,這似乎可能值得被稱許[392]。但是關於所有的追求財富的行業,沒有一個比土地耕作更佳、更富饒、更甜美及更適合自由人[393]。關於此由於《老卡投》中我們已說得夠充分,從那兒你可選擇屬於這個議題的內容[394]。

[XLIII](152)從這些關於德行的區分中如何導出義務,似乎已有足夠的說明。然而關於德行的評估與比較可能會經常發生,關於這兩個德行那一個較值得尊敬:帕奈提烏斯忽略了這個議題。由於所有德行出於四個部分:一是思維的部分,二是社群的部分,三是勇氣的部分及四是節制的部分,在義務的選擇上我們必須經常在它們之中做比較。

(續)————

卻是值得嘉許的學習(《論幸福生命》〔De Vita Beata〕XX, 1)。事實上,西塞羅在政治與社會上並不抱持平等主義,他從未認為政治權力可以交賦予擁有這些技藝之人。換言之,西塞羅的道德平等主義不適用於其政治哲學的理論,在政治上他維持貴族政體與貴族特權。相關討論參見T. N. Mitchell: ibid. 48-51 及 N. Wood: ibid. 90 ff.。

391 商人的職責是在城邦中公平地分配物資,但他們受過度欲望的驅使而有完全對反的作為,故無益於城邦整體,參見柏拉圖《法律篇》918b-d。

392 當時元老院議員及其子是不允許從事商業活動,這裡指的應是騎士階級的貴族從商。

393 農牧是一切技藝之母,參見《論家管》V, 17。

394 即西塞羅的《論老年》XV, 51 至 XVI, 58。

（153）因此，我認為那些受社群引導的義務比那些受思維引導的義務更貼近自然，這可由此證明來確立，若一位智者過著那樣的生活，例如一切事物皆富滿盈饒，〔然而〕在完全沒有公務[395]的情況下，他考慮斟酌、沉思冥想一切與思想相稱的事物，然而，他若如此地深居獨處，以至於無法看見人，他遠離生活[396]。那個與一切德性有關的卓越的智慧，希臘人稱之為索菲雅[397]（因為明智，希臘人稱為實踐智慧[398]，我們有不同的理解，它是關於對事情期待與避免的知識），然而智慧，我之前稱之為首要德性，是關於神聖及世俗事務的知識，在其中包含了神與人及人與人之間的互動與聯繫[399]，若它是最首要的德性，它一定是，一定有由社群互動所導出的義務，這個義務是最首要的。此外，思維與冥想在某種程度上造成自然的殘缺與不完美，若它不追求事物實際的結果，然而在人的利益保護上要識別出那行為；因此它屬於人類的社會，且必須優先於思維[400]。

---

395 「otium」是休閒、無公務纏身之意。

396 西塞羅對離群索居的看法，參見《論界限》III, xx, 65 及《論友誼》XV, 55。關於人類具有社會的天性的看法，參見亞里斯多德《尼科馬哥倫理學》1169b16 ff.。

397 智慧，拉丁文是「sapientia」，希臘文是「*sophia*」。亞里斯多德認為依這個德性的活動是最令人愉悅的（EN 1177a20-26）。

398 拉丁文「prudentia」（明智），希臘文「*phronēsis*」（實踐智慧）。

399 亞里斯多德《尼科馬哥倫理學》有言，實踐智慧是與行為及情緒有關（1104b13-16）。

400 亞里斯多德主張，真正的幸福是沉思的生活（《尼科馬哥倫理學》1177a12-b26）；羅馬人所具有的實用主義的傾向，對此種純粹形而上的沉思生活，是否能為社群帶來實質效益，則抱持懷疑的態度。

（154）任何卓越之士實際上對此義務提出說明與檢視，因為有任何在檢視理解事物的本質上有如此的欲望的人——若他在思考冥想最適合思想的事物，突然他被告知國家的危險急難，他可協助幫助——他不會放棄丟卻那一切的事物，即使他認為他可以數星星或丈量世界的大小？他在父親或朋友的利益或危險上也會做相同的事。

（155）在這些事上要了解，關於正義的義務一定要優先於關於知識的追求與義務，它們是屬於人的利益，因此沒有任何事應該比人更重要[401]。

[XLIV]的確，那些人，他們所有的追求及生命都忙碌於思想，儘管如此卻未從增進人類的利益福祉的事中撤離。他們甚至還教育許多人，與那些人比較他們在自己的國家中都是較優秀有用的公民，例如畢達哥拉斯學派的呂希斯教導塞貝斯的艾帕米農達斯[402]，柏拉圖教導希拉庫斯的廸翁[403]，及其他許多人教導許多人，我們自己，帶給國家任何事，若我們以任何形式帶給國家某事，受老師及知識學問的教誨及預備，參與政治事務[404]。

---

401 對效益的強調，參見III, x, 35及xxvii-xxviii, 101。亞里斯多德《修辭學》1366b3-5曾言：「最偉大的德性必然是最有用的」。

402 參見XXIV, 84；哲學上從師呂希斯（Lysis），參見內波斯（Nepos），《他族的偉大將領》（*On the Great Generals of Foreign Nations*）XV, ii。

403 廸翁（Dion）是希拉庫斯王廸歐尼希烏斯二世（Dionysius II）的叔父，他與柏拉圖的關係記載於柏拉圖《第七封信》。

404 再次可見羅馬人的教育目的中實用主義性格。

（156）他們不僅親自教育指導有心向學之人，而且在他們死後依然以他們的文學遺產獲得同樣的目的[405]，因為沒有議題曾被他們忽略：關於法律、風俗習慣及國家紀律的議題，所以他們似乎是將自己的休閒投注在我們的事務上。因此那些熱切地投身於學問與智慧之中的人，將他們的理解與明智轉移到人的利益；由於這個緣故，長篇大論，只有謹慎為之，比不具辯才的敏銳思考更佳[406]，因為思想是朝向自己，辯才擁抱那些與我們在社群中有聯繫的人。

（157）例如蜜蜂群聚不是為了形成蜂巢，而是因群眾的本質，牠們形成蜂巢[407]，因此人，更甚於此，具有群眾的天性，將天賦運用在行為思想上。因此，除非那個出自保護人類的德性維持不變，出自人類的社會的德性，與思想為伴，思想才不會是孤立及貧瘠，同樣地，雄心遠離社群及與人的聯繫是某種無益的野蠻。因此人的社會聯繫是超越對思想的熱中。

（158）有些人所陳述之事並不正確：為了生活必須的緣故，人性所想望之事我們無法追求及達成，沒有其他人幫助，由於這個緣故，人與人之間的來往聯繫開始[408]；但若我們所有屬於食衣

---

405 後人得以藉閱談他們的書獲得啟發。老卡投在死後依然對羅馬人有影響，參見 XXIII, 79。

406 《論演說家》III, xxxv, 142 有言：哲學家是有德性的演說家。

407 蜜蜂的類比，亦可參見亞里斯多德《政治學》1253a7-9，人類群聚的程度甚至高於蜜蜂。

408 這是出於柏拉圖《理想國篇》的說法，社會起源於人無法自我滿足一切的生理需求（369b5-8）；西塞羅不贊同柏拉圖的社會起源說，並認為人的社會性及拒絕孤獨是社會形成的原因，參見《論共和國》I, xxv, 39-41。

的事物都由所謂的神聖的權杖[409]來提供，那每一位絕頂聰明之人會使自己完全忙碌於思想及知識中，當所有的商業活動皆被忽略時。事實不是如此，因為他會避免獨處而且熱切地尋求同伴，然後他想教授、學習、聆聽及交談。因此一切維護人的往來聯繫的義務是佔優勢，它必須優先於被包含在思想及知識的那個義務。

[XLV]（159）或許一定要探討接下來的議題，這個非常適合於人性的人際交誼是否必須經常優先於節制與紀律。我不認為，因為有些事，是如此令人不恥，有些是如此不檢點，所以智者不會為了國家的維護從事那些事[410]。波希東尼烏斯[411]編集許多那類的義務，有些是如此令人不快，有些是如此猥褻，以致於連在言說中似乎都令人羞恥。因此不要為了國家的緣故從事這些事，事實上國家也不希望我們為了它做這些事。但事實是格外地適切：這種情況不能發生，智者做任何國家所關切的事。

（160）因此就視此議題已討論完畢，在義務的選擇上，這種在人的交往中所維持的義務是卓越的，因為深思熟慮的行為追隨著思想與明智，所以結論是，審慎的行為比謹慎地思維更重要。

409　西塞羅指的是荷馬《奧德賽》綺爾克手中的魔杖，將奧迪修斯的部下變成豬（10, 238, 319及389）；H. A. Holden: ibid. 268認為是隱射梅爾丘里神（Mercury）手中的魔杖。

410　但為了國家智者可以在廣場上跳舞，參見III, xxiv, 93。

411　波希東尼烏斯（Posidonius，約135-51 BC），中期斯多萬學派哲學家，帕奈提烏斯的學生，著有《論適切的行為》（*Peri Kathēkontos*）（EK 39），延續其師對適切行為的探討：一、什麼行為是道德行為，二、什麼行為是權宜行為，三、前兩項是否會發生衝突（EK 41a）。

其實這個議題已說得夠多了。這個觀點已被展現，在義務的追求上不難知道某個義務必須優先於另一個義務。此外，在人際交往中有義務的階級，從這些階級中可了解某個義務是先於另一個義務，例如第一是對不朽神祇的義務，第二是對國家的義務，第三是對雙親的義務，然後逐漸地對其他人的義務[412]。

（161）從這些所討論的事中可簡明地理解，人們不僅經常對此有疑慮，這是個值得尊敬或令人可恥的行為，而且在兩個被提出的德行中，哪一個是更值得敬佩。這個議題，如我之前所述[413]，被帕奈提烏斯所忽略。

然而現在我們將繼續其他的議題。

---

412 與 XVII, 58 比較，西塞羅在此將宗教義務居於首位。

413 參見 III, 10 及 XLIII, 152。

第二卷

[I]（1）義務何以從德行及每一種德性中導出，馬庫斯我的兒子，我想在前一卷中已有充分的說明。接下來的議題是，我將描述這種與生活舒適、人們在事物的獲得上所使用的方法手段、權力及財富等相關的義務；在這之中所探討的是，我之前曾說，什麼是有益的事，什麼是無益之事，然後從效益中探討什麼是較有益之事，或什麼是特別有益之事。關於此我將繼續說，之前我曾提及一點關於我個人的目的及方法[414]。

（2）雖然我的書不僅引起許多人閱讀上的熱忱，也引起人們在寫作上的熱忱，但是偶然我會擔心，某些有德之人對哲學之名視若無睹[415]，他們驚訝我在哲學中投入甚多的精力與時間。然而，國家由那些人——它將自己託付給他們——治理多久，我就將一切的關注及思想轉移到哲學上[416]。然而當一切都掌握在一人絕對權力下[417]，沒有建言及意見領袖的空間，最後我失去我的夥

---

414 西塞羅論著倫理學的目的與所採用的方法，參見I, i, 1-ii, 6，西塞羅何以談論義務；I, ii, 7談論義務所使用的方法。亦可參見H. A. Holden: ibid. 273的說明。

415 一般來說，羅馬人對希臘思想文化並不具好感。例如老卡投即反對對希臘文化思想的過度熱愛，參見A. E. Astin: 1978, 157-181的論述。

416 哲學著述是西塞羅用來填補不參與政治事務空出的時間，參見《論神的本質》I, iii, 7-iv, 8；《學院思想》I, iii, 11；《在圖斯庫倫的論辯》II, i, 1；《論占卜》II, ii, 6-7。

417 指凱撒。

伴[418]，在保護國家上最優秀的人，我並未將自己交付給悲痛，我會被它們給摧毀，若我不抵抗它們的話，另一方面，我也不把自己交付給不適合有學問之人的肉體歡娛。

（3）我願國家穩定，從現況出發，不要再遇到那些只意在革命不意在改革之事的人！首先，當國家尚存，我要經常做，我在行動上所投注的精力要多於寫作，再者，我獻身於寫作，不是現在這類作品，而是我的講稿[419]，如我之前經常寫的。然而，當國家——以往我所有的關注與思想都投注其中——不復存在[420]，那些公共及元老院的演講當然就消聲沉默。

（4）但靈魂不能無所事事，從早年開始我便從事這些研讀，我曾認為煩惱可被以非常令人敬佩的方式擺脫，若我再回到哲學身邊。年輕時為了學習我在哲學上投注了許多時間，之後我開始服公職，且全心投入政事，留給哲學的時間是為朋友及國家服務[421]所剩的時間。然而所有的時間都被用來讀書，沒有閒暇寫作。

[II]（5）因此雖然身處於不幸的狀況下，但我似乎擁有這個祝福，所以我以文字來處理那些我們尚未充分知道而且最適合思

---

418 或許是指彭沛烏斯及小卡投等人。

419 「actiones」在此不是行為的意思，而是指演講，有其修辭學的意涵，故譯為講稿。

420 對西塞羅而言，理想的政體只有一種，即共和政體，因此當共和政體被推翻，國家也不復存在。

421 為朋友在官司訴訟上盡力；為國家在政治上盡忠，亦可參見《在圖斯庫倫的論辯》I, i, 1。從此亦可見羅馬人對從事哲學，所抱持的態度：哲學研究非一專職。

想的議題。什麼是，老天啊，比智慧還值得欲求，比智慧更優越，對人而言更好及更適合人？所以欲求它的人被稱為哲學家。哲學不是其他事物，若你想翻譯的話，除了對智慧的熱忱。此外，智慧是，如古代哲學家們所下的定義[422]，關於神聖的與俗世的事物的知識[423]，及關於這些事物組成原因的知識[424]。若有人責罵與此有關的熱忱，我完全無法明確地理解，他認為什麼事是應該受到讚賞。

（6）或者，追求心靈的愉悅及憂慮的平息是否能與那些人——他們總是探究對好的及快樂的生活有幫助及影響的事[425]——的熱忱相提並論？或是，所關切的是關於性格上的一致性與德性的理論，有這種理論，或完全沒有任何理論[426]，藉由它我們會獲得那些事物[427]。說關於最重要的議題沒有任何理論，當每一個瑣碎的議題皆有理論，是適合說話不假思索及在最重要的議題上犯錯之人。若有某種關於德性的學問，它在哪兒被找到，當你

---

422 西塞羅所指的或許是蘇格拉底（參見《蘇格拉底回憶錄》IV, vi, 7）；柏拉圖（參見《著名哲學家生平》III, 63）；亞里斯多德（參見《尼科馬哥倫理學》1141b2-3）。

423 斯多葛學派亦採此觀點，參見LS 26A。

424 亞里斯多德《形上學》1025b5-7曾言，哲學是關乎原因（aitias）及原理原則（archas）的探討。

425 哲學研讀令人感到愉悅，參見《學院思想》I, ii, 7阿提庫斯的陳述。

426 柏拉圖《米諾篇》99e言及，德性不可教；亞里斯多德《尼科馬哥倫理學》1103a14-26主張，德性是藉由練習養成的習慣，但德性與技藝不同（1105a26-b5）；斯多葛學派視德性與技藝有相同的特質，參見LS 61D。

427 性格一致及德性。

離開這類的學習[428]？然而當我鼓勵學習哲學，這些議題經常以較深思熟慮的方式被討論，我在另一本書[429]中提及此事。現在我必須陳述，為什麼當我免除政治上的義務後，我特別專心於此研究。

（7）事實上有學問及博學之人反對我，他們問，我看來是否真的行為一致，當我說無物可被理解[430]，儘管如此我經常與他人討論事情，且在當下我正描述關於義務的原則。我希望他們對我的看法有充分的了解，因為我們不是那種讓靈魂在不確定的狀態下漫遊，且從未擁有確切的目標[431]。那是什麼樣的思維，或更恰當地說，是什麼樣的生命，不僅關於討論，而且關於生活的原則被移除？我們，當其他人說有些事物確定，有些事物不確定，不贊同他們且說，有些事物可能，有些事物不可能。

（8）因此，是什麼事阻止我追求對我而言是可能的事，及阻止我不贊同不可能的事，及阻止我逃離自大的主張，避免躁進，這是與智慧相距最遠？對反於我們所討論的一切議題，這個可能性無法發光，除非對反的原因在兩邊形成[432]。但這個問題在我的《學院思想》中它給予充分及費心的說明，如我認為。對你而言，我的西塞羅，雖然你在克拉提普斯[433]的權威下從事最古老及

428　哲學的學習。

429　《歐爾天希烏斯》（*Hortensius*），現僅片斷地被保留在西塞羅的其他著作中。

430　亦可參見西塞羅自己在《學院思想》II, xx, 66 的說法。

431　西塞羅《學院思想》II, xxxi, 99 援引卡爾尼阿德斯（Carneades）的主張，智者依可能的知識（probabile），而非依確定的知識，為生活提供合理的說明。

432　西塞羅強調在形成任何判斷之前，一定要對所討論的議題的正、反兩方原因有充分的檢視，參見《論神的本質》I, v, 11-12 及《學院思想》II, x, 32。

433　參見 I, i, 1。

最高貴的哲學，他近似於這些創立卓越學說之人[434]，儘管如此，我不希望你對我們的學說，與你們的相似[435]，無知。

　　然而現在我們進入風俗習慣的討論。

　　[III]（9）因此關於義務的履行已經提出五個原則[436]，其中兩個原則是屬於合宜與德行，另外兩個是屬於生活上的便利、財富、權力及能力，第五個原則屬於意見品味的選擇，我曾經說它們似乎相互之間有所爭鬥，關於德行的部分已經結束完成，我真的希望你熟知它。然而關於我們現在要進行的議題，是被稱之為有效益的事。關於這個字的用法已經陷入錯誤，偏離正道，且逐漸被引領至那個觀點，德行與效益分離形成，某事物是德行的，它便是無效益，是有效益便不是德行，沒有任何用法能帶給人們的生活更大的破壞。

　　（10）事實上在權威、嚴格、明智及道德上皆屬上乘的哲學家在思想上區分這三種混淆的觀念[437]：任何正當之事，他們認為是有效益之事，同樣地，德行也是正當之事，從此結論，任何德

434　指逍遙學派創始者、亞里斯多德的繼承者塞歐弗拉斯圖斯。

435　西塞羅認為逍遙學派及學院的思想，或亞里斯多德與柏拉圖的思想差異是語言表述上的問題，不是實質內容的問題，參見《學院思想》I, x, 37; xii, 43; II, v, 15。J. Glucker: 1996, 39-57認為西塞羅曾改變哲學立場；M. T. Griffin: 2002, 334-335則持反對意見。

436　參見I, iii, 9-10。

437　西塞羅在上文僅提及效益與德性兩個觀念，H. A. Holden: ibid. 280似乎將所謂三個觀念理解成嚴格、明智與道德，但如此詮釋與整句的文法結構出入甚大，關於這個數目字3（tria）所造成的疑問，參見A. R. Dyck: ibid. 372-375。OCT版本在「tria genera」（三種）前後放置匕首符號，表示對此表述懷疑。

行，也是有效益之事。對此少有觀察之人經常欽佩機巧奸詐的
人，且將手腕精巧視為智慧。一定要避免他們的錯誤，所有的意
見看法必須被轉移到那個希望上：在合乎德行的建言及正當的行
為中，不在欺騙狡詐中，他們知道自己可以追求的事物[438]。

（11）因此必須維護這些與人的生活相關之事，一部分是無
生物，如金銀、從土地中產生的事物，及其他類似的事物；一部
分是有生物，牠們擁有自己的情緒及對事物的欲求[439]。然而這其
中有一部分是沒有理性，另外有些是有理性的有生物。馬、牛、
其他的牲畜及蜜蜂[440]，牠們的工作是滿足人的需求與生活。在理
性的使用者中放置了兩種事物，一種是神祇，另一種是人類[441]。
虔敬與聖潔會使得神祇具有善意；緊隨神祇之後人類可對自己有
最大的效益。

（12）而且關於那些傷害阻撓之事也有相同的分類。然而因
為他們不認為神祇是會傷害[442]，除了祂們之外，人類被認為最會
妨害人類。

---

438 這句話是本書第二卷的核心，在事物的追求上不需依賴欺瞞詐騙，僅靠德性
　　及德行即可達成。

439 西塞羅遺漏了植物，或許是他行筆時的疏忽，因為在下一節他便言及農業與
　　農作物。

440 關於「apes」（蜜蜂）一字似為後人竄加，參見 A. R. Dyck: ibid. 378-379 的論
　　述。

441 這似乎意味著神祇與人類有不同的理性活動；這與西塞羅《論法律》I, vii,
　　23 的主張有別，神祇與人類分享同一個理智，即正確的理智。

442 類似的觀點，參見柏拉圖《理想國篇》379b；神祇的好作為的原因，是因
　　為祂們的本質，參見塞內卡《書信》XCV, 48-49，亦可參見《論憤怒》II,
　　xxvii, 1。

我剛才說那些無生物，它們大部分是以人類的勞力所完成，我們或許無法擁有它們，若沒有使用勞力與技藝的話，沒有人的經營我們也無法享用這些事物。事實上沒有人的辛勞，不可能有任何健康醫療、航行、農業、農作物及其他農產品的收成與倉儲存在。

（13）此外，除非人類從事這些工作，否則無法確定關於我們過剩物資的出口及所需物質的進口之事。同樣的道理，沒有人的辛苦勞動，不可或缺的石頭也不會從地裡被挖出為我們使用，鐵、銅、金及銀不會被挖掘，深藏於地底。

[IV]再者，房屋可驅除冬天嚴寒的力量，及平鎮夏天惱人的暑氣，誰能夠在一開始給予人類房屋，或若它們被強風的力量、地震及老舊破壞，之後它們如何被整修，除非共同的生活學習從人們那兒尋求關於這些事的協助？

（14）此外，水道溝渠、運河、土地灌溉、防波堤及人造港，沒有人的勞力我們從哪兒獲得這些東西？這在其他許多事物上是顯而易見，從這些無生物中所得的成果與效益，沒有人的辛苦勞力我們不可能獲得它們[443]。

最後，從野生動物中能否獲得成果與利益，若人們不協助的話？誰最先發現，從每種動物身上我們可獲得益處，他們一定是人，現在沒有人的辛勞，我們無法食用、馴養、保護牠們，或從牠們那兒獲得當季的產品；人也會獵殺那些造成傷害的動物，及

---

443 人類在自然之中製造了另一個自然（alteram naturam），參見《論神的本質》II, lx, 152。

捕捉那些可能有用的動物。

（15）為什麼我要細數無數的技藝，沒有它們生活是完全不可能存在？疾病如何醫治，強健之人有什麼樣的快樂，我們有什麼樣的飲食衣著，若沒有如此眾多的技藝為我們服務，藉由這些事，人的生命變得文明，與野獸的飲食及生活截然不同？此外，城市沒有人的聚集不可能建成與居住，因此而形成法律及風俗習慣，還有權利的公平分配與生活事務上的固定的訓練。心靈的柔和與謹言慎行是追求這些事的結果，這帶來更充實的生命，在施與受及在能力上的借與貸中我們不虞匱乏。

[V]（16）我們在這個議題上比所需的時間要長。有誰對他而言那些由帕奈提烏斯以長篇大論所提醒的事是不顯著，沒有任何戰爭中的將領，沒有任何家長可以做重要而且有益於人的事，沒有人的全心配合？從此可想起塞米斯投克雷斯、沛里克雷斯、屈魯斯[444]、阿格希勞斯[445]及亞歷山大[446]，他否認這些人可完成如此偉大的事物，沒有人們的協助[447]。在沒有疑問的事情上，他使用沒有必要的證據。

---

444 屈魯斯（Cyrus，約 423-401 BC）為小屈魯斯，大流士二世（Darius）的二子，在伯羅奔尼薩戰爭中是斯巴達的盟友。

445 阿格希勞斯（Agesilaus，約 445-359 BC），斯巴達王，雖然天生腳有殘疾，但並未影響他成為出色的戰士及戰略家。

446 參見 I, xxvi, 90 菲利普的注釋。

447 這些例子顯示，即使在較有制度的國家或城邦中，相互合作依然重要，若國家或城邦要持續進步。

此外，在人們的想法一致與意見相同下我們獲致重大的利益，就像沒有如此令人憎恨的瘟疫，它無法從一個人身上產生到另一個人身上。迪凱阿爾庫斯[448]的書是關於人的毀滅，他是重要而且著述甚豐的逍遙學派哲學家，在收集其他事物，如水患、瘟疫、沙漠及突然出現大群動物的原因後，他指出某些民族會被這些事物的侵襲給毀滅，然後他指出被人們的攻擊而喪生的人，那是藉由戰爭或騷動，更甚於被所有其他災難侵襲死亡的人。

（17）因此，雖然這個議題沒有任何的疑慮，但人們對他人既是最大的益處，也是最大的傷害，在此情況下，團結人們的心靈及結合眾人的利益是德性的特質。因此，在關於無生物及動物的使用與對待上任何對人的生命有益之事，這些事物被歸為勞動的技藝，然而人們所熱中的事，隨時準備擴大人們[449]的利益，是受到卓越人士的智慧與德性的激勵。

（18）事實上，所有的德性一般而言存在於三件事中：第一個是在於檢視每一件事例中真實合理的事物，與它一致的事物，它的結果，事物的源起及每件事例的原因；第二個是在於抑制產生干擾的心靈活動，希臘人稱這些活動為情緒[450]，以及在於使欲

---

448 迪凱阿爾庫斯（Dicaearchus，活躍於320-300 BC），亞里斯多德的學生，在文學、歷史、文化、哲學及地理等方面皆有著述，現僅存斷簡殘篇。西塞羅對此人極為欣賞，《在圖斯庫倫的論辯》中他稱迪凱阿爾庫斯為他喜愛的（deliciae meae）哲學家（I, xxi, 77）。

449 關於「nostrarum」（我們）的譯文，參見 A. R. Dyck: ibid. 385 的說明。「nostrarum」在此等同於「人們的」的意思。

450 帕奈提烏斯在此論述的焦點，依然是在現實經驗，一般人在德性上要有所進步增長，需要以理智控管其情緒，但斯多葛學派的智者是不具情緒的（apathē），參見 C. Gill: ibid. 4605-4606 的論述。

求——他們稱之為衝動——服從理性；第三個是在於以節制與精熟的方式與和我們共同生活的人相處，所以藉由他們的熱心我們可完全大量地擁有人性所需的事物，藉由他們，若我們有任何不幸，我們可排除，且我們可懲罰那些企圖傷害我們的人，我們賦予的懲罰是正義與人道所允許[451]。

[VI]（19）然而以什麼樣的方式我們可以獲得這種能力，所以我們可擁抱及得到人們的熱忱，不一會兒我會說，但在這之前有些事必須先說。運氣在這兩種環境中，順境或逆境，皆深具影響力，有誰不知道？例如當我們將命運的順風[452]使用在我們獲得所想望的結果上，當它反方向吹時，我們觸礁擱淺。因此，這個命運使用其他較不平常的意外事件，首先從無生物中它使用颶風、暴風、船難、災難及火災，然後從動物中它使用攻擊、撲咬及衝撞。因此，這些，如我所言，是較少見的意外。

（20）但是軍隊的敗亡，近來有三例[453]，經常是眾多死亡，將領的災禍，如最近最卓越優秀之人的滅亡[454]，此外，由於不受群眾的歡迎，公民常獲得應有的驅逐、垮台及流亡[455]；反之，成

---

451 西塞羅在此所謂的懲罰是指彭沛烏斯征伐東方及凱撒征討高盧。

452「prosper flatus」這個表述在原意上有安全進港的意思。

453 這三個例子皆與凱撒有關，他於西元前48年於法爾沙利亞擊敗彭沛烏斯；西元前46年於薩普蘇斯擊敗史奇皮歐；西元前45年在蒙達擊敗彭沛烏斯的長子格奈烏斯。

454 彭沛烏斯戰敗後逃往埃及，在該地遇刺身亡；對彭沛烏斯的推崇，亦可見於 XIII, 45。

455 或許西塞羅是指自己在西元前58年的流亡。

功，如公職、軍事權力及勝利，雖然是巧合，但沒有人的協助與熱心，這些事既無法帶來利益，也無法帶來傷害。因此了解此事之後必須陳述的是，以何種方式我們能吸引及激發人們對我們的利益的熱忱。若這個討論較冗長，它或可與利益的大小做比較，如此或許看來會精簡些。

（21）人們賦予其他人任何東西是為了讚美及榮耀他，或他們做此事是為了善意的緣故，當以某個理由他們特別看重某人，或為了榮譽，若他們尊敬他的德性，且他們認為任何人值得最優越的成就，或他們對他有信心，並認為他會照顧好他們的事物，或他們害怕他的權勢，或反之，他們對這些人有所求，例如當國王或譁眾取寵之人提議一些優惠[456]，或最後，他們受到金錢報償的吸引，那是最骯髒齷齪的理由，對這些以此為由之人，及對那些企圖以此理由為避難所的人而言。

（22）不幸，事實上情況是，當事情必須以德性來完成時，它受到金錢的影響。但因為這有時是必要的協助，我們將陳述應該如何使用它，若我先說關於那些較適合德性的事。〔此外，人們也臣服於他人的統治與權力，因為許多理由。他們也受到善意或利益大小的吸引，或受顯赫的社會地位的吸引，或受某物在未來對他有利的希望，或擔心被暴力脅迫順從，或受到獲得優惠的希望與承諾，或最後，如我們經常在我們的國家中看到，受報酬的驅使等影響。〕[457]

---

456 包括土地、穀物的分配，取消債務及舉辦節日慶典等。

457 中括號內文字明顯重複上文。

[VII]（23）為了維護及獲得幫助，在這些事例中無一比受人愛戴更適切合宜，且無一比令人懼怕更不適宜。艾尼烏斯說得精湛：

> 人們憎恨他們所怕之人，每個人願他所恨之人死。

然而沒有任何幫助能夠抵抗眾人的憎恨，若這之前不為人所知，近來已眾所皆知[458]。這位暴君的死亡——當國家承受他的軍隊的壓制，忍受並服從他，雖然他已死——不僅人們的恨會導致滅亡[459]，也指出其他暴君的結局，他們之中幾乎無人避免如此這般的滅亡。恐懼是長期安全無能的保護者；反之，善意是值得信賴的保護者，甚至直到永遠。

（24）那些以命令控制被他們以武力壓制的人之人，一定要嚴酷以對，就像你將面對奴僕一樣，若無法以其他的方式管制他們；在自由的國家中人們如此地教導自己，所以他們恐懼害怕，無事會比這些人更錯亂瘋狂。因為雖然法律或許被某人的權力給壓制，雖然自由或許受到驚嚇，但有時候這些事會以沉默的裁判，或關於公職以祕密投票的方式浮現。間歇性的自由的叮咬會比持續不斷的自由更猛烈，因此有最廣泛實用性的事物不僅對安全，而且對財富資源及權力有極重大的影響，我們擁有它，所以恐懼遠離，愛被維繫。如此我們最容易維持這些事物，且在私人與公共的生活中我們皆最容易獲得這些事物。

---

458 這個眾所皆知的例子及下述的暴君指凱撒。

459 與其說是人民，不如說是貴族和政治人物對凱撒的憤恨導致他被刺身亡。

　　事實上那些想要使自己令人害怕的人，人們怕他們，他們一定要令這些人害怕[460]。

　　（25）我們認為那個老迪歐尼希烏斯[461]經常對什麼樣的恐懼的折磨感到憂心，他因害怕理髮師的剃刀，以熾熱的煤炭燒自己的頭髮？那關於費萊的亞歷山大[462]，我們認為他以什麼樣的心態活著？他，如我們在書中所讀，雖然他非常愛他的妻子賽貝，但是在宴會之後到她的閨房與她會合，亞歷山大命令一外族人拔劍出鞘走在他前面，如書中記載，且他自己身上也刺著塞拉希的圖騰，他還先派遣自己的護衛人員檢查女士的首飾盒，且為了避免武器藏在衣服中，他們也檢查衣物。可悲的人啊，他認為外族人及身上有烙印的奴隸比自己的妻子更忠誠！但他也沒錯，因為他被懷疑有情婦，所以親手殺了他。

　　事實上沒有一個統治的力量以恐怖鎮壓的方式會大到足以長久維繫。

　　（26）法拉里斯[463]是個見證，他的殘酷比其他人的更惡名昭彰，他不是死於嫉妒，如我剛才說的亞歷山大，也不是死於少數人手中，如我們的暴君，而是全部阿格里堅邨的民眾攻擊他。為

460　比較I, xiii, 41的論述，兩者的觀點似有牴觸；關於對不同對象的不同管理統治的方式之說明，參見《論共和國》III, xxiii, 34，西塞羅將奴隸比喻為欲望。

461　老迪歐尼希烏斯（Dionysius I，約432-367 BC），西拉庫斯的專制統治者，他分別於西元前397年至395年、西元前392年兩度擊敗迦太基，並在西元前388年入侵義大利。他在軍事上的成功帶給西拉庫斯日後的繁榮。

462　費萊的亞歷山大（Alexander of Pherae）是傑生的弟弟（I, xxx, 108），他被妻子聯合三位內兄弟刺殺，參見色諾芬《希臘軼事》VI, iv, 35-36。

463　法拉里斯（Phalaris，統治期約為570-554 BC），西西里島上的阿格里堅邨的暴君，與梭倫為同一時代的人。傳說他將戰俘放在銅製的牛中燒烤。

什麼？馬其頓人不是放棄了德梅特里烏斯[464]嗎？他們不是全部轉而投效皮魯斯嗎？為什麼？不就是因為統治不當，幾乎所有的盟邦突然之間放棄斯巴達人，他們在雷烏克特拉的潰敗中當旁觀者而且沒有作為[465]？

[VIII] 與思考國內事務相比，我較願思考這類國外事務。儘管如此羅馬人的統治藉由仁慈，而不是藉由不義之行，可長久維持，戰爭的發動是為了盟友[466]或為了國家主權，戰爭的結果是溫和或必要[467]，元老院是國王、人民及各個民族的安全港灣及避難所，此外，我們的行政官員及將領們從這一件事中專注於獲得最高的美讚，若他們可以公平及忠誠的態度防衛各省及盟友。

（27）因此，稱此為對世界的保護比對國家的保護更合理。在蘇拉勝利之前我們已經逐漸減少這經常性的政策，自他勝利後我們完全失去它[468]，因為任何與盟邦有關的事不再被視為不正義，當如此驚人的殘酷存在於公民之中。因此，在那個例子中，

---

464 德梅特里烏斯（Demetrius，295-287 BC）為馬其頓國王，於西元前307年攻下雅典，在西元前287年與皮魯斯的戰役中，他意識到自己處於眾叛親離的窘境，遂逃至希臘確保安全。

465 斯巴達人於西元前371年的潰敗，一方面出於塞貝斯將軍艾帕米農達斯（參見I, xliv, 155）的戰略成功，另一方面是伯羅奔尼薩聯盟的盟友因斯巴達的高壓統治而士氣低落、軍心渙散。

466 參見I, xii, 38。

467 西塞羅的意思是對戰敗的敵人仁慈，或有必要毀滅殆盡，如迦太基的滅亡。

468 羅馬的道德傳統從何時敗壞，難以明確指出，但西塞羅始終認為蘇拉於聯盟戰爭獲勝，並在西元前82年歸國後獲選為獨裁者，是造成羅馬道德快速淪喪的主因。

值得敬佩的勝利沒有伴隨值得尊敬的理由，因為當他在廣場上設攤拍賣[469]貴族、富人，當然還有公民的家產[470]，他膽敢說出他出售自己的戰利品。後繼者[471]，在不虔敬的原因，甚至在可恥的勝利的事例中，將個別公民的家產充公[472]，但他奪取全部的省分及地區，在法律上是一種災難[473]。

（28）因此，外族受到攻擊及毀滅，我們看到在勝利的遊行行列中的馬希利亞城[474]，這是亡國的例子，且慶祝該城的破敗，我們的將領們沒有它的協助，不會歡慶阿爾卑斯山戰役的勝利。此外，我記得許多對待盟邦惡劣的行徑，若太陽曾看過任何事比此更無恥。所以我們受到正當的懲罰，因為除非我們允許眾人的惡行不受罰，一個人永遠不會有如此嚴重的非法行為，事實上他的家產由少數人繼承[475]，欲望由許多不正直的人繼承[476]。

---

469 當時在廣場上拍賣物品，只要將矛插在地上（hasta posita）便形成拍賣點。

470 此充分顯示出蘇拉獨裁的作風。關於私人財產不可被侵犯，參見本卷 XXI, 73-XXIII, 83。

471 指凱撒。

472 凱撒擊敗彭沛烏斯後，將他及其黨羽的家產據為己有。關於凱撒拍賣彭沛烏斯的家產，參見《菲利皮凱》II, xxvi, 64。

473 內戰勝利後，凱撒對外省地區的處置如分配給自己的軍隊，剝奪及僭越了元老院對外省的統轄權。

474 馬希利亞（Massilia）在內戰中選擇支持彭沛烏斯，凱撒舉兵圍城，隨後攻破該城。慶祝勝利的遊行行列也包括馬希利亞城的模型。西塞羅在《菲利皮凱》VIII, vi, 18 對此有所敘述，並言沒有馬希利亞的協助，羅馬不可能擊敗高盧人。

475 蘇艾投尼烏斯（Gaius Suetonius，約70-130 AD）所著《羅馬皇帝生平》（*Lives of the Caesars*），提及凱撒立遺囑將家產三分之二給義子屋大維，其餘三分之一給外甥沛迪烏斯（Pedius）及皮納里烏斯（Pinarius）（83）。

476 對西塞羅而言，安東尼最具代表性，因為他是凱撒獨裁專制的繼承者。

（29）內戰的種子與動機永遠不會消失，當那些失去家產之人記得而且期盼那血腥長矛[477]，當他的親戚是獨裁者時，普博利烏斯·蘇拉[478]曾揮舞投擲過它。三十六年之後同一根長矛並未從更邪惡的行為中撤離，此外，另一個蘇拉[479]是那位獨裁者[480]的書記，在這位獨裁者[481]任內擔任城市的財務官員。從這例子中一定要理解，若有諸如此類的獎賞報酬可供想像，內戰永遠不會停息。因此只有城牆站立不動，它們現正擔心最終的惡行，我們會真的完全失去國家。此外，我們陷入這些災難中（因為我們必須回到所討論的問題），當我們喜歡受怕更甚於被愛與受人重視。若這些事能在不當統治下發生在羅馬人身上，每個人該思考什麼？

然而因為這是顯而易見的事：善意的力量是強大，恐懼的力量是微弱，接下來我們討論以什麼方法我們最容易獲得我們所想要的那個伴隨著尊敬與信賴的愛。

（30）可是我們所有人對它的需求並不相同，因為這必須配合每個人的生活方式，他需要眾人的愛[482]或他滿足於少數人對他

477　第 27 節中的那支長矛。

478　普博利烏斯·蘇拉（Publius Cornelius Sulla，卒於 45 BC），獨裁者蘇拉的親戚，他是當時拍賣會上的拍賣官，於西元前 65 年選上執政官，卻因賄選被逐出元老院。

479　這一位蘇拉指的是 Cornelius Sulla，生平不詳。

480　指獨裁者蘇拉。

481　指凱撒。

482　亞里斯多德認為擁有許多朋友的人，不會成為任何人的真正的朋友，除了在政治上的朋友（plēn politikōs）（《尼科馬哥倫理學》1171a17），西塞羅認為「poluphilia」（眾多的友誼）在「政治上」是其迫切的需求；《論友誼》XIII,

的愛。因此這是確立的事，且是首要與極為必要之事，擁有愛我們及欽佩我們的有價值之人的值得信賴的友誼。這絕對是凌駕一切的事，在卓越及平庸之人中並無太大的不同，對這兩方而言幾乎都必須追求友誼[483]。

（31）或許所有人在榮譽、榮耀及公民間的善意上的需求不相同，然而儘管如此，若這些事裨益於某人，它們多少也有益於其他人，然後有助於友誼的建立。

[IX] 然而關於友誼的論述已在另一本書中提及，書名為《賴立烏斯》[484]；現在讓我們論述榮耀。雖然關於這個議題我也有筆書兩卷[485]，但讓我簡短觸及此議題[486]，因為在處理較重要的事情上它有極大的助益。因此最高與完美的榮耀由三件事組成：群眾是否喜愛，他們是否擁有信心，及以某種敬佩之心他們認為某些人值得給予榮譽。此外，若這個陳述必須是直接而簡潔，這些事的獲得是來自於每個人，以同樣的方式幾乎來自於群眾[487]。然而還有另一個接近群眾的方式，我們可以像潛入社會整體的心靈一樣[488]。

（續）───────

　　45言及「應避免過度的友誼」。

483　OCT 的版本是「eaque…comparanda」；Holden 的版本是「aeque…comparanda」，據此版本的譯文是「均必須追求友誼」。

484　全名為《賴立烏斯論友誼》（*Laelius De Amicitia*）。

485　這本書現已失佚，在《給阿提庫斯的信》中西塞羅也一再提及此書（XV, 27, 2; XVI, 2, 6; XVI, 3, 1; XVI, 6, 4）。

486　譯文根據 H. A. Holden: ibid. 298 的詮釋。

487　《論友誼》XIV, 50有言：「這相同的善德也屬於一般大眾」。

488　如何能受人矚目，參見 XIII, 44-XIV, 51。

（32）首先關於我之前所說的那三件事，讓我們考慮善意的原則；它的獲得主要是藉由幫忙照顧。第二，善意是受到慷慨大方的意願的影響，即使它或許不足以實現。然而眾人的愛受到關於慷慨、仁慈、正義、誠信及所有屬於溫柔和藹的態度之德性的影響[489]。事實上，我們稱此為德行與合宜，因為藉此我們感到愉悅，且本質特性及其外在表現影響一切事物的氣質稟性，就像它從我所提及的德性中綻放光芒，由於這個緣故我們認為自然迫使我們喜歡那些具有德性的人[490]。這些確實是在喜好上最重要的理由，因為除此之外有些理由可能會較不可信賴。

（33）信賴的獲得可由兩件事來完成，我們是否被認為擁有與正義相符的明智。例如我們所信賴的那些人，我們認為他們比我們自己懂得更多，且我們相信他們洞察未來的事，當他在危機的情況下處理事情，他能解決事情而且根據情況掌握計畫，因為人們認為這是有利的特質，且是真正的明智[491]。此外，對正義〔及值得信賴〕[492]之人而言，亦即對有德之人而言，獲得信賴的條件是在欺詐與不正義的事情上沒有疑慮。因此我們認為將自己的安全、家產及子嗣託付給他們是最正確的事。

（34）這兩件關於獲致信賴的事中，正義是較有影響力，因為它在沒有明智的伴隨下，擁有足夠的權威，明智在沒有正義的

489　參見 I, xv, 46。

490　德性是友誼的基礎，參見《論友誼》XIV, 50。

491　這個對明智的強調符合西方古代倫理傳統文化，例如色諾芬《屈魯斯的教育》（Cyropaedia）I, vi, 21，人們會滿心歡喜地追求對他們的利益抱持較明智想法之人。

492　H. A. Holden: ibid. 299 不認為「et fidis」多餘。

陪伴下，無力激起信賴。有人更聰明狡黠，更令人厭惡與懷疑，若他背離真誠的意見。因此當正義與理智結合，它可欲求它所想要的力量以激起信賴。正義沒有明智非常有效能，但明智沒有正義可影響無物。

[X]（35）但唯恐有人擔心為什麼，由於這在所有的哲學家中有共識，且我自己也經常討論它，擁有一個德性就擁有全部的德性[493]，現在我將德性做如此的區分，就好像是任何正義之人同時不是明智之人；那是確實的說法，當真理本身被仔細檢視時，那是一回事，但當所有的言說被運用在通俗意見上時，又是另一回事。因此，如眾人所言，我在此議題上這麼說，我們說有人勇敢，有人有德，及有人明智，因為這必須以通俗平常的語言來進行，當我談及通俗的觀點時，且帕奈提烏斯也以相同的方式處理此事[494]。

然而我們要回到所設定的議題。

（36）因此從屬於榮耀的三件事中這是第三件，人們以欽佩的態度判斷我們適合的公職。人們一般其實佩服而且超越個人的觀點注意偉大的事物，特別是在個人身上他們觀察到某些意料之

493　如柏拉圖、亞里斯多德；斯多葛學派認為德性為一，但有許多不同的稱謂，'..., hōs mias ousēs kai chōmenēs pollois onomasi'（LS 61B）；西塞羅《在圖斯庫倫的論辯》III, vii, 14-viii, 18有德性是一的論述，'eo tris virtutes, fortitudinem, iustitiam, prudentiam, frugalitas complexa est'（viii, 17）。

494　帕奈提烏斯與傳統斯多葛學派論述方式上的差異，參見《論界限》IV, xxviii, 78-79。帕奈提烏斯「是另一種較溫和及較清晰的哲學家，且總是將柏拉圖、亞里斯多德、贊諾克拉特斯、塞歐弗拉斯圖斯及迪凱阿爾庫斯掛在嘴上。」

外的好的特質。所以他們尊敬那些人，且以最佳的美讚稱頌他們，在這些人身上人們認為他們觀察到某些優秀及個別的德性，但人們蔑視及睥睨那些他們認為在身上沒有德性、精神及活力的人[495]。人們並不鄙視一切他們評價不好的人。例如他們認為那些人是不正直、言語粗暴、欺詐舞弊及準備為惡，他們絕不會鄙視這些人，而會對他們有不佳的評價。因此，如我之前所言，那些對自己及他人皆無助益之人，如俗諺說，是受蔑視，在這些人身上沒有辛勞、勤奮及關注。

（37）然而那些在德性上被認為是優於其他人，且當他們免於一些惡行，特別是免於那些其他人無法輕易抵抗的惡行的人，是令人讚佩。例如，肉體享樂及最諂媚的妻妾們將大部分人的心靈導離德性[496]，且大多數人所受的驚嚇超過標準，當痛苦的烈焰近身迫切[497]。生活、死亡、財富及貧窮對所有人皆有極為巨大的影響。具有卓越心靈與雄心的人在考量正反雙方的觀點後鄙視這些事[498]，***[499]，且當某些優越並值得敬佩之事被拋擲在他們面前，並將一切導向而且挾持一切到這些優秀的事物上，然後有誰會不讚嘆德性的光彩奪目、美麗出色？

---

495 關於偉大與平凡的比較，參見I, xviii, 61。

496 意指伊比鳩魯學派，參見III, xxxiii, 117。

497「faces dolorum」（痛苦的烈焰）；西塞羅《在圖斯庫倫的論辯》描述彭沛烏斯拜訪受關節疼痛所苦的波希東尼烏斯時，也使用相同的表述（II, xxv, 61）。

498 有勇氣之人不受生活、死亡、財富及貧窮的影響。

499 缺漏。

[XI]（38）因此這個心靈上的藐視造成巨大的驚嘆，且特別是正義，藉此一德性稱呼有德之人[500]，它被眾人視為某種了不起的事。這並沒錯，因為沒有一個害怕死亡、放逐及貧窮的人，或視這些事物的對反面優先於公平正義的人能是正義之人。人們特別欽佩不為金錢所動之人，在此人身上所見的特質，人們認為它是經過火的焠煉[501]。

如此提出關於榮耀的三件事，正義統括這一切，還有善意，因為它想有益於絕大多數人，為了相同的理由信任及欽佩，因為它拒絕而且忽視那些擄獲多數人熾炎般的貪欲之事物。

（39）事實上根據我的看法，所有關於生命的考量與安排需要人的幫助，特別是一個人可與他的朋友交談，這是件難事除非你有著有德之人的樣貌。因此正義的看法對遠離人群及在鄉村過活之人是有其必要，更重要的是，因為若人們沒有正義的觀念，〔被認為是不正義之人〕沒有防護牆他們會受到許多不義之事的影響。

（40）對那些從事買賣、借貸及涉及契約事項的人，正義對交易的從事是必要的。它的影響力是如此之大，以致於沒有以為非作歹為生的人，能夠以沒有一絲正義的方式過活[502]。例如，有人從匪盜集團中的某一個成員處偷竊掠奪某物，他不會放棄自己在匪盜中的位置，然而被稱為匪盜頭子的人，若他不以公平正義方式分配掠奪品，他會被同伴們刺殺或遺棄。事實上人們說這是

500　參見 I, vii, 21。

501　這似乎是取材於柏拉圖《理想國篇》第六卷，'hōsper chruson en puri basani-zomenon'（如在火中試煉的黃金）（503a5-6）。

502　西塞羅（或帕奈提烏斯）似乎援引柏拉圖《理想國篇》351c-d 的論述。

匪盜們服從遵守的法律。因此由於掠奪品的公平分配，巴爾都利斯，這個伊利里亞的盜賊[503]，關於他，塞歐彭普斯[504]有所記述，曾擁有巨大的財富，而陸希塔尼亞的維里亞圖斯[505]坐擁更多的財富，甚至我們的軍隊及將領都不如他，蓋伊烏斯・賴立烏斯，擁有智者之名，任地方行政官時動搖粉碎此人的勢力，他以如此的方式壓制他的氣焰，所以他可將輕易獲勝的戰爭留給後人[506]。

因此，由於正義的力量如此之大，以致於它甚至鞏固強化盜賊們的財富，我們認為在法律、司法及國家秩序上它的力量會有多大？

[XII]（41）事實上就我而言，不僅在波斯人身上，如希羅多德所言[507]，而且在我們先祖的身上，為了享用正義曾經保有素質良好的國王[508]。例如起初當眾人受制於那些擁有較多財富的人，他們視某一位在德性上出眾的人為避難所，當他保護較貧窮

---

503 巴爾都利斯（Bardulis，約448-358 BC），與馬其頓興戰，於西元前358年被菲利普二世擊敗。

504 塞歐彭普斯（Theopompus of Chios，約生於378 BC），古希臘歷史家。

505 維里亞圖斯（Viriathus，約180-139 BC），是陸希塔尼亞抵抗羅馬鎮壓的領袖，他以游擊戰術於西元前141年擊敗當時的執政官昆圖斯・法比烏斯，並與羅馬簽訂和約。但羅馬於西元前140年接受繼任的執政官凱皮歐（Caepio）的提議，撕毀和約進佔陸希塔尼亞，維里亞圖斯被謀殺。

506 約在西元前145／144年。相關記載，亦可參見《布魯圖斯》XXI, 84。

507 希羅多德記載德歐克斯（Deioces）為公正無私的法官，被推舉為國王，參見《歷史》I, 96。

508 西塞羅在此似乎跟隨波希東尼烏斯的主張，黃金年代中哲學家應為統治者（EK 285[5]）。

的人，免於傷害，他設定公平的原則，並以法律上平等的原則將上層階級與下層階級維繫在一起[509]。這個立法的理由與指定統治者的理由相同。

（42）因為權利要一直以公平的方式獲得，否則權利便不存在。人們所擁有的權利若是出於一位正義有德之人，他們會對他感到滿意；當這無法發生時，便發明法律[510]，它們總是眾口同聲。因此這其實是顯著的，那些經常被選為領導者的人，眾人對他們觀感是來自於偉大的正義。除此之外，同一批領導者也被認為是明智，人們認為自己在任何事上皆會追隨他們的權威。因此在所有的思慮中一定要實踐及維護正義，為正義自身（因為否則正義便不存在）[511]，及為了榮譽榮耀的擴大。

此外，不僅有賺錢的方法，且一定要實用它，此方法可供應不斷的花費，不僅是在生活必須上，也在慷慨的行為上，所以榮耀要藉此方法追求與妝點。

（43）然而，蘇格拉底[512]非常明確地說，最接近榮耀的道路是所謂的捷徑，若有人努力成為他想被認為的那樣的人。但若有人認為自己藉由在言說與形貌上空洞虛假的模仿與誇示，可獲得

509《論共和國》V, ii, 3 曾言，國王是法律的制訂與執行者，這是希臘的傳統。

510 波希東尼烏斯及柏拉圖亦有類似看法，參見 EK 284[6] 及《政治家篇》（*The Statesman*）297e。

511 追求正義不應考慮個人的利益，榮譽是伴隨正義追求的行為而來，而非非正義之事的目的，否則會淪為沽名釣譽。相同的論述，亦可參見《論界限》III, xxi, 70，「事實上完全不可能有正義及友誼的存在，除非它們就其自身被追求」。

512《蘇格拉底回憶錄》II, vi, 39。

穩定的榮耀，他們犯下大錯。真正的榮耀根深柢固，甚至擴張延伸，一切虛假的榮耀就如小花般枯死，沒有一個虛偽能長久維持。在真假兩種榮耀上有許多的事例證明，但為了不冗長累贅，我們將滿足於一個家族的事例。提貝里烏斯·葛拉庫斯，普博利烏斯[513]的兒子將會長期受到讚賞，只要羅馬的歷史持續不墜，但他的兒子們活著時並未受到有德之人的認可，且死時他們身處該死的行列中。因此想〔以正義的方式〕獲得真正榮耀的人，他要履行與正義相關的義務，這些義務已在前一卷提及[514]。

[XIII]（44）但我們或許可輕易地成為我們被認為的那種人，雖然在那論證中有極大的影響力，儘管如此必須認可幾項原則，所以我們或可是我們希望被認為的人。例如，若有人從年輕時便擁有榮譽名聲的地位，或從父親那兒得來的地位，我想這是發生在你身上的事[515]，我的兒子西塞羅，或藉由某種意外與運氣，所有人的目光都投注在他身上，且他做什麼，如何生活都被探查，就像是生活在最明亮的燈光下，他的一言一行皆無法不為人知。

---

513 提貝里烏斯·葛拉庫斯，普博利烏斯（Tiberius Sempronius Gracchus，C 2 BC 早期），於西元前 177 年任執政官，西元前 169 年任監察官，為人嚴屬著稱。他的兩個兒子分別是蓋伊烏斯（154-121 BC）及提貝里烏斯（約 164-133 BC）。

514 參見 I, vi, 20-xiii, 41。

515《給布魯圖斯的信》II, 3, 6 記載，小西塞羅不曾忘記自己是誰人之後。

（45）然而因為出身卑微而且默默無名，那些人的早年生活在人們的忽視之中，一旦他們開始成為青年人，他們應該注意高貴重要的事，並以不變的熱忱努力追求它們；他們會以較佳的信心做此事，因為在那年紀他不僅不會招來嫉妒，而且會獲得協助。因此關於榮耀，給予年輕人的第一個忠告是，若是出於戰事的榮耀是可追求的。在榮耀中許多人名列於我們的先祖之中，因為他們幾乎一直在興戰。然而你的年紀遇上這場戰爭 516，其中一方有著太多的惡行，另一方有著太少的運氣。儘管如此，在這場戰爭中當彭沛烏斯命你指揮〔一邊〕的側翼 517，以騎術與擲標槍的技術，承擔軍人所有的辛勞，你獲得卓越之人及軍隊的嘉許。其實你所受的讚美與國家一起毀滅。然而我的論述不是處理與你有關的問題，而是與榮耀相關的一般性主題。因此讓我們繼續剩下的議題。

（46）在所剩的議題中，靈魂的工作比身體的工作更加重要，正如我們以能力及言說所追求的事物比以力量所獲得的事物更有重要性 518。因此，第一個忠告是始於節制，然後對雙親盡孝，以善意對待朋友。然而以最簡易及最受歡迎的方式受人矚目的年輕人，他們與卓越及有智慧之人為伍，這些人為國家提供良好的建言，若他們經常與這些人為伴。他們帶給人民一種觀感，他們將來會與這些他們選擇模仿之人相像。

---

516 凱撒與彭沛烏斯的內戰。小西塞羅和父親不同，在內戰中始終是個堅貞的彭沛烏斯支持者。

517 騎兵的左右翼。這句話是我們唯一擁有小西塞羅為彭沛烏斯在內戰中效力的證據。

518 對靈魂或理智的強調，參見 I, xxiii, 80。

（47）普博利烏斯・魯提利烏斯[519]在普博利烏斯・穆奇烏斯[520]家中，使這個年輕人有著品德良善而且具法律素養的讚譽。至於利奇尼烏斯・克拉蘇斯[521]，當他還非常年輕之時，他沒有向其他人借名氣，而是從眾所矚目及聲名遠播的控訴中為自己獲得美讚，且在那個年齡學生們[522]經常被賦予讚美，正如我們聽聞關於德莫斯塞內斯的事[523]，在那個年紀，利奇尼烏斯・克拉蘇斯的展現，在廣場上他是當今表現最佳的人，這演說的能力甚至他在那時有可能是在家中以令人讚許的方式習得的。

[XIV]（48）有兩種形式的言說，一種是交談，另一種是論證[524]，其實這並不令人懷疑，論證在獲取榮耀上有較大的力量；因為它是我們所謂的口若懸河；但難說和顏悅色、謙恭有禮的談話會贏得多少人心。菲利普寫給亞歷山大的信，安提帕泰爾給卡山德的信，以及安提貢奴斯給兒子菲利普斯的信皆尚存[525]，三位

---

519 普博利烏斯・魯提利烏斯（Publius Rutilius Rufus，約160-90 BC），羅馬政治人物，史家及律師，是帕奈提烏斯的學生，並於西元前105年任執政官。

520 參見I, xxxii, 116。

521 參見I, xxx, 108。他於21歲時（西元前119年）起訴前任的執政官卡爾波（Gaius Papirius Carbo，卒於119 BC）。

522「qui exercentur」原意為受監督或被指導之人。

523 參見I, i, 4。

524 參見I, xxxvii, 132。

525 安提帕泰爾（Antipater，397-319 BC）為卡山德（Cassander，約358-297 BC）之父，亞歷山大留在馬其頓的攝政官；安提貢奴斯（Antigonus，約382-301 BC），效力於亞歷山大大帝麾下，於西元前333年被任命為弗呂吉亞（Phrygia）的行政長官，在安提帕泰爾去世後，處心積慮掌控馬其頓帝國之統治權。

最明智之人（我們是這麼聽聞），他們以這些信告誡，以和善的言談將眾人的心靈吸引至善意，以所謂諂媚的言談戰勝軍人。然而針對群眾的演說是具有論證性，它經常激發群眾的榮耀之心。說話內容豐富而且機鋒洞見是非常令人欽佩，他的聽眾認為甚至比聽其他人的演說知道了解的更多。若在演說中嚴肅加上節制，不會有更令人欽佩之事發生，更甚者若它們[526]出現在年輕人身上。

（49）但對口才流利的想望或許有許多種原因，在我們的國家許多年輕人以在法官面前，在群眾中及在元老院發言追求名聲榮譽，在法官面前所獲得的欽佩最大。這些演說有兩種，一種是由控訴組成，另一種是由辯護組成。其中辯護雖然較令人讚賞，但控訴甚至經常討人喜歡。我先前說的克拉蘇斯[527]。年輕的馬庫斯·安東尼烏斯[528]也做相同的事。甚至普博利烏斯·蘇爾皮奇烏斯[529]的指控展現出流利的口才，當他在法庭上稱蓋伊烏斯·諾爾巴奴斯[530]是性好黨爭及造成傷害的公民。

（50）然而真的不可經常做這事[531]，且永遠都不應該做，除

---

526 嚴肅與節制。

527 參見XIII, 47。

528 馬庫斯·安東尼烏斯（Marcus Antonius，143-87 BC），於西元前99年任執政官，西元前97年任監察官，西塞羅在《論演說家》中將他列為對話人之一。

529 普博利烏斯·蘇爾皮奇烏斯（Publius Sulpicius Rufus，約124-88 BC），羅馬重要的演說家之一，於西元前95年指控諾爾巴奴斯（Gaius Norbanus）叛國，但未成功起訴他。

530 蓋伊烏斯·諾爾巴奴斯（Gaius Norbanus，卒於82 BC），於西元前90年至89年負責管理西西里，於西元前83年獲選為執政官。

531 起訴指控他人。

非是為了國家的緣故，如那些我之前提及的人[532]，或為了懲罰之故，如兩位陸庫利烏斯[533]，成為了保護主的緣故，如我為西西里人[534]及伊烏利烏斯為薩丁尼亞人[535]〔為馬庫斯・阿爾布奇烏斯〕辯護。甚至在陸奇烏斯・傅菲烏斯對曼尼烏斯・阿奎利烏斯[536]的控訴中，他的勤奮廣為人知。因此控訴只能一次，或一定不要經常。但若有人會較常指控他人，讓他為了國家履行此義務，對他的朋友有較經常的報復是不應該受譴責的。儘管如此要有限度，因為對眾人賦予極刑是被視為殘酷之人，或我可說幾乎不是人。這對自己是危險的事，甚至敗壞名聲：讓自己被稱為控訴者；這曾發生在馬庫斯・布魯圖斯身上[537]，家世不凡，是特別專精於民法之人的兒子。

（51）此外，必須謹守這個義務的原則，你永遠不要以死刑的名義傳喚無辜之人出庭，因為在任何的契約中這都不可能以不帶罪惡的方式發生。至於什麼樣的行為是如此不具人性，它轉化自然為了人的安全及好人的保障所賦予的流利口才，成為人的毀

---

532 克拉蘇斯、安東尼烏斯及蘇爾皮奇烏斯。

533 參見I, xxxix, 140。他起訴占卜師塞爾維利烏斯（Servilius）為父親報仇。

534 西塞羅起訴維瑞斯（Verres）。

535 參見I, xxx, 108。他於西元前108年起訴提圖斯・阿爾布奇烏斯（Titus Albucius）侵占戰利品。

536 陸奇烏斯・傅菲烏斯（Lucius Fufius）於西元前100年起訴曼尼烏斯・阿奎利烏斯（Manius Aquilius，卒於西元前88年；於西元前101年任執政官）侵占戰利品，但指控失敗。

537 馬庫斯・布魯圖斯（Marcus Brutus，約85-42 BC），其父極為卓越，但他個人卻性喜指控他人，西塞羅在《布魯圖斯》稱他為「強力且令人厭煩的指控者」（accusator vehemens et molestus）（130）。

滅與敗亡？這必須避免，但有時候對造成傷害之人以相同的方式辯護，不應該有所顧忌，只要他不是罪犯及不虔敬之人。眾人有此主張，風俗習慣允許它，人性承受它。在訴訟中對法官而言是追求真理，律師有時為近似的真理辯護，甚至若它完全不是真理[538]；我不敢寫作，特別是我寫的哲學著作，除非這本著作令最嚴肅的斯多葛學派哲學家帕奈提烏斯滿意。但榮耀與影響力的獲得特別是藉助於法律案件的辯護，且可獲得更多，若當發生幫助某位受權勢財富環繞及塞滿的人，如我在許多情況下所做的，當我年輕是為阿梅里奴斯的塞克斯圖斯·羅斯奇烏斯辯護[539]，反對陸奇烏斯·蘇拉的權勢，當時他是位暴君；這份演說，如你所知，尚存。

[XV]（52）對於適合獲得榮耀的年輕人的義務已經做了說明，接下來應該論述仁慈及慷慨。關於它們的論述有兩類：對有所需之人以行動或金錢仁慈相待。後者特別是對富有之人而言較容易，但前者對有勇氣及卓越之人而言是較高尚、較出色及較有價值的。雖然慷慨的意願皆呈現在這兩種行為中，但一種是出於錢包，另一種是出於德性，且出於家產的贈與會使仁慈的源泉枯竭。因此仁慈被仁慈所毀，你愈將仁慈用在許多人身上，你愈可

---

538 早期斯多葛學派倡議，修辭與演說不是為了說服，而是為了陳述真理，因此斯多葛學派在修辭學上的教育無益於有志參與公共事務的人；帕奈提烏斯的思想似乎更符合實際的需求，雖然他本人並未教授修辭學，參見F. H. Sandbach: ibid. 119。

539 塞克斯圖斯·羅斯奇烏斯（Sextus Roscius，C 1 BC早期），他被蘇拉的追隨者在西元前80年構陷弒父之罪，西塞羅因為他辯護，而聲名大噪。

能在較少的人身上使用它。

（53）仁慈與慷慨的作為，出於德性與勤勉，首先人們幫助愈多人，他們有愈多幫手為善，再者藉由仁慈的習慣人們對所謂獲得眾人的好評，會較有實踐上的準備。在一封著名的書信[540]中菲利普指責其子亞歷山大以大方贈與的方式追求馬其頓人的善意：「是什麼理由，可惡，」他說，「使你抱持那種希望，你認為你以金錢所引來的人將來會忠實於你？你不會是做這事，所以馬其頓人希望你不是他們的國王，而是他們的僕人及糧食供應者吧？」他說的好，他是「僕人及糧食供應者」，因為這對國王而言是低賤的，大方餽贈的賄賂者甚至更佳。接受賄賂之人其實會變得拙劣，且會較有準備一直期待相同的事。他以此告誡兒子，但我認為這是給所有人的訓誡。

（54）因此這必定是毫無疑問之事，出於行動與勤勉的仁慈是較值得尊敬、擴及的範圍較廣，且能夠幫助更多人。

然而有時候大方餽贈是必要之事，且這類的仁慈完全不應受譴責，經常從家產中給予真正有需求的人[541]，但要以謹慎與節制的態度為之，因為許多人以不謹慎的餽贈用罄遺產。此外，還有什麼事比擔心你想做的事不能繼續做更愚蠢[542]？且盜匪也尾隨大方的餽贈。當人們開始有贈與的需求時，他們被迫將手置於屬於他人的事物上。如此，為了獲取善意人們希望自己是大方之人，他們從接受餽贈之人處所獲得的愛戴，不如從被他們所掠奪之人

---

540 並無任何歷史文獻證明，這封信存在，因此或許是西塞羅（或帕奈提烏斯）的編造杜撰。

541 參見亞里斯多德《尼科馬哥倫理學》1120b20-25。

542 西塞羅意指蘇拉及凱撒這種人；並參見《尼科馬哥倫理學》1121a30-35。

處所獲得的仇恨大。

（55）因此家產不應以如此的方式被緊鎖，以至於仁慈無法開啟它，也不應如此地不上鎖，而對所有人開放。讓此有一標準，讓此符合我們的能力。我們應該完全記住這被我們國人以最有智慧的方式使用的標準，它現已在傳統的格訓中，無止盡的大方餽贈[543]。事實上有可能有標準嗎？當有些人習於接受餽贈，另外一些人想望那餽贈時？

[XVI] 一般說來有兩種大量給予，一種是浪擲，另一種是慷慨。浪擲之人將金錢投注在公眾筵席、肉類分送、鬥士表演及運動與狩獵競賽的準備，人們對這些事的記憶不是短暫保存，就是完全消失。然而慷慨之人以自身的能力援救被盜匪綁架之人，或承擔朋友們的債務，或在女孩子們出嫁的事宜上給予協助，或在賺取或增加家產的事情上伸出援手。

（56）所以我好奇塞歐弗拉斯圖斯寫《論財富》時[544]，他心中在想什麼，在書中他說了許多至理名言，但那句荒謬可笑之言：他以單調冗長的方式讚美公共娛樂表演的偉大及服務，並認為如此花費的能力是財富帶來的利益。但對我而言，慷慨的成果，關於此我曾舉了幾個例子，似乎更是重要而且更確定。亞里斯多德如何以更嚴厲及更合乎真理的方式責備我們，因為我們對金錢

---

543 這或許是神話典故，達奈德斯（Danaides）將水裝入有洞的桶子中，永遠裝不滿（OCD 428）。亦可參見亞里斯多德《政治學》1320a31-32。

544 這部著作現已失佚。儘管西塞羅（或帕奈提烏斯）對逍遙學派的財富觀不表贊同，但塞歐弗拉斯圖斯曾言，我們應讓自己以少量財富的方式生活，因此不會為了錢而有可恥的行為，參見 W. W. Fortenbaugh et al.: 1992, 335, *Fr.* 510。

上的鋪張浪費不感驚訝，當這被用來攏絡群眾[545]！但那些被敵人包圍的人，若被迫以一個銀幣買0.57公升[546]的水，這一開始對我們而言似乎是不可思議且令所有人皆驚訝的。但當人們注意到此事，以生活必需為藉口認可虛榮，在這些巨大的犧牲及無限的花費中，我們不對任何事感到非常吃驚，特別是當它不受到生活必需的支持，不增加榮譽及為群眾〈追求〉稍縱即逝的快樂，最善變之人也獲得這種快樂，儘管如此，即使在最善變之人身上對於快樂的記憶立即消逝，一旦他在快樂上獲得滿足。

（57）亞里斯多德下了不錯的結論，這些事受到男孩、女孩、奴隸及具有奴性的自由人的歡迎[547]，這些所發生之事絕不可被嚴肅之人及有原則與有思慮的判官所許可。

雖然我知道在我們的國家中，很久以前最卓越的人們在市政官的職務上宣稱有傑出表現。因此普博利烏斯‧克拉蘇斯[548]，不但有「富人」的小名，也以財富履行市政官職中最重要的義務，

---

545 在此所提到的亞里斯多德的著作並未流傳下來。大部分的手抄本皆寫「Aristoteles」，但有些學者認為西塞羅是寫「Aristo」，相關討論參見H. A. Holden: ibid. 316及A. R. Dyck: ibid. 441-442。在狄歐金尼斯‧拉爾提烏斯所列的亞里斯多德作品中，有《論財富》（Peri Ploutou）一卷（ibid. V, 22）。

546 「sextarius」相當於一品脫（pint）的量，即0.57公升。

547 亞里斯多德《政治學》1254a13-1255a2有言，有人天生為奴，但有些奴隸則有著自由人的身體。

548 參見I, viii, 25；I, xxx, 109。普博利烏斯‧克拉蘇斯（Publius Licinius Crassus，C 2 BC），具影響力的政治人物及律師，於西元前145年任護民官，西元前131年任執政官及最高祭司。他之所以有「富人」之名，因為被某一位富有的克拉蘇斯收養。

且不久之後陸奇烏斯・克拉蘇斯[549]與最節制之人昆圖斯・穆奇烏斯[550]一起執行最豪華壯麗的市政官職務；再來，之後有許多人，蓋伊烏斯・克勞迪烏斯[551]，阿皮烏斯之子，歐爾天希烏斯[552]及希拉奴斯[553]。此外，在我任執政官時普博利烏斯・連圖路斯[554]，超越所有的前輩；史考魯斯[555]仿效他的行為；在我們的彭沛烏斯的第二任執政官任期中，他推出最豪華壯觀的娛樂表演[556]。關於這一切的表演你知道什麼事會令我感到愉悅[557]。

[XVII]（58）儘管如此一定要避免有吝嗇之嫌。在馬梅爾庫斯的例子上[558]，最富有之人，他拒任市政官職使他喪失執政官職。因此若賄賂餽贈是人民的要求，對有判斷力的人而言這是該做的事，就算不是他們所想要做的事，但無論如何要滿足人民的

---

549 參見I, xxx, 108；II, xiii, 47。

550 參見I, xxxii, 116。

551 蓋伊烏斯・克勞迪烏斯（Gaius Claudius）於西元前99年任市政官，在任中安排大量的表演，於西元前92年任執政官。

552 歐爾天希烏斯（Quintus Hortensius，114-50 BC），於西元前69年任執政官，為羅馬重要的演說家之一。

553 希拉奴斯（Decimus Iunius Silanus），於西元前62年任執政官。

554 普博利烏斯・連圖路斯（Publius Lentulus，卒於48 BC），於西元前63年任市政官，西元前57年任執政官，在政治上曾是西塞羅的盟友。

555 參見I, xxxix, 138。

556 彭沛烏斯於西元前55年耗費巨資為自己興建劇場，並安排數日的表演。

557 參見I, vii, 22及xliii, 153。

558 馬梅爾庫斯（Mamercus Aemilius Lepidus Livianus），於西元前77年任執政官。他因被懷疑不任市政官是不想花費籌辦表演，而導致執政官競選失利。

需求，以符合能力為範圍，如我自己所為[559]，若當有某件更重要及更有利的事可藉由受歡迎的餽贈獲得，如最近歐瑞斯提斯[560]以十分之一獻祭[561]為名，在路上舉辦午宴，獲得很高的名聲。在馬庫斯・塞伊烏斯[562]的例子上，他並沒犯錯，在糧價高漲之時他允諾人民一配客的糧及一個銅幣[563]；因為他以不低賤卑鄙的犧牲及不高的代價使自己從巨大而且長期的怨恨中釋放出來，當他任市政官時。但近來最高的榮譽是屬於我們的米婁[564]，他為了國家買鬥士，國家依靠我個人的安全福祉，他壓制了普博利烏斯・克婁迪烏斯[565]所有的躁進與瘋狂的行為。

（59）因此餽贈的理由不是必要就是有利。然而在這些餽贈的事宜上，中庸之道是最佳的法則。陸奇烏斯・菲利普斯[566]，昆

559　西塞羅於西元前69年任市政官。

560　歐瑞斯提斯（Gnaeus Aufidius Orestes），於西元前71年任執政官。

561　「decimus」是羅馬人的宗教傳統，在任何事圓滿達成之後將家產或所得的十分之一獻給神祇，赫丘雷斯，以表達感謝之意。

562　馬庫斯・塞伊烏斯（Marcus Seius），於西元前74年任市政官。

563　「modium」相當於一配客（peck），約等於今日英制9.092公升；一磅銅幣的價值約是台幣六元。

564　米婁（Titus Annius Milo，卒於48 BC）與克婁迪烏斯之間進行了為時五年的血腥政治鬥爭，於西元前52年將他誅殺，隨後被彭沛烏斯下令放逐，並於西元前48年在沒獲得凱撒允許的情況下回到羅馬而被處決。

565　普博利烏斯・克婁迪烏斯（Publius Clodius，約92-52 BC），他與西塞羅間的仇恨導因於西元前61年時，西塞羅指控他亂倫通姦，克婁迪烏斯在凱撒的支持下任護民官，並於職內立法通過，未經審判執行死刑之人須被放逐，西塞羅了解此法是針對他而立，遂於西元前58年3月潛逃至馬其頓，直到西元前57年9月4日才重回羅馬。

566　參見I, xxx, 108。

圖斯之子，能力極高而且是位特別傑出之士，經常自我吹噓，不藉助任何的公共娛樂表演他獲得所有被認為是最卓越崇高的職位。寇塔及庫里歐也有相同的說法[567]。我或許在某種範圍內也可吹噓一番，例如根據公職的區分，我在適齡之時獲得這些職位所有的選票[568]，這並未發生在我剛才所提到的那些人身上，在市政官職上的花費是合理經濟。

（60）此外，還有那些花費較龐大的事務，城牆防禦工事、船塢、港口、引水道及一切屬於有利於國家之事，雖然現在在手中之事好像較令人感到愉快，但這些事在後代更令人稱道：劇場、廊柱及新的神殿[569]，因為彭沛烏斯的關係，我對它們有較溫和的批判，但最有智慧的哲學家們並不贊同[570]，我們的帕奈提烏斯，在這幾卷中，我在許多觀點上追隨他，但並未翻譯他的著作，法雷倫的德梅特里烏斯[571]指責沛里克雷斯，希臘的領導人，因為他在那著名的通道入口[572]上投入鉅資。然而關於所有這類之事已在我所寫的《論共和國》幾卷書中有詳細的討論[573]。

---

567 寇塔（Gaius Aurelius Cotta，卒於73 BC），於西元前75年任執政官，是西塞羅《論神的本質》中對話者之一；庫里歐（Gaius Scribonius Curio，C 1 BC早期），於西元前76年任執政官，於西元前57年被指派為最高祭司。

568 西塞羅於31歲選上財務官，37歲選上市政官，40歲任地方行政官及43歲任執政官，他當選的年齡皆為該職務年齡門檻的最下限（nostro anno）。

569 關於劇場，參見II, xvi, 57；他興建名為勝利的維納斯（Venus Victrix）的神殿。

570 這凸顯出西塞羅不贊同帕奈提烏斯的看法。

571 參見I, i, 3。

572「propylaea」是通往雅典衛城的入口；沛里克雷斯耗費鉅資興建帕德嫩神殿。

573 西塞羅在《論共和國》IV, vii, 7提到治國理家應重儉樸，'optimum autem et in privatis familiis et in re publica vectigal duco esse parsimoniam'。柏拉圖《高

因此，所有與這類餽贈有關的手段方法在本質上是錯的，但在有些情況下是必要的，即使如此這必須與我們的能力相符，且必須以制度來節制。

[XVIII]（61）此外，在另一種餽贈的事例中，它是始於慷慨，在不同的事例上我們不應該傾向於單一的理由。一個人受到災禍折磨的原因不一，且在沒有惡運的情況下追求較佳的狀態的理由也不一。

（62）好意應該更傾向於災禍之事，除非或許有人的災禍是應得的。儘管如此對那些想要被幫助的人，他們不是要被壓制，而是要向較高的階級提升，我們絕不應該以任何方式小氣以對，而是應該在選擇合適的援助對象上要謹慎的判斷。例如艾尼烏斯說的精闢：

　　　　我認為善行以惡的方式為之帶有惡行的色彩。

（63）再者對有德之人及值得感謝之人的贈予，在這件事上不僅會從當事人那裡獲利，而且也會從其他人處獲利。其實遠離浪擲[574]的慷慨是最受歡迎，且大多數人以更熱烈的心情讚美它，因為最卓越之士的慈善之心是所有人共同的避難所。因此一定要致力於這工作上，所以我們或可以這些善意協助盡可能影響更多

（續）───────
　　爾奇亞斯篇》455a-d對以大型公共建設取悅群眾的作法，亦有批判。
574「temeritas」原意是躁進，不假思索。西塞羅欲表達未經選擇的贈予不受歡迎，不值得感謝。

人，且人們對此的回憶會被傳承給子孫後代，所以他們或許不會不心存感激。其實每個人都厭惡忘恩負義[575]，在阻絕慷慨的事例中有此不義的行為，且人們認為有此作為的人是貧乏之人的共同敵人。

這個好意對國家也有利，被擄之人從奴隸狀態被贖回[576]，使較貧窮之人富足；這其實經常發生，出於我們元老院的命令，我們在克拉蘇斯[577]所寫的冗長的講稿中可見。我視此好意的傳統遠比表演娛樂的餽贈優越；前者是嚴肅偉大之人特質，後者像是諂媚之人的特質，以肉體的快樂搔弄群眾的輕浮態度。

（64）此外，慷慨大方不僅是在施與受的行為上合宜，而且在徵稅的行為上不苛刻也是合宜，及在所有的契約行為中，賣買、租借、與左鄰右舍在地界上的爭議，態度要和順平緩，在我們有權利的許多事物上對眾人讓步，避免法庭的訴訟，或許在個人利益上的讓步可再多一點[578]。事實上，有時候慷慨不僅只是關於個人所有權上的微小讓步，有時也與利益有關。再者必須考量家產，喪盡家產是可恥的行為。但為免於吝嗇及貪婪的懷疑是可理解的，其實不掠奪自己所繼承的家產而能夠實踐慷慨的行為是金錢最大的報償。

---

575 塞內卡《論助益》（*De Beneficiis*）I, i, 2曾言，忘恩負義不是不常見之事。西塞羅在此言及此行為，主要是提醒小西塞羅（或任何在政治上求表現之人），應慎選給予助益的對象。

576 戰場上遭擄的士兵通常被賣為奴隸。

577 參見I, xxx, 108；II, xiii, 47及xvi, 57。

578 亞里斯多德《尼科馬哥倫理學》1121a4-5有言，由於慷慨之人不看重金錢，容易被不當對待。

塞歐弗拉斯圖斯對親切有著適切的讚美。就我而言，卓越傑出之人的家對卓越傑出的客人開放是非常適切的行為，這也是國家所具有的特質，在我們的城市中，外國人不會缺乏這類的慷慨。此外，對於那些想以令人尊敬的方式獲得更大的權勢，透過客人以財富資源及友誼善意對外邦各族產生影響力的人而言，這是極為有用的行為。事實上塞歐弗拉斯圖斯記載，奇蒙[579]在雅典也曾在自己的氏族的區域[580]對拉奇亞德斯人表示親切歡迎之意，他以如此的方式組織安排而且命令他的管家們，所以他對轉道到他別墅的任何拉奇亞德斯人，提供一切。

[XIX]（65）善意協助的賦予是藉由服務，非藉由餽贈，整個國家及個別公民皆接受善意協助，因為在法律上保障個人利益，以建言給予他人助益及以這類的知識盡可能幫助最多的人，特別是屬於資源與影響力增加的事。因此我們的先祖有許多卓越的成就，其中之一是研究及翻譯已訂定的民法，一直是最高的榮譽。事實上直到現在這個不穩定的狀態之前，地位崇高之士尚保有民法的知識，而今就像公職及每一個層級的尊嚴，這個知識的光芒殞滅，更羞恥的是，同時發生此事，當有人活著時在知識上輕易地超越所有的前輩，且與他們同享尊榮[581]。因此這些服務令

---

579 奇蒙（Cimon，約510-450 BC），雅典貴族，政治人物與軍事將領，於西元前479年曾出使斯巴達，其人其事參見 *Plut. Cim.* X, 2 及亞里斯多德《雅典憲法》XXVII, 3。

580 「curialis」原意是「元老院（curia）的成員」，在此是與希臘字「*dēmotēs*」同義，指某一氏族所統轄的區域（*dēmos*）中的住民。

581 此人是基爾維烏斯‧魯夫斯（Servius Sulpicius Rufus，C 1 BC 中葉），羅馬

眾人歡心而且適合以善意協助令人們身負義務。

（66）與此技藝接鄰的事，是更重要、更受歡迎及更優越的說話的能力，因為關於聽眾的欽佩、需求者的期盼或曾被辯護之人的感謝，有什麼事比口若懸河更卓越出眾？因此我們的先祖〔也〕將此視為是公民事務上最佳的表現。若言詞流暢之人願意付出辛勞，這是先祖們的慣例，在辯護上的善意協助及支持是以樂意的態度與免費的方式廣泛地對眾人的訴訟案件開放[582]。

（67）這個議題提醒我，在此議題上我為辯才無礙的中斷，我不是說滅亡，感到悲哀，除非我擔心我似乎為自己感到悲傷[583]。然而在那些已逝的演說家的例子中，我們在多麼少數的演說家看到希望，在更少的演說家身上看到能力，卻在那麼多演說家身上看到莽撞愚勇。

不可能所有人，事實上多數人不可能，是法律專家或辯才無礙，儘管如此，對眾人有益之事是被允許的行為，追求善意協助、在判官與行政官員面前為民喉舌，關注他人的利益及詢問那些律師或為人辯護者；他們所做之事會獲得許多的感謝，且他們的勤勉會廣為人知。

（續）————

　　知名律師，西元前51年任執政官，他與西塞羅之間有多封書信往來被保存，輯於《給朋友的信》（*Ad Familiares*），其中著名的一封是他對西塞羅喪女所表達的哀悼之意（XII, 5, 3）。關於他的演說技藝，參見《布魯圖斯》XLI, 152-153。他於西元前62年起訴陸奇烏斯·穆瑞納（Lucius Murena, C 1 BC）在執政官選舉時賄選，但遭到西塞羅的反對。

582 欽奇烏斯（Marcus Cincius Alimentus）於西元前204年任護民官時通過欽奇烏斯法（lex Cincia），對律師收取費用或禮物有一固定的限制，參見OCD 850。

583 西塞羅對當時年輕演說者過於偏愛希臘的演說形式多所批判，參見《演說家》XXIII-XXIV。

（68）現在對此沒有建議的必要（因為這是顯而易見之事），如人們注意到，當他們想幫助他人，不要冒犯他人，因為人們經常傷害不該傷害之人，或傷害他沒準備要傷害的人；若他們是在不知情的狀況下為之，這是疏忽，若他們是有意為之，這是躁進莽撞。此外，當你有意反對某些人一定要提出理由，無論你能提出任何理由，為什麼你必須做此事，且無法以其他的方式為之，這被視為侵犯的行為須以其他的關心與服務來平衡。

[XX]（69）在予人協助時要經常觀察人們的性格與外在條件，其實這說的容易，因此通常人們說，在投入善意協助時，是跟隨人們的性格，而非外在條件[584]。這是值得尊敬的說法，但真的有人在給予協助時，不視有錢有勢之人的感謝是優先於貧窮及優秀之人的案子嗎？因為從此人身上報酬似乎將是較立即且快速地出現，我們的意願照道理會較傾向於它。然而必須更勤奮地思考事情的本質為何[585]。確實一個人貧窮，若他是位有德之士，即使他無法在行為上回報助益，他一定也心存感謝。有人曾有一適切的說法，有錢的人不還錢，還錢的人沒有錢，但回報以感謝之人保有感謝，且保有感謝之人已回報以感謝。可是那些認為自己是富有、顯貴及不虞匱乏的人，其實並不想背負善意協助的義務；事實上他們甚至認為自己已經給予善意協助，當他們自己接受非常重大的助益時，且他們也懷疑自己被要求或期待某事，他

584 關於對性格的觀察，參見I, xiv, 45；亦可參見塞內卡《論助益》IV, iii, 1。

585 關於予人協助不一定求回報的觀念，亦可參見塞內卡《論幸福生命》XXIV, 2及《論助益》IV, iii, 1。此外，這個觀念可回溯自亞里斯多德《尼科馬哥倫理學》1162b35-1163a1。

們真的認為，擁有保護主或被稱為被保護人是形同死亡[586]。

（70）但貧窮的人認為，當任何事被執行，是為了他的優秀，而非他的外在條件，他費心讓自己不僅對對他已有助益之人，而且對他有所期待之人（因為他有許多的不足）表現感謝之意。他不僅在言語上不會讚美自己的協助，若他碰巧提供協助，而且會淡化它。應該謹守的原則是，若你要為有勢有錢之人辯護，感謝只會保留在當事人身上，若有幸的話，會保留在他的子嗣身上；但若為貧窮之人辯護，儘管如此他是位正直而且自持之士，所有低賤但正直的人，在群眾中他們為數不少，視你為即時的保護。

（71）因此我認為善意協助投注在有德之人身上會優於投注富有之人身上。通常是一定要給予協助，所以我們可以滿足各式各樣的人，但，若事有爭議，塞米斯投克雷斯[587]當然是被諮詢的權威，他，當他被詢問他要將女兒嫁給有德但貧窮的人，還是較不正直却富有之人，說：「事實上我偏愛缺錢之人更甚於缺人的錢[588]。」然而性格的敗壞與扭曲是出於對財富的欽羨。別人的大量財富與我們每一個人何干？或許大量的財富對擁有者有助益。它其實不總是帶來助益，而是認為它會。沒錯他有較多的錢花用，但他何以較值得尊敬？但他若也是位有德之人，財富不會阻礙他受到助益，只要財富不是他受助益的推手。一切的判斷不是

---

586 塞內卡《論助益》II, xxiii, 3 及 xxiv, 3 亦言及，接受助益者不承認受人幫助，因為擔心自己的成功不是個人的努力及害怕自己有依賴者的名聲。

587 參見 I, xxii, 75。

588 參見 *Plut. Them.* XVIII, 5, '*zētein andra chrēmatōn deomenon mallon ē chrēmata andra*'。

他多富有，而是他是什麼樣的人。

　　在善意協助及給予幫助的最後一個原則是，你不要急於做違反公平之事，不要做支持不正義之事[589]，因為正義是恆久的價值與名聲的基礎，沒有它不可能有值得讚美之事。

　　[XXI]（72）由於已經提及與個人有關的那種善意協助，接著應該討論與整體公民及國家有關的善意協助。然而關於國家的善意協助其中有一部分與整體公民相關，另一部分是影響個人，且令他們感到愉悅的事。通常應該要給予這兩種善意協助關注，若可能的話，對個人利益的考量不少於，而是等同於對國家有利或確實不會造成國家傷害之事的考量。蓋伊烏斯・葛拉庫斯[590]的穀物分配範圍甚廣，因此他耗空國庫；馬庫斯・歐克塔維烏斯[591]的方式溫和適度，國家可以承受而且對人民有必要，因此對公民及國家皆有助益[592]。

　　（73）此外，對治理國家之人而言，要特別留意，每個人保有自身的財物，且不以公權力使私人財產減少之事發生。事實上

---

589 這個觀點於 III, x, 43 討論友誼再被提及。

590 蓋伊烏斯・葛拉庫斯（Gaius Sempronius Gracchus，154-121 BC），於西元前 122 年任護民官，立法要求以國家補助津貼來降低穀物的價格，根據葛拉庫斯的立法，一配克的穀物價值六又三分之一銅幣單位，但通常等量的穀物約十二銅幣單位。

591 馬庫斯・歐克塔維烏斯（Marcus Octavius，C 2 BC），於西元前 133 年任護民官時反對提貝里烏斯・葛拉庫斯所提的土地法，關於歐克塔維烏斯在何時立法提高穀物價格的爭議，參見 A. R. Dyck: ibid. 463-464。

592 西塞羅強調，善意的協助不可建立在，一方獲益是來自於另一方損失的基礎上，相關討論參見 N. Wood: ibid. 202

菲利普斯[593]在任護民官時做了具毀滅性的事，當他提出土地法，儘管此法案被輕易地否決，但他以極為自制的態度對待之；他身為演說家不僅說了許多媚俗的話，也說了那句不堪入耳的話，在國家中擁有家產之人不到兩千人。危險的言論，有財富平均分配的傾向！還有什麼能比此破壞還大？特別是為了這個原因，保有私產，而形成國家及城市。例如，即使人受自然的引導而聚集，但為求維護個人財產他們尋求城市的保護[594]。

（74）也應該注意此事，這在我們的先祖中經常發生，由於國庫虛空及連年的戰事，課徵財產稅[595]，應及早注意所以課稅之事不會發生。但若這項課稅對某個國家有其必要（因為我與其預言我們國家的事，不如〈這麼說〉，雖然我不討論關於我們國家的事，而是關於所有國家之事），要注意，所以所有人皆理解，若他們想存活，必須遵循必要的事。此外，所有管理國家的人都應該思考，生活所需的物資充沛豐盈。關於經常而且應該準備何種物資的事，沒有討論的必要（因為這是顯而易見之事）；這個議題只需淺談即止。

（75）在所有的商業及公共義務的管理上主要的議題是，排除即使一絲絲貪婪的疑慮。來自於薩米亞的蓋伊烏斯·彭提烏

---

593 參見I, xxx, 108及II, xvii, 59。

594 這句話包含兩種社會起源的說法，一是出於天性或自然，一是出於人缺乏自我保護的能力，參見I, iv, 11-12。此外，個人身家財產所有權的維護，是由國家法律保障的觀點，亦可參見《論法律》III, I, 2，因此保護私產是國家的基本目標。

595 財產稅（tributum）的課徵是由監察官依據每位羅馬公民的財產來決定比重，稅收主要是支應戰爭的花費；此稅法於西元前167年被廢止。

斯[596]說：「但願命運能保全我及我的出生直到羅馬人接受禮物。我不再受制於他們的統治。」他們不須等幾個世代，因為這個不幸之事剛降臨在這個國家。所以我感到高興，彭提烏斯是活在過去，因為他身上具有如此的氣力[597]。還不到一百一十年，當陸奇烏斯・皮叟[598]提出關於非法侵占地方財務的法案，在此之前並無相關立法。但在此之後有許多法律，愈後來的立法愈嚴苛，許多的訴訟案、許多人被判刑，重大的〔義大利的〕戰爭發生[599]，因為擔心被傳喚出庭，在法律及審判被移除後，盟友的搶劫掠奪變得如此之多，就好像我們能具有優勢是出於別人的弱勢，而非出於自身的優秀。

[XXII]（76）帕奈提烏斯盛讚阿菲里康奴斯[600]的潔身自持。他為什麼不讚美他呢？在阿菲里康奴斯身上有更傑出的特質；關於潔身自持的讚揚不僅是針對人，也是針對那個時代。保路斯[601]擁有馬其頓人所有而且巨量的財富；他為國庫帶來龐大的金錢，以至於一位將領的戰利品結束了財產稅的課徵。但他並未為自己

---

596 關於這位蓋伊烏斯・彭提烏斯（Gaius Pontius）是誰，學者們有不同的看法，相關討論參見A. R. Dyck: ibid. 467；Dyck與H. A. Holden: ibid. 335皆認為這裡的彭提烏斯是指西元前321年在考丁通道（Caudine Forks）擊敗羅馬軍隊的人。

597 西塞羅是指彭提烏斯有足夠的氣力活著看到他的願望成真。

598 陸奇烏斯・皮叟（Lucius Calpurnius Piso，C 2 BC），又名儉樸者（Frugi），於西元前149年任護民官時通過禁止強索地方財物的法案。

599 這是指西元前91年至87年（實際戰爭發生在西元前90至89年）的聯盟戰事。

600 參見I, xxvi, 90。

601 參見I, xxxiii, 121。

的家裡帶來任何東西，除了青史留名外。當擊垮迦太基後，阿菲里康奴斯仿效其父沒有變得較富有。為什麼？他在監察官職上的同事陸奇烏斯‧穆米烏斯[602]，當他徹底擊敗最富有的城市，你不會變得更富有嗎？不如妝點榮耀義大利：雖然被妝點的是義大利，但我認為他的家更具添色彩。

（77）因此沒有比，言歸正傳，貪婪，特別是在將領及國家主事者身上，更令人厭惡的惡行，因為從國家中牟利不僅可恥而且是邪惡及受詛咒的行為[603]。皮希雅的阿波羅神給出的神諭[604]，斯巴達的敗亡原因除了貪婪外，別無他因，這個神諭似乎不僅告誡斯巴達人，也告誡所有富有之人。然而統治國家之人不會有比自持節制更簡單的方式獲得群眾的善意[605]。

（78）那些想成為受群眾歡迎的人，為了這個緣故他們企圖插手土地事務[606]，所以土地所有人會被逐出他們的土地，或他們想減輕債務人的債務，他們動搖國本，首先是和諧，當某些人

---

602 陸奇烏斯‧穆米烏斯（Lucius Mummius，C 2 BC中葉），於西元前146年任執政官，並在任上摧毀當時最富有的希臘城市柯林斯（Corinth）。

603 西塞羅所使用的這三個字「turpe」（可恥），「sceleratum」（邪惡）及「nefarius」（受詛咒）分別指出以國家名器中飽私囊的人在道德、法律及宗教上皆不可原諒。

604 皮希雅（Pythia）是在德爾菲的阿波羅神殿的女祭司，專司神諭的給予。

605 76-77可見西塞羅的「abstentia」（自持）與「continentia」（節制）具有的政治意涵，保有這兩個德性，使得政治人物具有不會被敗壞的特質，所以不會濫用國家資源，亦不會輕易順從追隨者及盟友的壓力。免於自利及自我耽溺，對西塞羅言，是先祖們的紀律之一部分。相關討論，參見T. N. Mitchell: ibid. 38-39。

606 提貝里烏斯‧葛拉庫斯於西元前133年任護民官時提出土地法，以重新分配土地。

的錢財被剝奪，有些人的債務被給予延展，其次是公平完全被移除，若每個人不允許擁有私產，因為這是，如我之前所言，國家及城市的特質，每個人私產的保障是不受限制，而非遭受阻礙[607]。

（79）此外，在國家敗亡的事例中，那些人並未獲得他們所預估的感謝，因為被剝奪利益之人成為他的敵人，被給予利益之人甚至掩飾自己想要接受利益的欲望，更甚者，在金錢借貸上他暗自竊喜，所以他不會被認為無法償還。但被不正義對待的人記得而且展現他的悲傷難過，若被不當賦予之人多於被不當剝奪之人，不會因此比不當取得之人會較有影響力，因為影響力的判別不在數量上，而在權威。然而擁有土地多年或甚至數個世代的人，之前不曾擁有任何土地，但擁有之後又失去，這是公平之事嗎[608]？

[XXIII]（80）由於這種不義之事斯巴達人驅逐行政長官呂山德[609]，刺殺國王阿吉斯[610]，這之前在斯巴達人中從未發生過，從

---

607 參見I, vii, 20-21。

608 這一節的論述充分體現一事實，西塞羅本人認為，財富重分配確實違背自然之法，亦可參見III, v, 21-23。

609 這位呂山德不是在I, xxii, 76及xxx, 109的將軍呂山德，而是活在140年之後利必斯（Lybis）之子，參見*Plut. Agis* VI, 2。

610 阿吉斯（Agis）於西元前244年至240年為斯巴達國王，均富是阿吉斯施政的目標，但遭富人的反對，被下令斬殺，參見*Plut. Agis*。之後的克雷歐梅內斯三世（Cleomenes III）的改革，亦以失敗收場，於西元前222年被迫離開斯巴達。A. Erskine: ibid. 128認為，西塞羅對斯巴達革命的資訊，是來自希臘史家菲拉爾侯斯（Phylarchos, C 3 BC）。

此之後紛擾失序接踵而來，暴君出現[611]，卓越之士被放逐及以最
傑出的制度建立的國家分崩離析。不僅斯巴達本身衰亡，而且它
也以惡運的傳播——這些惡始於斯巴達人，而且散佈廣泛——毀
壞希臘其他地方。為什麼？難道土地的爭議沒有摧毀我們的葛拉
庫斯兄弟，最優秀之人提貝里烏斯・葛拉庫斯之子，阿菲里康奴
斯的外孫[612]嗎？

　　（81）但對希奇翁的阿拉圖斯[613]的讚頌是適切的，因為他的
國家被暴君把持五十年，他從阿爾勾斯祕密來到希奇翁的入口，
並擁有該城，且當他出人意表地推翻暴君尼可克雷斯[614]，他恢復
六十位被放逐之人的身分，這些人是他的國家中最富有的人，且
在他到達時，國家獲得自由。但他注意到在財產及所有權上的重
大難題，他親自恢復身分之人的財產被他人所有，使他們缺乏財
富，他認為這是不公平的事，但他認為改變五十年的所有權也不
公平。由於在如此漫長的時間，許多事在不犯法的情況下，以繼
承的方式、購買的方式及禮物的方式獲得，因此他決定那些佔人
家產之人不應被剝奪財富，這些被放逐的人應該用他們之前所有
的家產來補償。

611 納比斯（Nabis）於西元前207年至192年以獨裁粗暴的方式統治斯巴達。

612 提貝里烏斯・葛拉庫斯及蓋伊烏斯・葛拉庫斯兄弟的母親是阿菲里康奴斯
　　的女兒。西塞羅（《論友誼》XI, 37）及普路塔荷（Plut. Tib. Grac. VIII, 6及
　　XX, 5-7）皆言及，提貝里烏斯・葛拉庫斯的土地法，是受到斯多葛學派哲
　　學家布羅希烏斯（G. Blossius）的影響。

613 阿拉圖斯（Aratus，271-213 BC），與馬其頓交好，但菲利普王因擔心阿拉
　　圖斯會威脅他在希臘共主的地位，遂將他毒殺，參見Plut. Ara.。

614 尼可克雷斯（Nicocles），於西元前251年被阿拉圖斯罷黜。

（82）因為他判斷需要錢解決此事，他說他想去亞歷山卓城，因此他下令保持現狀直到他回來，快馬加鞭來到托勒密王處[615]，他的境外友人，在亞歷山卓城建城後他是第二位統治者。他向托勒密解釋他想解決國家財政問題[616]，並告知原因，這位卓越之人輕易地從富有的國王那兒獲得大量金錢的挹注。當他帶錢回到希奇翁後，他召集十五位將領聽取建言，他們一起檢視擁有他人財產之人及失去自身財產之人的案子，且以所有物的價值評估來說服某些人願意接受金錢，讓出所有物，說服另一些人認為所給的錢相當於他們所要回的家產是更適切的。因此這一切是以和諧的方式解決完畢，他們離去沒有爭吵。

（83）真是位偉人，且值得出生在我們的國家！他以如此公正的態度與公民們相處，如我們已經看過兩次，不是在廣場上擺位設攤及將公民的家財交付給拍賣者的叫賣[617]。但他這位希臘人認為這應該集合眾意，因為他有智者及卓越之士的特質，這是好公民的最佳考量與智慧，不是拆散公民的利益，而是以相同的公平的方式保障每一個人。

---

615 托勒密王（Ptolemy Philadelphus，283-247 BC），其父是托勒密·索特爾（Ptolemy Soter），於亞歷山大大帝駕崩時（西元前323年），取得埃及的統治權，參見ODCW 629-630。

616「patriam liberavit」原意是使國家自由，但在此之前阿拉圖斯以推翻暴政，解放國家，在此這個表述應是指解決國內財政上的問題，參見H. A. Holden: ibid. 341。

617 前者是蘇拉，後者是凱撒，參見VIII, 29。

「讓人們免費住在他人的家中[618]。」「何以如此[619]？所以當我買、建、維護及花錢在房子上，你可違反我的意願享用我的房子嗎？除了搶奪他人財物及將別人的財物給予他人外，還有什麼？

（84）新的帳本[620]有何意義，除了你以我的錢買房買地，你擁有房地，而我沒有錢？」

[XXIV]因此一定要注意留心，債務不要傷害國家，這可以許多方法[621]來防備，若發生，富有之人不會失去他們的財富，債務人不會獲得他人的財富，因為無物比誠信更能使國家緊密結合[622]，這不可能發生，除非借貸的償還是必要之事。對於不償還之事沒有任何時候比我在任執政官時有更激進的處理方式[623]。各式各樣及各階層的人以武力與派閥之力攻訐此事；我制止他們，所以能完全移除這個對國家的危害。債務從未比此更高，但從未以更好及更迅速的方式解決，因為一旦欺瞞的希望被移除，隨之

---

618 西塞羅引用凱撒的敕令，此一敕令規定房租可緩 一段時間，這個法令在西元前48年由凱利烏斯・魯夫斯（Caelius Rufus）提出，隔年普博利烏斯・都拉貝拉（Publius Dolabella）又提出，但皆立法失敗，直到西元前47年年底才由凱撒立法執行。

619 第二個引號中的話是出於房東們的抱怨。

620 意即在延緩清償債務之後（tabula nova）。

621 有哪些方法，西塞羅或帕奈提烏斯並未說明。

622 相同的觀點，參見I, vii, 23。西塞羅在此利用「fides」所有的兩個意涵，誠信及債信，來凸顯他對社會的團結的必要性，參見E. M. Atkins: ibid. 510。

623 西塞羅於西元前63年警告債務人，若不還債將拍賣他們的家產抵債。

而來的是出售[624]的必要。但現在的勝利者是昔日的失敗者，他所計畫之事是與自身利益相關，但在執行時，他不再獲得任何個人利益[625]。在他身上有如此強烈的犯錯的欲望，以至於他高興自己犯此罪行，即使沒有正當理由。

（85）因此那些遠離這類的餽贈之人，拿他人之物贈予別人，保護國家，他們將特別注意，每個人在法律及司法審判公平的基礎上保有自身的家產，且較貧窮之人不可因卑微低賤的緣故遭受壓迫，對富人擁有或重獲財富勿以惡意嫉妒待之。此外，他們擁有關於對外或對內的任何可能的資源，他們或可在主權、領土及財稅收入上強化國家。這些事是屬於偉人的，在我們的先祖中它們已被實踐，這類義務的履行者同時也具備給予國家最大利益的特質，將獲得高度的感謝及崇高的榮耀[626]。

（86）然而在這些關於效益的原則上，提瑞的安提帕泰爾[627]，斯多葛學派哲學家，最近逝世於雅典，認為帕奈提烏斯忽略了兩

---

624 Holden 的版本是「solvendi」，而非 OCT 的是「vendendi」，譯文因此是「解決的必要」。

625 關於西塞羅何以在此暗指凱撒涉入卡特利納叛國的理由，參見 A. R. Dyck: ibid. 478-479，但他認為並無文獻證據可茲證明此一指控；P. G. Walsh: ibid. 178 認為凱撒不可能涉入。

626 關於私產的徵用或重新分配，如西元前133年葛拉庫斯土地法，造成的政治動盪及對立紛擾，參見《論共和國》I, xix, 31-32。

627 提瑞的安提帕泰爾（Antipater of Tyre，卒於45 BC）繼承巴比倫的狄歐金尼斯成為斯多葛學派的主事者，是小卡投的客卿，帕奈提烏斯的老師，他是學院思想最狂熱的反對者。

個議題，對健康與金錢的關注[628]。我認為被最優秀的哲學家所忽略之事，因為它們淺顯易懂；它們確實有用。但個人身體健康的維護是靠觀念及小心謹慎，事情經常是有利或有害，靠所有吃穿上有節制，靠為了保護身體忽略肉體的享樂，最後靠那些擁有屬於健康的知識者的技藝。

（87）此外，家產的獲得方式應遠離醜陋可恥，但要以勤奮的態度保存遺產，且以相同的方式增加家產。蘇格拉底的追隨者色諾芬，在他所著的《論家管》一書中提及，以最適切的方式追求這些事物，當我們在你這個年紀時[629]，我們將此從希臘文翻譯成拉丁文。但所有關於這類之事──賺錢與投資，我也希望關於使用金錢──的討論，某些坐在中間拱廊[630]的卓越傑出之士的談論，比任何一個學派的哲學家還合宜。儘管如此，仍應該了解這些事，因為它們是與效益有關，關於此本卷已做討論。

[XXV]（88）然而利益的比較，因為這是第四個議題，被帕奈提烏斯所忽略，經常是必要之事。例如有益於身體之事經常與外在利益比較，外在利益與身體利益比較，身體利益與身體利益

---

628 A. R. Dyck: ibid. 480 認為西塞羅關於安提帕爾泰的思想引用，乃直接來自閱讀後者的著作。P. A. Brunt: ibid. 29 認為西塞羅在此對金錢及健康等事之關注，並未提出明確的規則，但 I, xxvi, 92 提供了追求這些事的基本原則，不以不當及令人憎恨的方式。此外與 I, xlii, 150 一併觀之，這顯然是帕奈提烏斯的觀點。

629 21 歲，所以這個翻譯約完成於西元前 85 年。

630「ianum medium」是指放貸者的櫃臺所在地。

比較，及外在利益與外在利益比較。身體的利益與外在利益比較，就如你喜愛健康更甚於想要成為富人，外在利益與身體利益比較，就像你想成富人更甚於擁有身體最佳的氣力；身體的利益相互比較，就如視健康優於肉體的享樂，氣力優於速度，再者外在利益與外在利益比較，就像榮耀優於財富[631]，城市中的收入優於鄉村。

（89）這類的比較是屬於老卡投的觀點[632]；當他被問及，什麼是家務中最有用之事，他回答：「好的餵養」，次有用之事為：「尚可的餵養」，第三有用之事是：「欠佳的餵養」，第四有用之事是：「耕作」。當問者說：「放高利貸如何？」卡投說：「殺人如何[633]？」從這個例子及許多其他的例子應可理解，利益的比較經常發生，且這第四種議題可適切地被加入在關於義務的探究中。

接著我們繼續進行所剩的議題。

---

631 看重榮耀，亦可參見亞里斯多德《尼科馬哥倫理學》1123b20。

632 參見 I, xi, 37 及 xxix, 104。

633 歷史上是否真的發生此一對話並不得而知，但老卡投《論農耕》的前言有言，放高利貸者罰金四倍。

第三卷

[I]（1）幾乎與他同年的卡投[634]記載[635]，普博利烏斯・史奇皮歐，馬庫斯我的兒子，是第一位被冠以阿菲里康奴斯封號的人，經常說，他休閒就是休閒，獨處就是獨處[636]。這真是絕佳的表述，與偉人及智者相稱！這顯示他在休閒時思考公眾事務，在獨處時與自己單獨對話，所以他從未無所事事，也不曾缺乏說話的對象。因此這兩件事，休閒與獨處，令人活力盡失，卻使他興奮鼓舞[637]。

我希望我可以如實地以相同的事描述自己。但若我無法藉由模仿達到如此卓越的性格，至少就個人意願而言，我會盡可能接近。由於我被不虔敬的軍事力量阻絕在政治及法律事務之外[638]，我追求休閒生活，且因為如此我離開城市，經常獨自在鄉下居無定所，四處遷移[639]。

（2）然而沒有必要將我目前的休閒與阿菲里康奴斯的休閒做

---

634 老卡投雖與老阿菲里康奴斯同年，但當阿菲里康奴斯於西元前204年出任西西里行政長官時，卡投擔任他的財務官。

635 參見I, xxix, 104。

636 《論共和國》I, xvii, 27亦引老卡投描述，史奇皮歐「從來不會做多於當他不做事時，他從來不會比當他獨處時更不獨處」。

637 參見《論共和國》I, xvii, 28。

638 指安東尼，參見《給阿提庫斯的信》XV, 12, 1。

639 為了躲避安東尼，西塞羅於西元前44年的夏天不斷地在自己的鄉村別墅移居躲藏，參見《給阿提庫斯的信》XIV, 10, 1；亦可參見徐學庸，ibid. 122-123的論述。

比較，也沒有必要將我目前的獨處與他的獨處比較，因為當他不忙於國家最具榮耀的職務時，有時候他會給自己休閒時光，有時候遠離人群聚會，就像在港口一樣，他隱身獨處，但是我的休閒的形成是出於免除業務，而非出於對休息的熱愛。事實上當元老院停止運作而且司法制度遭到破壞之後[640]，在元老院及廣場上有什麼是值得我或我可以做的事？

（3）因此我之前曾活在群眾及公民們的眼中，如今我躲避惡人的眼光，這些人無處不在[641]，我盡可能隱退，而且經常一個人獨處。

然而由於哲學家們告訴我們，不僅應該從惡之中挑出最小之惡[642]，而且應該從這些惡中選出任何的善，因此我享受休閒，之前為國家獲取和平之人其實不應享受它，且我不允許那獨處使我無所事事，必要將它帶給我，而非出於自願。

（4）但是，依我判斷，阿菲里康奴斯獲得較大的讚許，因為關於他的資質能力沒有任何記載，他休閒獨處的作品成果也不存在；從此應該理解，他不曾休息獨處，在心靈的活動中及在探究那些他以深思熟慮的態度掌握了解之事中[643]。然而我沒有如此強

---

640 安東尼於凱撒死後，以軍隊包圍元老院迫使它停議，並將法務官布魯圖斯及卡希烏斯（Cassius）逐出，使法庭無法審案，參見《菲利皮凱》II, 19, 89及112。

641 這是指在凱撒死後支持安東尼的將領。

642 與亞里斯多德《尼科馬哥倫理學》1109a33-35比較，「因為極端中的一個犯較多錯，另一個較少；因為難以精確地擊中居間者，根據次佳的原則，人們說，我們應在兩缺陷中取其輕」。

643 關於西塞羅對純思維活動與口若懸河之比較，參見I, xliv, 156；這使得這個陳述與西塞羅強調口若懸河不一致。

大的心智力量,所以在沉思的思考中我會受獨處影響,我將一切
的熱忱與關注轉移至這部作品的寫作。因此在國家滅亡後短時間
內我所寫的著作多於國家尚存之時[644]。

[II](5)哲學的整體,我的西塞羅,不僅是果實豐碩、利益
良多及沒有任何一部分貧瘠不毛,且在哲學中沒有任何議題是比
論義務更多產及完整,從對義務的探究導出關於言行一致及合乎
德性的生活格訓。因此雖然從我們的克拉提普斯[645],當今哲學家
中的翹楚,我相信你經常不斷地聽講及接受這些論述,但我認為
你的耳朵要處處浸淫在這些討論的迴響中,若可能的話,它們不
要聽任何其他的討論。

(6)每一位計畫過著德性生命的人皆應有此作為,可能沒有
人比你更應做此事,因為你在仿效我的勤勉上所承擔的期望不
小,在效法我在公職上的作為你承受很大的期許,或許你也承擔
了要與我齊名的某種期盼。此外,你也承受了雅典及克拉提普斯
的重擔;你前往雅典及克拉提普斯那兒,就如到了道德商品的買
賣地,空手而回是件極為恥辱的事,並蹧蹋了城市及老師的權
威。因此你要盡可能努力用心、身體力行,若學習的辛苦大於快
樂,要戮力為之,你不要令人覺得,在我提供一切的資助下,你
想著辜負對自己的期望。

---

644 從西元前46年至44年是西塞羅創作量最大的時期,幾乎所有的哲學及修辭
　　學著作皆於此段完成。在共和時期他所完成的最著名的兩本著作是《論共和
　　國》及《論法律》(約成書於西元前50年中葉),參見西塞羅生平與著作年
　　表。

645 參見I, i, 2。

　　但這說的已夠多了，因為為了鼓勵你，我在給你的信中已寫了很多。現在讓我們回到設定的議題中所剩的部分。

　　（7）帕奈提烏斯以不具爭議的方式，相當精確地探討關於義務的問題，且我們盡可能地跟隨他，雖然做了些修正，提出人們經常在三件事物中思考及徵詢關於義務的問題[646]，一是人們疑惑關於所做的事是善或是惡；二是所做之事是有利或無益；三是，若所做之事有著善的外表卻與看來有利的事物衝突，應該如何區辨，關於前兩件事他以三卷的篇幅說明，但關於第三件事他在討論過程中寫到將來會論及，但未履行承諾[647]。

　　（8）這令我更感驚訝，因為帕奈提烏斯的學生波希東尼烏斯[648]寫道，那些卷帙出版之後，帕奈提烏斯還活了三十年。我驚訝波希東尼烏斯在一些評注中僅簡短地觸及這個議題[649]，特別是他寫道在整個哲學中沒有一個議題是有這個議題的必要性。

　　（9）其實我不贊同那些否認帕奈提烏斯忽略了此議題，這是有意不處理的人的說法[650]，完全沒有寫此議題的必要，因為有利之事不可能與德行衝突。關於這個說法可能存在另一個疑惑，帕奈提烏斯所區分的第三項議題是否有考量的必要，或者應完全被

646　參見I, iii, 9。

647　參見《給阿提庫斯的信》XVI, ll, 4。

648　帕奈提烏斯約於西元前109年去世，據此或可推斷波希東尼烏斯的《論合宜的行為》完成於西元前139年；然而A. Erskine: ibid. 160接受Max Pohlenz的詮釋，主張這本著作寫於西元前129年。

649　西塞羅曾寫信要求亞塞諾多魯斯（Athenodorus）寄給他波希東尼烏斯對德性的論述，參見《給阿提庫斯的信》XVI, ll, 4。

650　那些人是誰不詳。

忽視，但前一個說法是不可被懷疑：帕奈提烏斯論及此議題，但放棄它，因為他在三分的議題中完成了兩個，他有必要保留第三個議題。此外，在第三卷最後他承諾在論述的過程中將論及這個議題。

（10）值得信賴的[651]證人波希東尼烏斯同意這個看法[652]，他甚至在某封信中寫道，普博利烏斯・魯提利烏斯・魯夫斯[653]，曾聽帕奈提烏斯講學，經常提及，找不到畫家可完成阿培雷斯[654]在「寇斯的維納斯」的畫作中所留下來完成的部分（因為她美麗的容貌奪走了表現身體其他部分的希望），因此帕奈提烏斯所忽略〔及他不曾完成〕的部分，由於他所完成的部分極為出色，無人能仿效。

[III]（11）因此，關於帕奈提烏斯的想法是不可被質疑，然而在義務的探討上他加上這第三個部分是否正確，關於此或許是可以討論。例如，德行是唯一的善，如斯多葛學派的主張，或德行是最高的善，一如在你們的逍遙學派思想中所見[655]，所有來自於天秤另一邊的事物幾乎不具重要的價值[656]，這應是毫無疑問之

651「locuples」原指可成為保證人的富有之人，隨後引申為有分量的證人。

652 P. G. Walsh: ibid. 88 的英譯文 'Posidonius provides abundant evidence…' 將「testis locuples」理解為受詞不符合語句的文法結構，「testis locuples」（值得信賴的證人）應是主格，與波希東尼烏斯同位。

653 參見 II, xiii, 47。

654 阿培雷斯（Apelles），希臘畫家，是亞歷山大大帝唯一允許畫其肖像的畫家，參見 ODCW 48-49。

655 參見亞里斯多德《尼科馬哥倫理學》1098b14-15。

656 克里投勞斯（Critolaus）的觀點，參見《在圖斯庫倫的論辯》V, xvii, 51。

事：效益不能與德行衝突。因此我們聽說蘇格拉底經常詛咒那些因判斷上的錯誤而背離這個自然連貫性的人。事實上斯多葛學派認同蘇格拉底，任何德行他們皆認為是有效益的事，且任何不具效益之事是不符合德行之事[657]。

（12）但若帕奈提烏斯是這類的人，說德性的養成只是因為它在利益上有功效，人們以肉體快樂及免於痛苦來衡量所追求的事物[658]，他可說效益有時候會與德行衝突。但由於他是這種人，認為唯一的善是德行[659]，這些德行與效益的某種樣貌衝突，這些事物的增加及減少不會令生活更好與更壞，他沒有必要引進這類的想法，看似有效益之事與德行比較。

（續）─────
　　「ex altera parte」（出於另一邊）等於「in altera liberae lance」（在天秤另一邊稱盤），參見 H. A. Holden: ibid. 355。
657 關於斯多葛學派對德性與效益之間的關係，參見 LS 61G 及 J。
658 伊比鳩魯學派的思想。
659 西塞羅認為帕奈提烏斯的思想與傳統斯多葛學派的思想一致，但狄歐金尼斯‧拉爾提烏斯却提及帕奈提烏斯及波希東尼烏斯皆認為善還包括健康（*hugieia*）、財富（*chorēgia*）及權力（*ischus*）的利益，參見 ibid. VII, 128 或 *Fr.* 110。相關討論參見 A. R. Dyck: ibid. 509-510，他認為狄歐金尼斯的說法有誤；F. H. Sandbach: ibid. 127 亦認為狄歐金尼斯的理解有誤，因為這會使帕奈提烏斯成為一逍遙學派的哲學家，雖然他是亞里斯多德的喜愛者。此外 Sandbach 教授主張，這些外在美善事物，對帕奈提烏斯及波希東尼烏斯而言，不是沒有它們德性無法帶來幸福，而是某些德行的實踐它們是必要的預先條件，沒有它們這些德行行為無法進行。然而 M. E. Reesor: 1951, 105-106 認為，帕奈提烏斯的老師安提帕泰爾主張，可選擇之物，如健康、生命及財富，亦是有價值之物（LS 58D），那狄歐金尼斯的說法似乎又具某種程度之合理性；關於這個說法的駁斥，參見 III, 13 的注釋。

（13）事實上斯多葛學派提及最高的善是依自然而活，這個說法的意涵是，如我認為，一直符合德性，但選擇其他符合自然的事[660]，若它們不與德性衝突。由於情況如此，有些斯多葛學派哲學家認為引進這種比較是不正確，且關於這類議題完全沒有任何應該提醒的重點。

其實嚴格而且正確地說，德行是僅屬於智者的特質[661]，它永遠不能與德性分離[662]。然而在沒有完美智慧的人身上絕對無法擁

---

660 早期斯多葛學派哲學家，如克雷昂塞斯及克呂希普斯，視合乎德性與合乎自然為同一件事（LS 63A）；根據史投巴伊烏斯的記載，有些無關善惡之事是合乎自然，如健康與財富，安提帕泰爾認為這些是有價值與值得選擇之事（LS 58C, D及K）。從此可見斯多葛學派思想上的發展。然而 I. G. Kidd: ibid. 188-190認為，帕奈提烏斯雖屬中期斯多葛學派之一員，但他對健康與財富等外在美善事物的看法，依然是合乎早期斯多葛學派的觀點，因為一、斯多葛學派有時會以非技術性的語言，敘述學派思想，所以常會造成誤傳；二、帕奈提烏斯討論的是「*kathēkon*」（合宜的行為），即「officium」（義務），而非「*katorthōma*」（完美的德行），即「honestum」（德行）。因此帕奈提烏斯不認為，德性自身不足以獲得幸福。此外Kidd認為，斯多葛學派將人性的發展區分成三個階段：一、小孩，由「*prōton oikeion*」指導；二、成年人，由「*kathēkonta*」主導；三、智者，由「*logos*」主導，且無論哪一時期的斯多葛學派，皆認可此三階段人性論，惟不同時期的斯多葛學派哲學家，會有不同的強調。帕奈提烏斯強調第二階段（193-194）。關於帕奈提烏斯關於合宜行為之論述，與早期斯多葛學派的思想並無二致，亦可參見P. A. Brunt: ibid. 23-24。A. A. Long: 1967, 90, n. 75認為，Kidd的詮釋可得到文本的支持；然而古代對早、中期斯多葛學派思想，特別是不善不惡者是否具有價值之詮釋，不可因它們將中期斯多葛學派詮釋為，給予不善不惡者過多的價值而受責難。

661 承上一個注釋，真正的或嚴格的德性行為是「*katorthōmata*」，它們是出於智者的作為；一般人的德性是「*kathēkonta*」。

662 真正的理智被稱之為德性（haec ratio perfecta virtus vocatur），LS 63D。

有完美的德行，他們可能有德行的樣子。

（14）關於我們在這幾卷中所討論的這些義務，斯多葛學派哲學家稱之為公眾的義務[663]；它們是共通而且擴及廣泛的義務，許多人以天生的善性及學習上的進步追求這些義務。但他們稱真正的義務是完美且絕對的義務，正如他們所言，完全的，除了智者外這不可能在任何人身上。

（15）由於在行為之中可見中間義務[664]，這行為似乎是完全完美，因為群眾通常不知道這個行為與完美間的距離，然而在群眾所知的範圍內，他們不認為有任何事是被忽略。相同的事也發生在詩、畫作及其他的許多事中，無知之人對不應受讚美之事感到愉悅及給予讚賞，因為這個緣故，我相信，在這些事中有某種優秀的特質擄獲了無知之人，這些人無法判斷在每一件事中有相同的錯誤，因此當他們接受專家的指導，他們立即停止這種想法。

[IV]因此關於這些我們在這幾卷中所討論的義務，他們說就如某種第二級的德行[665]，完全不是關於智者的真正的義務，而是一般人所共通的義務。

---

663 區分的理由，參見I, xv, 46及III, iii, 13。

664 關於「medium officium」，參見I, iii, 8。

665 有些可選擇的無關善惡之事，被斯多葛學派視為具有第二級的位置與價值，因為它們與善的事物之本質接鄰（LS 58E）。因此《論義務》這部著作，在道德教育上是針對尚非智者的「the prokoptontes」（進步者），為他們提供行為的指導，參見I. G. Kidd: ibid. 193。此外N. Wood: ibid. 180論及，西塞羅認為我們應降低我們的道德視野及戮力追求在道德上可能之事。這是指「中間的」德性，是在過與不及之間的適度，它是人們希望自己能達成之事，在考量人類所有的弱點與不完美之處的情況。

（16）所以每一個具有道德性格的人都會受到這些義務的影響。其實，當兩位德奇烏斯或兩位史奇皮歐[666]被稱為勇者，或法博里奇烏斯[667]或亞里斯提德斯[668]被稱為正義之士，不是因為前者是勇氣的典範或後者是正義的榜樣，就像是出於智者一樣[669]，因為沒有一位如此的智者是我們所理解的智者，馬庫斯・卡投[670]及蓋伊烏斯・賴立烏斯[671]，以智者之名聞名著稱，不是智者，事實上那七位也不是[672]，而是藉由公眾的義務的完全履行，他們表現出某種智者的形像及相貌。

（17）因此，真正的德行是不可能與效益的衝突相提並論，我們一般稱之為道德的行為，是那些希望自己被視為有德之人的作為，這絕不應該與獲利做比較，這合於我們理解的德行[673]我們一定要加以保護維繫，就如智者們保護維繫那嚴格及真實意義下

---

666 參見 I, xviii, 61。

667 參見 I, xiii, 40。

668 亞里斯提德斯（Aristides，C 5 BC），雅典的政治人物，於西元前490年擔任馬拉松戰役的將領，但於西元前482年被放逐，西元前480年被召回後在薩拉米斯之役立下戰功；關於他被稱為正義之士的原因，參見 *Plut. Aris.* VI。H. A. Holden: ibid. 359認為亞里斯提德斯的名字是後人的竄插，因為西塞羅是「從羅馬，而非希臘歷史中舉例」；然而這個說法似乎並不成立，西塞羅隨即提到古希臘七賢，因此他確實會從希臘歷史中舉例。

669 這裡的智者指斯多葛學派的完人。

670 參見《論老年》II, 5 及《論友誼》II, 6。

671 參見《論友誼》II, 6。

672 這七位是古希臘七賢，泰利斯（Thales）、梭倫、皮塔寇斯（Pittacus）、畢亞斯（Bias）、克妻伊布婁斯（Cloebulus）、謬松（Myson）及奇隆（Chilon）。參見柏拉圖《普羅大哥拉斯篇》343a-b。

673 「honestum」指的是「*kathēkon*」。

的德行[674]；否則任何在德性上的進展皆無法持續。事實上這個論述所關切的是這些因履行義務而被評定為有德之人的人。

（18）然而那些以利益及好處評斷一切行為的人，不會希望德行比利益有價值，他們在思慮上習於將德行與他們認為有利之事做比較，但有德之人不習於此種比較[675]。因此我認為帕奈提烏斯，當他說人們經常對此對比心存疑慮，了解他所說的這句話，人們只是經常，而非應該對此比較心存疑慮。事實上不僅認為看似有利之事比德行重要，而且在這兩者中做比較及對它們心存疑惑，都是最醜陋可恥的行為[676]。

因此，似乎應該考慮什麼事有時候會助長疑惑？我相信，無論何時疑惑會產生在對所思考的行為是什麼樣的行為上。

（19）因為這經常發生於特殊情況下，一般經常被視為醜陋可恥的行為或許被發現並非醜陋可恥。舉個較廣泛的例子，有什麼行為會比不僅殺人，而且殺害親人更邪惡？若有人殺了暴君，雖然暴君是他的朋友，他不會因此身繫罪名吧？事實上羅馬人並不這麼認為，他們認為那是在所有傑出的行為中最高貴的行為[677]。因此效益擊敗了德行嗎？不，反而是德行伴隨著利益。

---

674 這個「honestum」指的是「*katorthōma*」。

675 這是延續 III, 12 對伊比鳩魯的批判。此外西塞羅在此「有德之人」（boni viri）顯示，他並未採用斯多葛學派的智者概念，因為那是個離實際生活過遠的觀念；他反而使用的是柏拉圖的有德之人的概念，但不具其形上學的意涵，並將之視為一人們可戮力企求的典範，參見 A. R. Dyck: ibid. 517。

676 有智慧者不會故意做醜陋可恥的行為，參見《普羅大哥拉斯篇》345d9-e4。

677 西塞羅在此似乎暗指凱撒被刺身亡是在道德上有正當性。關於依據個別情況而生的義務，西塞羅《給阿提庫斯的信》XVI, ll, 4 已言及。

　　因此，若我們確實理解我們稱之為看來有用的行為與德行相互衝突，我們應該訂定某種規範原則，所以我們可在決定上不犯錯；若在事情的比較上我們遵循這個規範，我們將永遠不會背離義務。

　　（20）這個規範原則[678]特別將符合斯多葛學派的論述與學說；我們因此在這幾卷中跟隨這個學派，因為，雖然老學院的哲學家及你們逍遙學派哲學家，之前都是學院哲學家[679]，視德行優於看似有利的行為，但斯多葛學派哲學家對此的探討：任何德行同時是有利的行為，但任何有利的行為不也是德行，比後者的探討：某個德行不是有利的行為，某個有利的行為不是德行，更出色。此外，我們的學院給予我們很大的自由，所以任何一個最有可能[680]的觀點，我們可具正當性地為其辯護。但我回到規範原則。

　　[V]（21）那麼，就一個人而言從他人處帶走某物及以某人的損失增加個人的利益比死亡、貧窮、悲傷及其他可能影響肉體

---

678 「formula」原是指羅馬司法訴訟程序，法務官記錄原告及被告之陳述，並將記錄呈交法官以利斷案之用。西塞羅在此的用法同於「regula」。值得一提的是，規範原則，就西塞羅或斯多葛學派而言，不是固定僵化的原則，而是會因情境的改變，亦被放棄或修改的原則，相關討論，可參見 B. Inwood: ibid. 107-123；亦可參見，I, xxx, 107-xxxii, 117 關於四個角色的討論，特別是關於第二及第三個角色的論述及 III, vi, 32。

679 西塞羅在《學院思想》中提到柏拉圖所創立的學院（老學院）與亞里斯多德的學院（逍遙學派），並無思想上的區別，因為他們皆系出同源：蘇格拉底的思想（I, iv, 17-18）。

680 參見 II, ii, 7。

上的利益或外在事物的事更違反自然，因為，首先，這破壞了人際之間的交流與聯繫。若我們是如此地傾向於，每一個人為了個人利益掠奪進犯他人利益，特別符合人類本性的人際交往一定會遭破壞。

（22）以此例而論，若身體的每一部分有這種認知，它認為它可以有健康，若它將鄰近於它的肢體部位的健康轉移到自己身上，整個身體必定會失能而且死亡，以此方式，若我們之中任何一個人搶劫他人的利益，且掠奪他可能從任何人的利益中剝奪的事物，友情、人際往來及交流一定會遭損害。因為雖然自然沒有反對，每一個人與其為別人獲得生活所需之事，不如為自己獲得生活所需之事，但自然不允許我們以對他人的掠奪品增加自己的資源、財富及權力[681]。

（23）這個原則：不可以為了自身利益傷害他人利益，不僅以相同的方式由自然所訂定，或更恰當地說由國際法訂定，也由各個民族的法律所訂定。這些法律組成在每一個國家中的政治事務，這是法律所注意與希望的事，公民之間的聯繫不受傷害；中斷社會聯繫之人，法律要以死亡、放逐、監禁及罰鍰來糾正他們。更何況這個原則是出於自然本身的系統，它是神聖及俗世的法律[682]；願意遵守它的人（所有將遵循它的人都想依自然而活）從不犯下欲求他人事物，及為自己獲得的東西是從他人處強奪而來的惡行。

---

681 西塞羅在此強調自然法；將此一論述與 I, xxx, 107 一併來看，自然之法即等於理性之法。亦可參見 II, xxii, 79 的注釋。斯多葛學派關於自然法與理性之法的關係之論述，參見 LS 57A 及 63 C。

682 A. R. Dyck: ibid. 528 認為「ratio」應是指「系統」，亦即自然運作的方式。

（24）此外，心靈的高貴、偉大、仁慈、正直及慷慨比肉體快樂、生活方式及金錢財富更符合自然；事實上，鄙視這些事物，且當它們與共通的利益比較時視它們為無物，是雄心及高貴心靈的特質；然而以個人利益為由強奪他人，比死亡、悲傷及其他同類的事物更違反自然。

（25）同樣地，對所有的民族而言，若這可能發生的話，為了維護安全或救援協助而擔負起極大的辛苦和麻煩，模仿那位赫丘雷斯，眾人對他的仁慈緬懷的傳說在神祇們的會議中提出[683]，比離群索居，不僅沒有任何的麻煩，且活在極度的肉體歡愉之中，充斥一切的資源財富，所以你可在美貌與氣力上有出色的表現[684]，更符合自然。因此任何具有最佳而且最高貴性格的人會認為，前一種生命比後一種生命優秀許多。從此結論，遵循自然之人不可能對人造成傷害。

（26）再者，冒犯他人之人，他因此獲得某種利益，不認為自己的作為違反自然，或認為與其避免傷害他人，不如避免死亡、貧窮、悲傷，甚至是失去小孩、親人或朋友。若他不認為冒犯他人是違背自然，你要與這個完全剝奪人之所以為人的特質的人討論什麼？但若他認為其實應避免這種惡行，卻視那些事物，死亡、貧窮及傷害，更為糟糕，他即犯了錯，因為他認為任何身體或運氣上的惡都比心靈的惡更嚴重。

---

683 參見 I, xxxii, 118。關於赫丘雷斯為人類服務，亦可參見《論界限》III, xx, 65 及《在圖斯庫倫的論辯》I, xii, 28。

684 對斯多葛學派而言，美麗與氣力並非善，但亦非惡，而是不善不惡的事物（*adiaphora*），這些事物是較受人們的喜愛（*proēgmena*），參見 LS 58A。

[VI]因此應該對所有人提出此一原則：每一個個人的利益等同於整體的利益[685]；若有人為自己牟利，人世一切的人際關係都將瓦解。

（27）此外，若這是自然的要求，亦即人之所以為人，無論是什麼樣的人，由於這個緣故他是個人，它希望這被關注，一切共同的利益一定要依循同一個自然。但若事實是如此，我們所有人皆被同一個自然的律法所涵蓋[686]，且若事實真是如此，自然律法確切地禁止我們冒犯他人。前者為真，因此後者為真[687]。

（28）例如這其實是荒謬之事，有某些人說，他們不會為了個人的利益剝奪屬於父親及兄弟的事物，關於其餘的公民是另一種考量[688]。這些人認為自己與公民們並沒有為了共同利益的法律及聯盟，這個看法拆散了公民們的交誼。此外，有人說應考量公民的事，但不認為應考量外國人的事，他們拆散了人類共同的夥伴關係[689]，一旦仁慈被移除，慷慨、善意及正義也完全被破壞，他們破壞了這些事，甚至是橫逆了不朽的神祇，應該被判定為不

---

685 柏拉圖《理想國篇》462c-e有類似的觀點，他將城邦整體與個人比喻為，身體整體與身體各部分，一部分的痛是整體的痛，一部分的樂是整體的樂。

686 關於斯多葛學派主張所有的人皆適合一共通的律法（*nomos koinos*），參見 LS 67A，L及R；亦可參見I, xxx, 107普遍人性的概念。

687 前者是共同利益，後者是不冒犯他人。

688 塞內卡《論憤怒》II, xxxi, 7主張，傷害國家與同胞皆是惡行，因為同胞是國家的部分，尊重整體，亦當尊重部分。

689 斯多葛學派認為人的社群有兩種形式，一種是由神與全體人類所組成的社群，另一種是我們生於其中的國家（LS 67K）。西塞羅在此應是指前一種，在神與人共同生活的世界中，神是統治者，人是被統治者，違背與人為善的原則，即違背了神聖的自然律法（*phusei nomos*）（LS 67L）。

虔敬的人。背離神祇他們其實毀損了在人與人之前所建立的夥伴關係，這個夥伴關係的最密切的聯繫是，為了自身利益輕忽人所以為人的特質，被認為比經歷所有可能的外在的、身體的或甚至心靈自身[690]的不利，只要這些不利之事不涉及正義的問題[691]，更違反自然，因為這個德性是所有德性的女主宰及女皇。

（29）或許有人會說：「若有位智者因飢餓耗盡體力，他不會從其他無用之人那兒拿走食物嗎？〔當然不會：因為對我而言，我的生命沒有比靈魂如此這般的狀態更有用，我不為個人利益冒犯任何人。〕為什麼？若一位有德之人，為了不使自己死於嚴寒，可以掠奪法拉里斯[692]——殘暴野蠻的暴君——的衣物，他不會做嗎？

（30）這些是最容易判斷的事，因為若你為了個人利益從某位無用之人那兒拿走某物，你的作為既不符合人性，也不遵循自然的律法，但若你是能夠帶給國家及社群許多利益的人，若你為了維生，若你為了這個緣故拿走他人的東西，你或許不會受到譴責[693]。但若事情並非如此，對任何一個人而言與其要拿走他人的利益，不如應負擔個人的不利。因此疾病、貧窮或任何這類的事

---

690 OCT 的版本在「etiam ipsius animi」置匕首符號，表示對此表述的懷疑。

691 若涉及正義的問題，正義或許要求我們不要接受這些不利之事，參見 I, vii, 23。

692 參見 II, vii, 26。逍遙學派視法拉里斯為腐敗邪惡的代表，他追求的是屬於野獸的快樂，參見亞里斯多德《尼科馬哥倫理學》1148b24。

693 比較 XXIII, 89 的論述，顯然兩處的觀點不一致，這或許顯透顯西塞羅在卷三的論證資料來源不止一個哲學派或哲學家；亦可參見 VII, 34「從那些我曾找到的解說中」。

物皆未比轉移或渴求他人財物更違背自然，但漠視共同的利益也
是違背自然之事，因為這是不正義。

（31）因此這個維繫及保持人們的利益之自然律法明確地宣
告，為了生存的必要，懶惰無用之人的物資可被轉移給智者、有
德者及勇者，若此人死亡，他的死會造成整體利益的損失，只要
他這麼做不會讓他視自重及自愛為傷害他人的理由。因此在履行
義務時他總是會考量人們的利益，及我經常提及的人的群體關
係。

（32）例如關於法拉里斯的事是很容易判斷的事，因為我們
與暴君沒有任何人際往來，反而是與他最疏離，掠奪他並不違背
自然，若你有能力的話，殺他是件榮譽的事[694]，且所有這類的害
群之馬及不虔敬之人應被逐出人的社會。事實上，某些肢體會被
截斷，若它們開始失去血液，就如失去精力一般，且對身體其他
的部分造成傷害，在此情況下具有人形的野獸的野蠻與暴虐[695]應
該與社會分離，就像與整體的文明開化分離[696]。所有與這類事物
相關的義務之探討要依據個別的情況[697]。

[VII]（33）因此我相信帕奈提烏斯會持續探究這類的議
題，除非有某種意外或職務阻止他的思慮。在他之前的一些書中

694　參見《給阿提庫斯的信》XIV, 4, 2；6, 1；14, 3，刺殺凱撒是件榮譽之事。

695　暴君是具有人的外表，卻擁有最殘酷的本質，參見《論共和國》II, xxvi, 48。

696　暴君失去了擁有「humanitas」之人所具備的道德感及對尊嚴與道德價值的
　　堅持；此外他更缺乏民胞物與的精神，缺少保障文明及正義和諧社會生活可
　　能性的人性，人道及社會特質。相關討論，參見 T. N. Mitchell: ibid. 37-38。

697　參見 I, xxix, 107。

有夠多與這類議題相關探討的格訓與原則，從這些格訓原則可見什麼事需要避免，因為它是醜陋羞恥之事，什麼事不應逃避，因為它完全不是醜惡下流之事。但由於這部作品已展開，但幾近完成，就像我們砌山形屋頂一樣，幾何學家經常不教導所有的原則，而常主張某些原則對他而言是理所當然，為了較容易解釋他們心想的原則，以此方式我要求你，我的西塞羅，服從我，若你能的話，除了德行之外，無物應該因其自身被追求。若克拉提普斯不允許這個觀點，但你確定是認可此事：德行是因為它自身最應被追求的事物[698]。這兩個說法的任何一個皆令我感謝滿意，一會兒這個較有可能，一會兒那個較有可能，除此之外沒有任何事物具有可能性。

（34）首先應為帕奈提烏斯辯護以反駁此一責難[699]，因為他不是說有效益之物與德行衝突（因為對他而言這不可能）而是那些看來是有效益的事物。事實上沒有一個有效益的事物不也是有德之物，沒有一有德之物不也是有效益之物，他經常呼籲，且他否認有任何對人生命的侵蝕毀壞會比那些拆散他們的[700]意見之人更大。因此不是為了有時候我們會視有效益之物優於有德之物，而是為了我們在對這些事物的判斷上不犯錯，若當這些事物出現時，他提及這個衝突，它似乎是但卻不是衝突。因此我將在沒有奧援的情況下，如俗話說，獨立自主，完成所剩的部分，因為在帕奈提烏斯之後沒有任何與此部分相關的解說得到我實際的讚

---

698 西塞羅在此比較斯多葛學派及逍遙學派對德性與善的看法，前者認為德性是唯一的善；後者如克拉提普斯，主張德性是諸善之一，參見 III, 11。

699 參見 IV, 18。

700 這個「eorum」（他們的）指的是蘇格拉底及斯多葛學派，參見 III, 11。

賞，從那些我曾找到的解說中。

[VIII]（35）結論是，當效益的某種樣貌顯露，我們必須受到它的影響。但若，當你用心關注時，你所見的是醜陋可恥與那件帶著效益外貌的事物連結，那你不應該維護效益，反而應該理解醜陋可恥所在之處，不可能有效益存在。但若無物比醜陋可恥更違反自然[701]（因為自然欲求直率、和諧及穩定之事，且鄙視與這些對反的事物），且無物之效益更符合自然，效益與醜陋可恥確定不可能存在於同一件事物上。同樣地，若我們生來傾向有德之事，我們應該只追求這些事，如芝諾所見，或我們應無疑地認為這些有德之事比所有其他的事物更有重要性，這是亞里斯多德的看法，這是必然的結論：有德之事不是唯一就是最高的善，此外，善的事物必定是有效益的事物，因此任何有德之事皆為有效益之事。

（36）當不正直之人錯誤地抓住某個看來是有效益之事，這不斷地使他們與有德之事分離。從此產生謀殺、毒殺、作偽證、偷盜、侵占公款、掠奪與搶劫友人及公民、對財富過度的欲求及欲求無法承受的權力，最後甚至在自由的國度中存在著統治的欲望[702]，與這些事相較不可能有任何更卑鄙惡劣之事存在。事實上由於錯誤的判斷，他們看到事物的利益，而沒看到懲罰，我不是說法律的懲罰，這是他們經常有破解之道，而是那醜陋可恥的懲罰，這是最嚴厲的懲罰。

---

701 自然是德性與可恥的裁判者，參見《論法律》I, xvii, 45。
702 西塞羅指的是斷送共和制，遂行個人獨裁統治欲望的凱撒及安東尼。

（37）因此其實有這種想法之人要被逐出境外（因為他是完全地惡劣及不虔敬），他們考慮是否要追求他們看來是有德之事，或他們有意以惡行玷汙自己，因為在此猶豫斟酌之中蘊含罪惡的行徑，即使他們未到達行為的地步。因此你完全不應該考慮那些事情，在那些事中思慮考量本身是可恥的。

此外，在一切的思量中應移除祕而不宣的願望與意見，因為若我們在哲學上有某種程度進展，我們應該充分地說服自己，即使我們能對所有的神祇與人掩藏我們的惡行，儘管如此我們不應以任何貪婪、不義、放肆及無度的方式行事。

[IX]（38）為了這個原因柏拉圖提及那位吉格斯[703]，由於大雨造成土地崩裂，他進入那裂縫中而且注意到，如傳說中記載，一匹銅馬，在它的兩側有門；當他開啟這兩扇門後，他看到一具身形異常的死屍，且在手指上有一枚黃金戒；然後他取下戒指，自己戴上（他是御用的牧羊人），之後他回到牧羊人的會議。在會議中當他將戒指上的寶石[704]轉向自己的手掌，沒有人看得到他，但他看得見一切；人們再一次看見他，當他旋轉戒指到它適切的位置。因此藉由這個戒指給他的好處，他與皇后發生冶蕩的性關係，且藉她的幫助殺了他的主人國王，他移除他認為會阻礙

---

703 吉格斯（Gyges，C 7 BC），利底亞國王，原本是位牧羊人，以謀殺國王的手段於西元前687年奪權，相關故事參見希羅多德《歷史》I, 8-12及柏拉圖《理想國篇》359d-360d。

704 Winterbottom的OCT版本是「paleam」（糧秣）；Holden及Miller的版本是「palam」（戒指上的寶石）。柏拉圖在《理想國篇》359e6的用字是「*tēn sphendonēn*」（戒指上鑲嵌的寶石）。

他的人，在這些惡行中沒有人能看到他。如此他藉由戒指的好處
出人意表地一躍成為利底亞的國王。因此若一位智者[705]擁有這枚
戒指，他不會認為他比沒有戒指時更可以為惡，因為有德之人追
求德行，而非祕密之事。

（39）在這個議題上有某些哲學家，其實他們不是壞人[706]，但
在智性上有所不足，說柏拉圖引用的是杜撰虛構的故事，就好像
他真的在為那已發生或可能發生之事辯護。這個戒指的例子的意
義是：若沒有人會知道，沒有人會懷疑，當你做某一件事是為
了財富、權力、統治及欲望，若這在未來一直不為諸神與人們知
曉，你會做這些事嗎？那些哲學家否認這有發生的可能。雖然[707]
這事實上有可能發生；可是我問的是——他們否認這可能發生
——若有發生的可能，他們會做什麼事。他們無疑會帶著鄉巴佬
的氣質堅持主張，因為他們否認這可能發生而且他們會持續否
認，對這個表述的意義[708]視而不見。當我問，若他們能掩飾，他

---

705 西塞羅以智者取代柏拉圖的正義之人。

706 這些哲學家是誰，或許《在圖斯庫倫的論辯》II, xix, 44可提供答案，西塞
   羅在其中稱伊比鳩魯不是壞人（homo minime malus），與在此的表述相同，
   因此這些哲學家應是指伊比鳩魯學派的哲學家。

707 Winterbottom的OCT版本是「quamquam」；Holden及Miller的版本是
   「nequaquam」，整句譯為「事實上這不可能發生」；A. R. Dyck: ibid. 541-542
   建議省略「quamquam」。「nequaquam」也不適切。

708 西塞羅表述「若有發生的可能，他們會做什麼事」是指出一可能的狀態下，
   那些不怎麼明智的哲學家會如何選擇。伊比鳩魯學派哲學家之所以不回答此
   一可能的問題，或許簡明理由是：根據該學派的思想，行為判斷之基礎應建
   立在「實際的」經驗上，故對不以實際經驗為基礎的可能行為之判斷，不予
   置評。

們會做何事，我不是問他們能否掩飾，而是對他們做某些所謂的拷問，若他們回答，只要提出免受懲罰，他們會做有利之事，他們自稱是罪犯，若他們否認，他們將承認他們應避免一切醜陋可恥的行為。然而現在讓我們回到之前所提出的問題。

[X]（40）許多經常發生的事例以效益的樣貌令人心神不寧，在這些事中思考的不是這件事：因為效益大小的緣故必須放棄德行（因為這真的不是適切的行為），而是這件事：看起來有效益之事能否不成為醜陋羞恥之事。當布魯圖斯[709]取消他的同事寇拉提奴斯[710]的執政官權力時，他可能被認為以不正義的方式做此事，因為在驅逐皇室這件事上，他是布魯圖斯諮詢的夥伴及協助者。然而當公民之中的領袖人物們接受此一建議時，蘇沛爾布斯的親友及塔爾昆尼烏斯家族的名字[711]與皇權的歷史應被移除，這是有效益之事，顧及國家的利益，這是件如此令人尊敬的行為，所以它應該也會令寇拉提奴斯感到高興。因此效益因德行而有效力，沒有德行效益其實不可能存在。

（41）但在建城之君[712]身上有著不一樣的例子，因為效益的樣貌驅使他的心；他認為單獨統治比權力分享更有效益，遂殺了

---

709 布魯圖斯（Lucius Iunius Brutus），羅馬共和第一任執政官之一，傳統上認為羅馬共和始於西元前509年。

710 寇拉提奴斯（Lucius Tarquinius Collatinus），羅馬共和第一任執政官之一。

711 塔爾昆尼烏斯・蘇沛爾布斯（Tarquinius Superbus），羅馬最後一位君主，於西元前六世紀被放逐。

712 羅穆路斯（Romulus）。羅馬之名因他而來，參見 *Plut. Rom.* I, 1。

他的兄弟[713]。這件事上他無視於手足之情[714]及人性，為了追求看似有效益的事物，但其實不是。此外，他以城牆為藉口反對他的對手[715]，這個德行的外貌是既沒有成為德行的可能，也不適切。因此他犯了錯，在奎里奴斯或羅穆路斯[716]的允許下我這麼說。

（42）然而我們不應該放棄自身利益，轉移給他人，當我們自己對這些利益有需求時，但關於個人財產，在不傷害他人的範圍內應受保護。克呂希普斯一如往常明智地說[717]，「賽跑之人應盡最大的努力，奮力贏得比賽，但他絕不可絆倒或以手推開競爭者；就像在生命追求屬於個人的利益並沒錯，但剝奪他人利益卻不對[718]。」

（43）在友誼的事例上，義務最受干擾，在友誼中你無法致力正當的事，且致力於不義之事，這是違背義務的行為。但所有關於這類的事給予簡短而且易懂的建議，因為那些看似有效益之事，如榮譽、財富、享樂，及其他與此同類的事物，永遠不應被

---

713 雷穆斯（Remus）。兄弟為權力鬩牆之相關故事參見ODCW 666-667，或 *Plut. Rom.* X, 1-20。

714 「pietas」原意為虔敬，在此根據H. A. Holden: ibid. 377 的詮釋，譯為手足之情。

715 雷穆斯因跳躍新築的城牆被殺。

716 羅穆路斯被神化之後名為奎里奴斯（Quirinus）。

717 克呂希普斯（Chrysippus，280-208 BC），斯多葛學派第三任主事者，為克雷昂塞斯的學生，在斯多葛學派邏輯思想上的發展別有建樹。P. A. Brunt: ibid. 24 認為，這段引文並不特指智者，亦可適用於一般人，故克呂希普斯與帕奈提烏斯皆關注有益於一般人的行為。

718 與XV, 62-63 比較，西塞羅不應贊同克呂希普斯的說法，因為後者的說法與西塞羅反對的赫卡投之觀點相同，參見J. Annas: ibid. 167, n. 18。

置於友誼之前[719]。但為了朋友，有德之人不做違背國家、誓言及信念之事，就算他其實是這位朋友的審判者也不會；因為當他穿上正義的外袍[720]，他便放下朋友的角色。在如此的範圍之內他會對友誼讓步：他較喜歡朋友的案子是正義的，在法律所允許的時間內為朋友的案子辯護[721]，符合朋友的利益。

（44）由於判決的陳述實際上必須符合誓言，他會記得他有神祇見證，即所謂的，如我認為，他的靈魂[722]，神祇賦予人的事物無物比此更神聖。因此我們從先祖承襲了在法庭上要求協助的優良傳統，若我們持續保有它，以不違背承諾的方式他盡力而為。這個需求是屬於我不久前說的，以有德的方式法官可對朋友讓步，因為若他們做一切朋友想要的事，這類之事不應被認為是友誼，而是同謀。

（45）然而我說的是關於一般的友誼[723]，因為智者與完人身上不可能有這類的事存在。達蒙及芬提亞斯[724]身為畢達哥拉斯學派

719　參考亞里斯多德《尼科馬哥倫理學》1169a25-30。

720　即當他身為法官時。

721　「tempus」在此是指法庭上辯護律師為被告人提出辯詞的陳述時間。

722　「mentem」原意為心靈，在此譯為靈魂，因為斯多葛學派認為人的靈魂是世界魂的一部分，若世界魂是理性的，人的靈魂也應是理性的，參見LS 53X及Y。

723　西塞羅《論友誼》XI, 38有言，他所探討的友誼，不是理想的，而是日常生活中的友誼。

724　這個故事西塞羅在《在圖斯庫倫的論辯》V, xxii, 63也提及，但並未指出人名。達蒙（Damon）及芬提亞斯（Phintias）為西元前四世紀早期的畢達哥拉斯學派門人。

哲學家，在他們之間存有這友誼的精神，當暴君迪歐尼希烏斯[725]決定他們其中一位的死期，被決定死期的人要求給他幾天，為了將身後事物委託給朋友，另一位在法庭上為他作保，若他不回來，他應為朋友死。當在死刑執行那天死刑犯回來，暴君欽佩他們固守承諾，且要求他們將他視為第三位朋友[726]。

（46）那麼當在友誼之中被視為有效益之事與有德之事發生衝突，讓效益的樣貌被忽視，讓德行具有影響力。然而當在友誼之中德行不是被要求，讓顧忌與誠信要優先於友誼。以如此的方式，我們所探究的義務的選擇將可被實現。

[XI]然而在政治上具有效益的外表的事物最常令人犯錯，如我們在摧毀柯林斯的事情上所犯的錯[727]。雅典人也以嚴苛的態度[728]命令擁有了強勢船艦的愛琴納人切斷他們的拇指[729]。這是件被視為有效益的事，因為愛琴納極具威脅，由於它鄰近皮瑞烏斯[730]。然而任何殘暴之事皆非有效益之事，因為殘暴對我們應遵循的人性有極大的傷害。

（47）他們甚至還胡作非為，禁止外國人在城邦中活動而且

---

725 參見 II, viii, 25。

726「ad amicitiam tertium」原意為第三個友誼。

727 參見 I, xi, 35。

728 關於「durius etiam Athenienses」不譯為「甚至更嚴苛的雅典人」的理由，是根據 A. R. Dyck: ibid. 551 的詮釋。

729 切斷拇指使水手在划船時無法施力。關於愛琴納與雅典於西元前六世紀的戰爭，及在西元前五世紀將愛琴納人逐出愛琴納島的故事，參見 ODCW 7。

730 雅典的外港，是一兼具經濟與軍事功能的港口。

將他們逐出，如沛奴斯[731]在我的父親的年代禁止外國人在羅馬活動，近來帕皮烏斯[732]下禁令。允許不具公民身分之人享有公民的權利是不適切的事，這個法是由最有智慧的執政官克拉蘇斯及史凱渥拉提出[733]，禁止外國人在城邦活動其實是非常不人性的事。

在其他著名的例子中有著公共利益外表的事物在德行面前受到鄙視。我們國家富有許多的事例，這種事不僅經常發生，而且特別是在第二次迦太基戰爭中，在承受於卡奈的重大挫敗時它有著比在順境時更高昂的士氣：沒有任何恐懼害怕的跡象，沒有求和的提議。德行的力量如此之大，令有著效益樣貌的事物黯淡無光。

（48）當雅典人完全無法抵禦波斯人的攻擊時[734]，他們決定放棄城邦，將妻小留置於特洛伊鎮[735]之後，他們一起上船，以船艦護衛希臘的自由，他們以亂石砸死某位屈爾希魯斯，當他極力主張要留在城內迎戰克塞爾塞克斯時[736]。他似乎是遵循效益，但當效益與德行衝突時它便一無是處。

---

731 沛奴斯（Marcus Iunius Pennus）於西元前126年任護民官。

732 帕皮烏斯（Gaius Papius）於西元前65年任護民官。

733 克拉蘇斯，參見I, xxx, 108及II, xvi, 57；史凱渥拉，參見I, xxxii, 116及II, xiii, 47。他們於西元前95年通過立法（lex Licinia Mucia），禁止外國人以非法方式獲得羅馬公民身分。這是導致聯盟戰爭發生的原因之一。

734 波斯第二次入侵希臘，時值西元前480年。克塞爾塞克斯（Xerxes）於西元前486年至465年統治波斯，在獲得迦太基與希臘本土諸城邦的支持後，發動波希戰爭。

735 特洛伊鎮（Troezen）位於伯羅奔尼薩半島。

736 希羅多德《歷史》IX, 5記載，被砸死的是呂奇德斯（Lycides）。

（49）塞米斯投克雷斯[737]，在他與波斯人的戰爭獲勝之後，於公眾集會中說，他有保衛國家的計畫，但這沒公諸於世的必要，他要求人們指定某個人，他可將計畫傳授給此人；被指定之人是亞里斯提德斯[738]。塞米斯投克雷斯告訴他，斯巴達的船艦，已經在橘塞恩靠岸，可被以祕密的方式燒毀，一定要藉此次行動摧毀斯巴達的力量。當亞里斯提德斯聽到這個計畫時，他背負強烈的期待來到集會之中並說：塞米斯投克雷斯提出的計畫是一有用的計畫，卻是個完全缺乏道德的計畫。因此雅典人認為缺德之事其實也是無用之事，事實上在亞里斯提德斯的建議下，他們不聽而且拒絕這整個計畫[739]。這些雅典人的決定比我們的好，我們向盟邦收稅，卻讓海盜免於賦稅的負擔[740]。

[XII]因此讓此成為一確立的觀點：醜陋可恥之事永遠不是有效益之事，所以在任何時候你不會抓住你認為是有效益的事，因為這個認為醜陋可恥之事是有效益之事的想法是具毀滅性。

（50）但這種事情，當效益似乎與德行對立衝突，如我之前所言，經常發生，所以應注意事情與德行完全衝突，或是與它完

---

737 參見I, xxii, 75。

738 參見IV, 16。

739 關於塞米斯投克雷斯提議燒船，但被亞里斯提德斯拒絕的故事參見 *Plut. Them.* XX, 1-2；*Plut. Aris.* XXII, 2。

740 羅馬曾於西元前102年由馬庫斯・安東尼烏斯（Marcus Antonius，143-87 BC）及西元前67年由彭沛烏斯清剿猖獗於地中海沿岸的海盜；西洋古代海盜行為與戰爭之間的區別，似乎只有程度與範圍大小之別，參見ODCW 571-572。

全契合。關於這類的事有這些探討：舉例說明，若有位有德之人從亞歷山卓城運送大量的穀物到羅德島，當羅德島人處於物資缺乏及飢荒，且穀物價格高漲時，若他同時知道許多商人從亞歷山卓城航行出發，且他看到朝向羅德島航行的船隻滿載著穀物，他會將此告訴羅德島人，或是保持緘默而盡量以高價出售他的穀物？我們想像他是位智者及有德之人；我們探究他的思慮及考量，他不會對羅德島人有所隱瞞，若他判斷這是可恥的事，但他會懷疑這是否是可恥的事。

（51）在這類的例子中，巴比倫的狄歐金尼斯[741]，一位偉大而且重要的斯多葛學派的哲學家，經常有某種看法，而安提帕泰爾[742]，狄歐金尼斯的學生，思慮最敏銳的人，經常有其他的看法[743]；對安提帕泰爾而言，一切都應公諸於世，如此買方才不會對賣方所知之事一無所知，但對狄歐金尼斯而言，賣方在現行民法的範圍內，應該說出商品的缺失，做其他的事不欺騙，因為他是販售者，他會盡可能高價出售商品。「我運貨來，陳列出售；我賣的貨不比別人貴，或許更便宜，當有較大量的貨品時；這對

---

741 巴比倫的狄歐金尼斯（Diogenes Babylonius）是克呂希普斯的學生，於西元前156年和學院的哲學家卡爾尼阿德斯及逍遙學派哲學家克里投勞斯一起出使羅馬。

742 參見 II, xxiv, 86。

743 關於狄歐金尼斯與安提帕泰爾的對話，西塞羅的資料是出於何處的問題，參見 A. R. Dyck: ibid. 556-560，他認為有可能出自赫卡投（Hecato，參見 XV, 63）。H. A. Holden: ibid. xxix 亦認為是出自赫卡投；J. Annas: ibid. 158-165 卻認為，這兩位哲學家思想上的衝突，完全是出自西塞羅個人的虛構。然而 M. Schofield: ibid. 164 雖認可 Annas 教授的詮釋，但他認為，不同於 Annas，這兩位斯多葛學派哲學家有可能對同一議題，有不同的立場。

誰不公平了？」

（52）安提帕泰爾的論證始於另一個面向：「你說什麼？」因為你應該關切人們的利益及為人的社群關係服務，你與生俱來這個律法而且你擁有自然的原則，你應該服從及遵循它們，所以你個人的利益是共同的利益。此外，共同的利益是你個人的利益[744]，你會對人們隱瞞在手邊所有的利益與資源嗎？狄歐金尼斯或許會這麼回答：「隱瞞是一回事，但靜默不語是另一回事[745]，我現在並未對你做任何的隱瞞，我不告訴你神的本質為何，最高的善是什麼，關於這些事的知識比知道小麥的價格對你更有助益。但我也沒有必要說，聽什麼對你有幫助。」

（53）「不，這樣較恰當，」安提帕泰爾說，「這是必要之事，若你記得人與人之間的聯繫是自然的結合。」「我知道，」狄歐金尼斯說，「但這個人際關係想必不是沒有私人財產的存在吧[746]？但若它是如此，就不應該賣任何東西，而應該是贈予。」

744　參見VI, 26。

745　狄歐金尼斯對隱瞞與靜默不語所做的區別，指出隱瞞是不道德之事，因為所隱瞞之事是別人有權聽的事；靜默不語則不然，所靜默不語之事是別人無權聽的事，就算聽到這些事對他有利，參見J. Annas: ibid. 160-161；M. Schofield: ibid. 166及224, n. 33則認為「權利」的概念，並無法成為理解狄歐金尼斯的觀點具有正當性的理由，且提議應以狄歐金尼斯回應新學院的卡爾尼阿德斯的論述（《論共和國》III, xx, 16）為脈絡，來理解前者的思想。狄歐金尼斯的回應，Schofieid教授指出有三個步驟：一、他同意卡爾尼阿德斯的主張，智者在法律範圍內買賣物品是為了自利；二、他質疑賣方的行為是隱瞞真相的說法，且不認為隱瞞真相是欺騙；三、因此賣方的行為不是不正義的（169-173）。

746　群體與個人義務之間的關係拿捏的問題，參見I, vii, 20-21；I, xvi, 58-xvii, 58；II. xxi, 72 ff.。

[XIII]在這整個論述中你注意到這句話沒被提及，「雖然這是件可恥之事，但因為它有用，我做它」，反而是，它是如此有用的事所以不會是可恥之事，但另一方面因為它是可恥之事，所以不應為之。

（54）有德之人賣房子，因為他知道房子的某些缺點，但其他人對此一無所知，這些房子可能有損健康，卻被認為有益健康，人們不知在每一間房間裡都有蛇出現，它們是以朽木建造，且處於崩塌的狀態，但除了主人外無人知悉這事；我問，若賣方不告訴買方這些狀況，且將房子以比他所想賣的價格還高出售，他的作為是否是不正義或不適切？「他真的行不義或不適切之事，」安提帕泰爾說。「允許買方倉卒購買而且由於錯誤使他遭致極大的傷害，若這不是不為迷途之人指點迷津，這在雅典會遭到公共詛咒的懲罰，還有什麼是？這甚至比不為人指路還糟，因為這是有意引人誤入歧途。」

（55）狄歐金尼斯指出相反的看法：「賣方是否強迫你買，事實上他並未鼓勵？他推銷自己不滿意的東西，你買自己滿意的東西。但若他們廣告一棟別墅品質完善而且施工良好，他們不會被認為是在欺騙人，即使這不是好別墅，也未依藍圖興建，他們更不會被認為是在騙人，若他們不誇讚這棟別墅。因為在買方個人的判斷存在的地方，有可能出現賣方的欺騙嗎？但若不是所說的每一句話都必須兌現，沒說的話，你認為必須要兌現嗎？事實上還有什麼會比這更愚蠢：賣方敘說他所賣的商品的缺點？若依屋主的要求拍賣官事先說：『我賣的房子有害健康』這是何等荒唐的事？」

（56）因此在某些不確定的事例中，一方為德行辯護，另一

方以如此的方式提及效益，以致於做看似有效益之事不僅是令人尊敬的行為，而且不做是可恥的行為。這個在有效益之事及德行之間的衝突似乎經常發生。應對這兩種看法做一決定，因為我們不是只提出問題，而要解釋所提的問題。

（57）穀物經銷商似乎不應該欺瞞羅德島人，售屋之人也不應該欺瞞買方，因為這不是欺瞞，你對任何事靜默不語，但這是欺瞞：當你知道一事，為了個人的利益你想要忽略它，但此事對買方而言有知的必要[747]。這是什麼樣的欺瞞及什麼樣的人，有誰不明瞭？他確定不是開誠佈公、坦率正直之人，也不是有德之人，他反而是避重就輕、晦暗不明、機伶巧詐、欺瞞詐騙、邪惡不軌、手段奸滑、滑頭老練及詭計多端。難道擔受所有這些及其他更多的罪惡之名不會是無效益之事嗎？

[XIV]（58）但若靜默不語應受譴責，關於那些使用虛妄之言的人應被如何看待？蓋伊烏斯·卡尼烏斯[748]，羅馬的騎士，不缺乏機智，有足夠的教養，當他為了休閒，如他經常說，而非為了商務，去西拉庫斯，他不斷地說想買一個小花園，他可邀請朋

---

747 某些評論者認為，西塞羅在此似乎誤解了狄歐金尼斯在 XII, 52 的說法：在 52 狄歐金尼斯的論點是，賣方沉默不語之事，買方「無權」要求他說，且賣方的利益不在其緘默之事中；西塞羅在此則認為，賣方因此而獲利。相關討論參見 A. R. Dyck: ibid. 564 及 J. Annas: ibid. 160-162。然而根據 V, 21 的論述，西塞羅在此可能是在指控兩位哲學家，皆未清楚地在緘默不語的例子中，區分出有些例子會使緘默者得利，但有些不會，且只有前者是欺瞞。

748 西塞羅可能是在西西里擔任財務官時聽到這則軼事，參見 P. G. Walsh: ibid. 189。蓋伊烏斯·卡尼烏斯（Gaius Canius）及隨後提及的皮提烏斯（Pythius）是西元前二世紀的人，生平不詳。

友到花園中，且在其中他可盡情享受不受干擾。當此事傳開之後，有某位在西拉庫斯從事金融交易的皮提烏斯告訴他，他其實沒有花園要出售，但允許卡尼烏斯使用花園，若他想的話，他隔一天立即邀請卡尼烏斯至花園用餐。當他同意此一邀請，皮提烏斯，由於從事金融交易他在所有階層皆受歡迎，他召集漁夫，且要求他們隔天在他的小花園前釣魚，並告訴他們他希望他們做什麼。卡尼烏斯準時赴約，皮提烏斯準備了一個奢華的宴會，在他們眼前有許多的船，每位漁夫將釣到的魚帶至他面前，魚被丟在皮提烏斯的腳前。

（59）然後卡尼烏斯說：「我要問，這是什麼，皮提烏斯，這麼多的魚？這麼多的船？」他說：「何以感到驚訝？這個地方是西拉庫斯的漁區，這裡是水源區[749]，那些漁夫不可能沒有這棟別墅。」卡尼烏斯受到欲望的驅使，要求皮提烏斯將別墅賣給他。一開始皮提烏斯不願意。我還要再多說嗎？卡尼烏斯得到了別墅。這個貪婪多金之人以皮提烏斯所要的價錢買下別墅及裝潢設備。皮提烏斯清算總價[750]，完成交易。隔天卡尼烏斯邀請親友，他自己準時到達，並未看見任何樂架。他問隔壁鄰居是否是某個漁人的節慶，他不見任何一位漁夫。鄰居說：「沒有節慶，就我所知，但他們不常在此釣魚。因此昨天我訝異發生了什麼事。」

---

749 A. R. Dyck: ibid. 566指出，「aquatio」這個字原意是「汲水」，在此脈絡下與「aqua」（水）同義，以凸顯水權與漁權的相互關聯性。

750 「nomina facere」，原意為帳本上的盈虧紀錄。但由於皮提烏斯不具羅馬公民的身分，他有可能先獲得卡尼烏斯一紙付款承諾（stipulatio），參見A. R. Dyck: ibid. 566-567。

（60）卡尼烏斯生氣，但他能怎麼辦？蓋伊烏斯・阿奎利烏斯[751]，我的同事及朋友，尚未提出關於惡意欺騙的法律準則；當他被問及在這些準則中什麼是惡意欺騙時，他回答，當一個假裝做一事，其實做的是另一件事[752]。他確實是明確扼要地說明此事，就像是位精於下定義之人的作為。因此皮提烏斯及所有人做一事，却假裝做另一件事，是背信變節、低賤卑劣及邪惡不軌之人。因此他們的所作所為不可能是有效益的，因為這一切都由於惡行的緣故而變得骯髒污穢。

[XV]（61）但若阿奎利烏斯的定義為真，佯稱假裝及矇蔽欺瞞應該從所有的生命中被移除。因此有德之人不會佯稱假裝或矇蔽欺瞞任何事情，所以他在買賣上可獲較佳的利益。

事實上這個惡意欺騙已受到法律的制裁[753]，如在十二木表法中的保護，在賴投里亞法中的青少年詐欺[754]，及在不藉助法律的審判加上「本著誠信」。此外，關於其他的案子這些句子特別突出：**以較佳及較公正的方式**判定妻子的財產，**以如在有德之人間的良善的讓渡方式**從事財產轉讓。所以怎麼會呢？「在以較佳及較公正的方式下」怎麼可能有任何欺騙的成分在其中？或當說

---

751 蓋伊烏斯・阿奎利烏斯（Gaius Aquilius，C 1 BC），於西元前66年擔任地方行政官，卸下公職後對羅馬的訴訟規範改革頗有貢獻。

752 相同的描述，參見《論神的本質》III, xxx, 74。

753 指在阿奎利烏斯之前發生的案例。

754 這是在羅馬中第一次立法懲罰欺騙年齡在25歲以下的年青人者，立法時間是西元前192年。然而Miller的版本是「lege Plaetoria」，而非OCT的「lege Laetoria」，根據前者的讀法，立法時間約在西元前200年（OCD 851）。

「如在有德之人間的良善的讓渡」，怎麼可能以欺騙或狡詐的方式做任何事？此外，惡意欺騙，如阿奎利烏斯所言，是包含在佯裝之中。因此一切的謊言都應該從合約中被剔除。賣方不可指定假的買方，買方也不可指定人出價與自己競爭[755]。若買方與賣方來出價，各自出價不多於一次。

（62）其實當昆圖斯·史凱渥拉[756]，普博利烏斯之子，要求農場的價錢要向他，農場的買主，一次提出，且賣方也如此辦理，但史凱渥拉說他自己估的價更高，他遂多付了一萬羅馬幣，沒有人會否認這是有德之人的作為；人們否認這是智者的作為，就像他盡可能地以低價賣出。因此這是有害的觀點，人們將有德之人視為不同於智者。出於這個有害的觀點，艾尼烏斯說，智者有智慧是枉然的，若他無法帶著自己利益[757]。這其實是正確的說法，只要我與艾尼烏斯同意什麼是有利。

（63）我經常思考羅德島的赫卡投[758]，帕奈提烏斯的學生，在他寫給昆圖斯·圖貝羅[759]關於義務的書中說，智者的作為不會違背法律、風俗及傳統，在思考個人的家產時，因為我們不僅希望自己富裕，也希望孩子們、親戚、朋友、特別是國家富裕。事實

---

755 亦即買方不可請人出低價，以利自己競價。

756 參見I, xxxii, 116及II, xvi, 57。

757 出於艾尼烏斯《梅蒂亞》（*Medea*）。

758 西元前二世紀斯多葛學派哲學家，他在倫理學上的著作皆已失佚。

759 昆圖斯·圖貝羅（Quintus Aelius Tubero，C 1 BC），小西塞羅的友人，在彭沛烏斯與凱撒的內戰中他支持前者，但戰後獲得後者的原諒。他著有《羅馬史》及幾部法律著作，這些作品現皆已失佚。關於個人的財富是與人為善的資源而且如此的作為可維繫社群，參見I, vii, 22及xxvi, 92。

上個人的資源及財富是國家的財富[760]。史凱渥拉的作為，我之前所提，一點都無法令赫卡投滿意；因為他完全否認自己為了省錢將做非法的事[761]。他不應被賦予極佳的美讚與感謝。

（64）回到主題[762]，若伴稱假裝及矇蔽欺瞞是惡意欺騙，很少有不出現惡意欺騙的情況，若有德之人是能夠與人助益，不傷害他人，我們真的不容易發現這位有德之人。因此為惡永遠不會是有效益之事，因為它總是醜陋可恥之事，更甚者，因為身為有德之人一直是值得尊敬及有效益之事。

[XVI]（65）關於不可侵犯的不動產所有權，我們的民法是：在出售不動產時要陳述賣方知曉的缺陷。然而根據十二木表法以言語表示這點缺陷要被充分地執行，否認缺陷之人要承擔雙重的處罰，根據法律的要求，對缺陷緘默也構成處罰。任何在不動產的缺陷，若賣方知道，若沒有逐一陳述，他們規定這一定要被執行。

（66）例如，當占卜師將於碉堡上求取預言，且要求提圖

760「facultates」（資源）亦可譯為能力；這句話似乎是針對個人經濟活動能力而論，一個人的經濟活動力愈強，累積愈多財富，對國家長久的利益愈佳，參見 M. Schofield: ibid. 175 的論述。

761 所以在合法的範圍內，赫卡投會盡量為自己省錢；J. Annas: ibid. 171 認為，西塞羅本人並沒有看清楚，史凱渥拉的例子是關於道德義務（moral duty），但赫卡投的例子是關於法律義務（legal obligation），這兩種義務雖不同，可是後者不完全涵蓋前者，故赫卡投會贊許史凱渥拉的行為，因為那是合乎道德的行為（參見 V, 21）。

762 關於「sed」的譯文是根據 H. A. Holden: ibid. 397 的詮釋。

斯·克勞迪烏斯·坎圖瑪路斯[763]，他在凱利烏斯山上擁有一些建物，摧毀建物的某些部分，因為它們的高度阻礙對預言的觀察，克勞迪烏斯廣告出售〔出售〕[764]那一部分的房子[765]。普博利烏斯·卡普爾尼烏斯·拉納里烏斯[766]買了房子。因此當房子被摧毀時，卡普爾尼烏斯知道克勞迪烏斯在占卜師要求房子被摧毀之後廣告售屋，他強迫克勞迪烏斯去見仲裁官，**他應本著誠信給他及為他做什麼事**。馬庫斯·卡投[767]，這位是我們的卡投的父親（因為其他人是依父親之名被稱呼，他生出一盞明燈，在此情況下他須依兒子的名字來稱呼）的判決是：那裁判官宣布，當出售那部分房子時他已知房子會被摧毀，卻未告知，他應該負擔買方的損失。

（67）因此他判定，賣方讓買方知道他已知的缺陷是屬於誠信之事。但若他的判決是對的，那穀商就是錯的，賣方以不正當的方式對有害健康的建物緘默不語。

然而靜默不語的事例無法被包含在民法中[768]，儘管如此它們可以勤勉的方式受到限制。馬庫斯·馬里烏斯·葛拉提迪亞奴

763　提圖斯·克勞迪烏斯·坎圖瑪路斯（Titus Claudius Centumalus）為凱利烏斯山的住戶。

764　OCT 的版本將「vendidit」（出售）省略。

765　占卜師取得預言的地方是「augurale」。

766　普博利烏斯·卡普爾尼烏斯·拉納里烏斯（Publius Calpurius Lanarius）為凱利烏斯山的住戶。

767　馬庫斯·卡投（Marcus Porcius Cato）是烏提卡的卡投（Marcus Porcius Cato of Utica，95-46 BC），即小卡投，的父親，因此是監察官卡投的孫子。

768　西塞羅意謂，傳統上法學家或法官們並未將對所出售的商品的缺點靜默不語，視為有違法律的行為。

斯[769]，我們的親戚，把房子賣給蓋伊烏斯·塞爾吉烏斯·歐拉塔[770]，這棟房子是他幾年前向歐拉塔購買的〔賣給塞爾吉烏斯的〕房子的所有權屬於其他人，但馬里烏斯並未向買者說。這個案子被提到法庭上；克拉蘇斯[771]為歐拉塔辯護，安東尼烏斯[772]為葛拉提迪亞奴斯辯護。克拉蘇斯強調法律：賣方有意不說出缺陷，他必須為此負責，安東尼烏斯強調公平：因為塞爾吉烏斯並非不知此缺陷，他曾賣過這棟房子，沒有任何必要提的事，他也沒受騙，他知道他所買的房子的所有權的狀態。說這些事的目的為何？為了讓你了解，狡詐之人不會討好我們的祖先。

[XVII]（68）法律以一種方式廢止狡詐，哲學家以另一種方式為之：法律僅可能以強制力抑止，哲學家盡可能以理智與明辨防止狡詐行為。此外，理智主張此事，勿以陰險的方式行事，勿以欺騙的方式行事及勿以詭詐的方式行事[773]。因此設陷阱是陰險狡詐之事嗎，即使你不驅趕也不捕捉獵物？事實上那些野獸不藉由追趕經常掉入陷阱。以如此的方式你廣告出售房子，你所刊登的告示就像是陷阱〔你為了陷阱的緣故賣房子〕有任何不謹慎之人誤入其中嗎？

---

769 馬庫斯·馬里烏斯·葛拉提迪亞奴斯（Marcus Marius Gratidianus，卒於82 BC），分別於西元前85年及西元前84年任地方行政官。

770 蓋伊烏斯·塞爾吉烏斯·歐拉塔（Gaius Sergius Slius Orata），於西元前97年任地方行政官。

771 參見 I, xxx, 108。

772 參見 II, xiv, 49。

773 這個主張是從 V, 23 產生的必然結果。

（69）雖然我看清此事，因為傳統的淪喪，不被視為可恥的行為，也不受到法律及民法的制裁，但它受到自然法的制裁，因為人際關係（雖然經常提及此事，但必須更頻繁地提起）是以最寬廣的方式存在，它對所有的人開放，同族之人親近，同國之人更親近。因此先祖們希望國際法與民法不同，因為民法不必然是國際法，但國際法必然是民法。但我們不具備與真正的法律及實質的正義有關的堅定且明確的塑像，我們使用的是它們的輪廓及影像[774]。但願我們能遵循這些輪廓及影像！因為它們是引自於最佳的自然及最真實的事例[775]。

（70）這個表述是多麼令人尊崇：**或許由於你及信賴你，我不會受騙上當！**這個表述是何等的貴重：**在有德之人中應誠信行事，沒有欺騙！**但誰是有德之人及什麼事要誠信而為是個重要的問題。昆圖斯・史凱渥拉[776]，最高祭司，說過在一切的判斷上有著一最強大的力量，在這些判斷上可附上**出於誠信**，且誠信之名擴及甚廣，它涉入保管監護、結盟、信託、買賣及借貸租賃中，社群生活被這些事所涵蓋；這些事需要一有能力的仲裁者來仲裁判斷，特別是當出現許多相互控告的事例時[777]，某人應該做什麼

---

774 西塞羅在此或許使用柏拉圖《理想國篇》卷七中的洞穴喻。這再次透顯，西塞羅在文中關切的不是完美的智者之生活方式，而是一般有德者的生活方式。

775 E. M. Atkins: ibid. 500認為，西塞羅不僅視成文法與自然法不同，而且他個人在政治與哲學研究的經驗使他認為，對羅馬傳統的成文法做小幅度的修改，將使它具有普遍及永久的適用性。

776 參見 I, xxxii, 116 及 III, xv, 62。

777 「iudicia contraria」在此不是指意見或判斷上的對反，而是指在法庭上兩造雙方相互指控，而出現告訴人成為被告人及被告人成為告訴人的情形，參見 H. A. Holden: ibid. 403 及 A. R. Dyck: ibid. 584。

以示負責。

（71）因此必須移除狡詐及蓄意欺騙的行為，它希望自己被視為是明智，但它與明智有極大的差距及不同[778]，因為明智是被置於善與惡的事物的選擇，但蓄意欺騙，若所有醜陋可恥之事皆為惡的話，視惡行優先於善行。事實上在不動產的事情上從自然而出的民法[779]不僅會懲罰蓄意欺騙及詐欺，而且在奴隸的販售上要排除每一位賣家的詐欺。賣方應該知道奴隸的健康、逃脫及偷竊等事，他有此責任依照市政官的命令（關於繼承而來的奴隸是另一回事）[780]。

（72）從此可了解，因為自然是法律的根本[781]，法律遵循自然，沒有人的作為可從他人的無知中獲利。不可能發現比在蓄意欺騙中喬裝明智對生命的破壞更大，從蓄意欺騙中產生無數的事例，有效益之事似乎與有德之事衝突。事實上少有人被發現能抑制為惡，當不受懲罰及不為人知的條件被提出時。

[XVIII]（73）讓我們在這些例子中來測試這個看法的正確性，若你同意的話，在這些例子中大部分的人或許不認為有錯，因為在此議題上所要討論的不是謀殺者、毒害者、偽造遺書者、

---

778 《論神的本質》III, xxx, 75 將蓄意欺騙（militia）定義為詭詐及欺瞞的傷害計畫（versuta et fallax ratio nocendi）。

779 亞里斯多德認為城邦的律法不是全然出於自然，參見《尼科馬哥倫理學》1134b18-24。

780 奴隸在羅馬法中屬於不動產的一項，在房子的買賣上包括奴隸，因此剛繼承家產的人若要出售房子，不一定要為家中奴隸的缺點負責。

781 正義的本質是在人性之中，參見《論法律》I, v, 16-17。

小偷及侵吞公款者，他們不應該以哲學家的話語及論辯，而應以枷鎖及牢獄來壓制，但讓我們思考這些被認為是有德之人所做的事。

有某些人從希臘將陸奇烏斯・米奴奇烏斯・巴希路斯[782]，一位富有之人的偽造的遺囑帶至羅馬。他們為了更容易地保有這份遺囑，指定馬庫斯・克拉蘇斯[783]及昆圖斯・歐爾天希烏斯[784]為共同繼承人，在同期他們是最有權勢的人。他們懷疑這是份偽造的遺囑，但他們並未發覺自己有任何惡行，遂未拒絕這出於怪異行徑的小禮物。然後呢？這真的足以讓他們看來沒有為惡嗎？其實我不認為，雖然我愛其中一位[785]，當他在世時，但我不討厭另外一位，如今他已過世。

（74）回到主題，當巴希路斯希望他姊妹的兒子馬庫斯・薩特里烏斯[786]採用他的名字，並立他為繼承人（我說的這位薩特里烏斯是皮克奴及沙賓土地的保護主；這個名字在當時是可恥的標

782 陸奇烏斯・米奴奇烏斯・巴希路斯（Lucius Minucius Basilus），關於此為何人的爭議，參見 A. R. Dyck: ibid. 587-588。若此人是西塞羅於《反對維瑞斯》II, ii, 115 提及的那位米奴奇烏斯，那克拉蘇斯與歐爾天希烏斯分別於西元前70年及西元前69年任執政官，那米奴奇烏斯的死應早於西元前70年，但維瑞斯的案子是發生在西元前70年，因此這裡的米奴奇烏斯與《反對維瑞斯》中的那位，應非同一位。

783 參見 I, viii, 25。

784 參見 II, xvi, 57。

785 歐爾天希烏斯。

786 馬庫斯・薩特里烏斯（Marcus Satrius）。西塞羅在《菲利皮凱》第二篇，指責他是安東尼的同謀。

誌[787]），優秀出色的公民擁有他的家產是不正義之事，但薩特里烏斯有的只是名字而已也是不義之事。事實上若有人不防止不義之事，也不將其從親友處驅離，當他有能力時，他是行不義之事。如我在第一卷中的討論[788]，有人不僅不驅走不義，反而協助不義，他應該被視為是什麼樣的人？我其實認為他們不僅不是真正的，也不是值得尊敬的繼承人，若他們的繼承身分是以蓄意欺瞞、巴結奉承，且不是以真正的真誠而是虛假的關注所獲得的。

　　儘管如此，在這些事例中有效益之事經常被視為不同於德行。錯，因為效益與德行的標準一致。

　　（75）無法分辨此事的人，欺騙及惡行不會遠離他，因為他是這麼思考：「你所言值得尊敬，但這才是真正的利益所在」，他敢於以錯誤的方式拆散被自然所結合的事，這是欺瞞、犯罪及一切惡行的源頭。

　　[XIX]因此若有德之人有這種能力，他手指一彈就能將自己的名字都偷列在富有之人的遺囑之中，他不應該使用這個能力，即使他有保證沒有人會懷疑[789]。但若你賦予馬庫斯・克拉蘇斯這個能力，彈指之間他能被列為繼承人，雖然他不是真正的繼承人，相信我，他會在廣場上手舞足蹈。然而正義之士及我們認為

---

787 關於「notam temporum nomen illorum」的爭議，參見 A. R. Dyck: ibid. 590-591；H. A. Holden: ibid. 406 認為「illorum temporum」不應是指羅馬君主制時期，而是指「temporum horum」（在當時），即薩特里烏斯當保護主時。OCT 的版本以匕首符號表示對這句話的懷疑。

788 參見 I, vii, 23。

789 這是建立在 XI, 38-39 的例子上。

有道德品質的人，不會拿走任何人的東西，並將之轉移至自己名下。對此感到驚訝之人，顯示自己不知道什麼是有德之人。

（76）但若有人想展開包裹在他心中的有德之人的觀念[790]，他應立即教導自己，有德之人是盡可能予人助益之人，不傷害任何人，除非他被不當地攻擊。然後呢？他以某種魔力完成將真正的繼承人移除，自己替代他們的位置，在這事上他沒傷害任何人嗎？他說：「所以他不該做有效益及有好處的事嗎？」不，你應知道沒有任何有利及有用之事是不義之事。沒有學習此事的人，不可能是有德之人。

（77）我小時候從我父親那兒聽過〈蓋伊烏斯〉芬博里亞[791]，曾任執政官，擔任馬庫斯·陸塔提烏斯·品提亞[792]的法官，此人是羅馬的騎士，極為有德之士，他提供保證金，若他不是有德之人，可沒收保證金[793]。因此芬博里亞告訴他，他不會審判這個案子，所以他不會剝奪正直之人的名聲，若他給予不利的判決，或他不會被視為決定某人是有德之人，當身為有德之人[794]是由無數

---

790 《學院思想》II, vii, 21有言，若人不具有與事物相關的觀念（notitia），我們將無法理解，探究及討論任何事。《論題》VII, 31指出希臘人稱觀念（notion）為「*ennoia*」（觀念）及「*prolēpsis*」（預先觀念），它是出於先前對一物感官知覺的存在於理智中的知識（cognition），需要被展開。

791 芬博里亞（Gaius Flarius Fimbria，C 1 BC早期），於西元前104年任執政官時與馬里烏斯（G. Marius）是同事，在蘇拉與馬里烏斯的戰爭中（西元前87年）他支持後者。

792 馬庫斯·陸塔提烏斯·品提亞（Marcus Lutatius Pinthia，C 1 BC），生平不詳。

793 「sponsio」這個字原意為法庭上保證，若打輸官司會對贏得官司之人提出賠償。

794 「ea res」是指前面的「virum bonum」（有德之人的特質）。

的義務履行及值得讚美的行為所組成。如此有德之人連芬博里亞都知道，更遑論蘇格拉底[795]，絕不可能會認為任何有效益之事是無德之事。因此這樣的人絕不敢做，甚至不敢想任何他不敢讚美的事。

哲學家懷疑甚至鄉下人都不會懷疑的事，這不可恥嗎？現在陳腐的老俗諺是出於這些鄉下人，因為當他們稱讚某人的忠誠及良善時，他們說值得與此人在樹蔭下玩猜指頭數的遊戲[796]。這件事如何有其他的意涵，除了沒有任何有利之事是不適切合宜之事，就算你能在沒有責難的情況下擁有這個利益？

（78）在這個俗諺中你是否看到，不可能原諒那位吉格斯[797]，也不可能原諒我不久前所想像的那個能夠在彈指之間將所有人的繼承權搜括殆盡的人？因為可恥之事，就算是被掩飾，也絕不可能成為令人尊敬之事，如此它不是有德之事，有效益之事是不可能以違背對反於自然的方式完成。

[XX]（79）「但據說[798]，重大的報價是為惡的原因。」蓋伊烏斯·馬里烏斯[799]，由於他當上執政官的希望不大，在擔任地方

795 西塞羅在此言及的蘇格拉底是色諾芬筆下的蘇格拉底，抑或是柏拉圖筆下的？參照 II, xii, 43，西塞羅引用的應是前者。

796 「micare」是羅馬的一種遊戲，通常由兩個人進行，在舉手之間由一方猜另一方伸出幾根手指，這個遊戲在義大利稱之為「la morra」，在法國稱之為「la mourre」，參見 H. A. Holden: ibid. 410。

797 參見 IX, 38。

798 「At enim」的譯文是根據 H. A. Holden: ibid. 410 的詮釋。

799 蓋伊烏斯·馬里烏斯（Gaius Marius，約 157-80 BC），於西元前 123 年擔任財務官，西元前 119 年任護民官，西元前 115 年任地方行政官。

行政官職後第七年依然事況不明，他似乎不會追求執政官職，是
昆圖斯・梅特路斯[800]，最優秀的人及公民，的副手，他被梅特路
斯，依他的命令，派遣至羅馬，馬里烏斯在羅馬人面前指控梅特
路斯拖延戰事。若他們讓他擔任執政官的話，在短時間內他會將
伊烏鼓爾塔[801]，或生或死，帶回到羅馬人民的統治之下[802]。他真的
因此成為執政官，但他背離了誠信與正義，因為他以虛假的指控
使最優秀及最重要的公民受人厭惡，他是此人的副手而且受他的
派遣。

（80）甚至我們的葛拉提迪亞奴斯也未履行有德之人的義
務，當他任地方行政官時，護民官們曾召集地方行政官聚會商
議，以確立對貨幣金融的共通看法，因為在當時貨幣有如此的波
動，以至於沒有人能知道它的價值。他們共同起草帶著懲罰及判
刑的敕令，且決定在中午過後所有人一起登上廣場上的演說台。
當其他人四方離場時，馬里烏斯[803]直接從座位上走上台，獨自宣
布這是共同起草的敕令。這件事，若你問我，對他是極大的榮
耀：在大街小巷中他的塑像前都焚香燒燭。還要多說嗎？沒有人
更受群眾的愛戴。

---

800 昆圖斯・梅特路斯（Quintus Caecilius Metellus，卒於91 BC），又名奴米迪
　　庫斯（Numidicus），他於西元前109年任執政官時發動戰爭討伐奴米迪亞的
　　伊烏鼓爾塔。

801 伊烏鼓爾塔（Iugurtha，約150-104 BC），奴米迪亞的國王，馬里烏斯及梅
　　特路斯皆無法在與奴米迪亞的戰事上獲得決定性的勝利，直到西元前105年
　　蘇拉策反伊烏鼓爾塔的岳父交出伊烏鼓爾塔，並將他斬首示眾，才結束此一
　　戰事。

802 相同的故事，參見 Plut. Mar. VIII, 9。

803 這位馬里烏斯即馬里烏斯・葛拉提迪亞奴斯（參見XVI, 67），西塞羅的親戚。

（81）這些事例有時候在思慮中造成干擾，當公平在不是那麼重要的事情上遭到侵犯，但它所產生的結果似乎非常嚴重，對馬里烏斯而言搶在同事及護民官前獲取群眾的感謝，不是件可恥之事，因為這件事似乎對他成為執政官非常有助益，成為執政官是他的前提。但在所有的事情上有一規劃，我希望你熟知它：看似有用之事不會是可恥的，或若是可恥之事看來不會是有用的。然後呢？我們能判斷那位馬里烏斯[804]或這位馬里烏斯是有德之人嗎？打開並且檢視你的理性，所以你可在它之中看到有德之人的〔樣貌〕形狀[805]及觀念。因此在有德之人的特質中有著為了個人利益說謊，指控、搶人光彩及欺騙嗎？

（82）當然沒有。是否有如此重要或有利的事一定要追求，所以你可以丟卻有德之人的高尚名聲？那個稱之為效益的事能帶來什麼重要的事，它可帶走等值的東西，若它剝奪有德之人的名聲，移除誠信及正義？〔因為從人轉變成野獸的人，或以人的形貌展現野獸的野蠻殘酷，這兩個有何不同的[806]？〕

804　蓋伊烏斯・馬里烏斯（XX, 79）。

805　H. A. Holden: ibid. 413 認為很難決定是要省略「species」或「forma」；OCT 及 Miller 的版本是省略「species」；A. R. Dyck: ibid. 600 認為應該省略「forma」。關於「打開或檢視你的理性」的表述，或許是援引柏拉圖《饗宴篇》216d-e。其中艾爾奇比亞德斯將蘇格拉底比喻為長得像半人半獸的希雷奴斯（Silenus），但掀開其外表，內在卻充滿節制。

806　這應是後人的竄插，因為無論是在此或在文本的任何一處，皆無法妥適安置這句話，參見 A. R. Dyck: ibid. 601-602；Miller 的版本接受這句話在此的正當性。

[XXI]對此你會有何回應？那些忽視一切正當而且有德之事的人，只要他們能夠追求權勢，他們不會做一樣的事嗎：有人也希望擁有一位岳父，藉由岳父的放肆傲慢，他可具有權勢[807]？他認為別人的不受歡迎可以是非常有用的事；他不理解這在國家中是多麼不正義，及多麼可恥之事。此外，這位岳父經常將出於《菲尼基的女人》[808]的希臘詩句掛在嘴上，我盡可能說出這些詩句，或許有些雜亂，儘管如此事情是可以被理解的：

> 若正義必須被冒犯，為了統治的緣故
> 它必須被冒犯；在其他事上你屬行虔敬。

艾特歐克雷斯該死[809]，或更恰當地說是尤里皮德斯，他使得一件最惡劣之事成為例外。

（83）那麼我們為什麼思考那些小奸小惡之事，財產繼承及買賣上的欺詐之事？看你有這個人，他渴望成為羅馬人的國王[810]，及所有民族的統治者，且他完成了此事。若有人說這是個令人敬佩的欲望，他瘋了，因為他贊成法律及自由的死亡，且認

---

807 在西元前60年凱撒、克拉蘇斯及彭沛烏斯形成三人執政後，凱撒於西元前59年任執政官，並將女兒茉莉雅（Julia）嫁給彭沛烏斯，強化他們之間的政治結盟。與 I, xxii, 78；II, vi, 20 及 xiii, 15 比較，西塞羅在此對彭沛烏斯的觀感出現明顯的轉變。

808 希臘悲劇詩人尤里皮德斯的劇作。

809 艾特歐克雷斯（Eteocles）及波利尼克（Polynice）是伊底帕斯王的兒子，在伊底帕斯自我放逐之後，他們同意依序統治塞貝斯，但艾特歐克雷斯在統治期結束後並未將統治權轉移給弟弟波利尼克，遂引發兄弟鬩牆，雙雙喪命。

810「rex」（國王）；凱撒從未自稱羅馬人的國王。

為以不忍卒賭及令人厭惡的方式壓制它們是件光榮之事[811]。有人承認在自由而且應該是自由的國家中成為國王是缺德之事，但對他而言成為國王是有效益之事，我試著藉由什麼樣的指責，或更恰當地說，什麼樣的抗議，將他從如此嚴重的歧途中帶開？不朽的神祇，以最卑鄙下流及最不忍卒賭的方式背叛國家，對任何人而言會是件有效益的事嗎？雖然有人發誓做這種事，被他所壓迫的公民稱他為父親[812]。因此效益必須以有德的方式來規範，且事實上以此方式這兩個看似不同的字，似乎有相同的意義。

（84）根據眾人的意見我無法明確地說，什麼事能夠比統治的利益更大，反而我發現對以不正當的方式獲得統治權力之人而言，沒有更無益之事，當我開始將思慮應用在真理的標準上，因為焦慮、擔憂、日以繼夜的害怕及生命中充滿了陷阱與危險，對任何人而言是有利的嗎？

> 在王國中多是不正義及不誠信之人，少是友善之人。

阿奇烏斯說[813]。但在什麼樣的王國中？是由坦塔路斯及培婁普斯[814]所流傳下來，並以合法方式獲得的王國。你認為這位國

---

811 這句話呼應了 II, vii, 24 反對專制獨裁之主張。

812 凱撒在穆達戰役後（西元前45年）被稱為國父。

813 阿奇烏斯（Lucius Accius，約 170-90 BC），羅馬悲劇詩人，西塞羅與他熟識，且欽佩他的作品。這句話的出處不確定，參見 A. R. Dyck: ibid. 606。

814 坦塔路斯（Tantalus）為宙斯之子，首位享有與諸神同桌共餐權利的人類，但因將桌上的瓊漿玉液、美食佳餚偷走，分送給人類；或有一說，因他將兒子培婁普斯（Pelops）烹煮，以測試諸神食用時能否辨識出，這是被禁止的

王[815]有多少敵人與朋友，他以羅馬人的軍隊壓制羅馬民眾，他強迫國家——不僅是自由而且是統馭各族——為他服務？

（85）你認為此人在他心中的道德感內有著羞恥及傷害嗎？此外，有誰的生命是有效益的，當他的生命是在此狀態中[816]，任何剝奪他的生命的人將來都會獲得極大的感激與享有極大的榮耀？但若看來極為有效益之事不是真的有效益，因為它們充滿了罪惡及可恥之事，我們應該充分地相信，沒有任何有效益之事不是有德之事。

[XXII]（86）雖然在許多其他的事例上經常有此判斷，但在與皮魯斯的戰爭時，蓋伊烏斯・法博里奇烏斯[817]，當他二任執政官及我們的元老院也做了此一判斷。由於當皮魯斯自行對羅馬民眾發動戰爭，且權力鬥爭伴隨著這位高貴有才幹的國王，他的一位叛將來到法博里奇烏斯的陣營而且向他保證，若法博里奇烏斯提供賞金的話，他，如他祕密地來，以相同的方式祕密地回到皮魯斯的陣營，並將他毒殺。法博里奇烏斯費心將此人帶回給皮魯斯，且他的作為也受到元老院的讚賞。但若我們追求的效益樣貌及看法，一位叛將摧毀了那場重要的戰役及我們王國的最強大的

（續）————

食物，而受到永恆的懲罰。他的名字即指出其所受的懲罰，站在池水中，口渴欲喝水時，池水立即退卻；他眼前懸掛著水果，每當伸手拿取，便立刻移開。他是希皮路斯（Sipylus）傳說中的國王。培婁普斯是阿特瑞烏斯（Atreus）的父親，後者是阿加曼農的父親。

815　凱撒。

816　專制者的靈魂不安，或許是受柏拉圖《理想國篇》577d12-e2的影響。

817　參見I, xiii, 40。

敵人，但這與皮魯斯在榮耀的競爭上是極大的罪惡與恥辱，因為他不是被勇氣，而是被惡行所征服。

（87）因此，對法博里奇烏斯而言，他在這個城市就像亞里斯提德斯在雅典[818]，或對我們的元老院而言，它從未將效益與價值分開，是要以武器，或是以毒藥與敵人作戰？若為了榮耀的緣故必須追求統治權，或許不會有惡行，榮耀不可能在惡行中；若以任何手段追求權力，伴隨惡名的權力不可能是有效益。

因此，陸奇烏斯‧菲利普斯[819]，昆圖斯之子的看法是不具效益——陸奇烏斯‧蘇拉[820]，在接受賄款後，依據元老院的建議免除一些國家的稅賦[821]——這些國家要再次繳稅，且我們不要將它們為了免稅所花的錢還給它們。若元老院同意的話，這是國家的羞恥啊！因為海盜們的誠信都比元老院好。「但，或可說，稅賦增加，因此是有效益之事。」為了什麼理由人們敢持續不斷地說，任何有益之事不是有德之事？

（88）此外，對任何權力而言，權力應該以榮耀及社群中的善意來維繫，仇恨與污名可能是有效益之事嗎？我甚至經常與我的卡投[822]看法不一，我堅定地認為他過於護衛財稅[823]，拒絕一切

818　參見III, iv, 16及xi, 49。

819　參見I, xxx, 108；II, xvii, 59及xxi, 73。

820　參見I, xiv, 43及II, viii, 27。

821　這是發生在第一次米特里達特斯戰爭後（西元前85年）。

822　小卡投，參見I, xxx, 108及III, xvi, 66。儘管西塞羅十分欽佩敬重小卡投的為人，但在西元前61年下半年的貴族與騎士階級的紛爭中，小卡投並未起身為兩方的團結發聲，使得西塞羅認為小卡投的嚴厲對維繫共和體制並無實質助益，參見T. N. Mitchell: ibid. 90的討論。

823　西塞羅指的是小卡投在西元前61年對亞洲的民族要求降稅一事，因為他們

來自租稅承包人及盟邦的事務，當我們應該對後者慷慨，當我們應該以如此的方式對待前者，就像我們以慣有的方式對待佃農，更甚者，社會階級之間的聯繫是關係國家安全。庫里歐[824]所言差矣，當他說特蘭詩帕達奴斯人[825]的理由是正當的，此外，他總是加上「效益勝利」。對他而言，指明那不是正當的理由，因為它不是有利於國家，會比主張那是正當原因，却同時說它是沒有效益來得好。

[XXIII]（89）赫卡投[826]《論義務》的六卷書中充滿了這類的探討：在穀價高漲之時不供應家中奴隸飲食是有德之人的作風。他從正反兩面來討論，儘管如此他最後對義務的規範，如他認為，與其說是以人性為標準，不如說是以效益為標準。他提問，若在海難中拋棄船上物品是必須做的事，他寧願拋棄昂貴的馬或廉價的年輕奴隸。在這個事例上，一方面是家產要求他，一方面是人性要求他。「若愚蠢之人從船隻殘骸中抓住一塊船板，智者會搶奪這塊船板嗎，若他有能力的話？」他說不，因為這是不義之事。「還有呢？船的主人會搶奪這塊屬於他的船板嗎？」「一點都不會，他也不會想將行船人從船上丟入海中，因為船是他的。因為直到船隻到達目的，船是屬於行船人而不是主人。」

（續）————
　　認為被課過重的稅，沒有善意的回應，參見《給阿提庫斯的信》I, 17, 9；I, 18, 7；II, 1, 8。
824 參見II, vii, 59。
825 特蘭詩帕達奴斯人居住在義大利西北部的波河以北，庫里歐欲將其納為羅馬公民，之後內戰期間，這個民族是凱撒最忠實的擁護者。
826 參見XV, 63。

（90）「再來呢？若有一塊船板，兩位船難遇難者，兩位皆為智者，他會為自己抓住船板，或一方會讓給另一方[827]？」「沒錯，會讓給對方，若其中一位，因為個人或國家的緣故，活著有重大的意義。」「但若兩位活著的理由相當呢？」「將不會有競爭，就好像是在抽籤或猜手指頭數[828]中被擊敗，一方禮讓另一方。」「再來呢？若父親偷竊神廟，挖通往金庫的地下通道，兒子要向主事者通風報信嗎[829]？」「這真是可恥的事，他反而要為父親辯護，若他被起訴的話。」「因此國家並沒有在一切義務之上嗎？」「當然不是，有事父以孝的公民是有利於國家。」「還有呢？若父親企圖成為暴君，背叛國家，兒子要保持沉默嗎？」「當然不，他要懇求父親，所以他不會做此事。若他沒有任何進展，他會指責父親，甚至威脅他。最後，若他看到國家的權力面臨毀滅，他會置國家安全在父親安全之前。」

（91）赫卡投也提問，若智者一時失察將偽鈔當真鈔，當他知道此事時，他會將它們當真鈔付出，若他欠某人錢的話。狄歐金尼斯說會；安提帕泰爾說不會，我較同意安提帕泰爾。有人明知賣走了味的酒，他應該說明。狄歐金尼斯認為沒必要說明，但安提帕泰爾認為這是有德之人的作為。這些看法好像是斯多葛學派哲學家們的具爭議的法律觀點。在奴隸販售上缺陷一定要說明，我說的不是那些缺陷，除非你說明，否則根據民法賣方要收

---

827 M. W. Blundell: 1990, 231 認為，由於智者們從整體的觀點，即理性自然自身的觀點，思考此情況，因此他們的評斷不會相互衝突，因為皆與自然相符。

828 「micando」，參見 XIX, 77。

829 類似的例子，參見柏拉圖《尤希弗若篇》(*The Euthyphro*)，但柏拉圖在對話錄中並未解決這個倫理兩難的問題。

回奴隸，而是這些事，賣方是說謊者、賭徒、小偷及醉漢。有些斯多葛學派哲學家認為應該說明缺陷，有些不認為。

（92）若有人認為他販售銅，當他販售的是黃金，有德之人會告知他這是黃金，或者他以一個銀幣的價錢買值一千個銀幣的東西？如今我的看法及我稱之為在哲學家之間具爭議的事皆清晰明瞭。

[XXIV] 一定要一直履行合約及承諾，如地方行政官經常的作為，**不以暴力，也不以故意詐騙為之**。若有人給某人治水腫的藥，且規定，若藉由此藥他恢復健康，之後他不再使用此藥，若藉由此藥他恢復健康，但若干年之後又病發，他沒有獲得那個與他訂約的人的同意，他可再次使用那帖藥，該怎麼辦。因為他會是缺乏人性，若他不同意，且他不會受任何的傷害，當病患考量的是生命與健康時。

（93）再來呢？若有人要求智者讓他將其列為繼承人，當依據遺囑他會留給智者一千羅馬幣，條件是智者在獲得遺產前要在光天化日之下公開在廣場上跳舞[830]，且要承認會履行此一條件，否則他將不會將智者列為他的繼承人，智者是否會履行他的承諾？我希望他沒有許下承諾，我認為這事關他的尊嚴；由於他已許下承諾，若他認為在廣場上跳舞是件可恥的事，若他沒有從遺產中拿任何東西比若他拿了任何東西，會使他在說謊欺騙的行為上更適切些[831]，除非或許在某些重要時刻他將錢轉給國家，因為

---

830 在廣場上跳舞不是有德者的行徑，參見XVIII。
831 即不履行在廣場上跳舞的承諾。

這將是為國家的利益考量，所以跳舞不會是件可恥之事。

[XXV]（94）事實上不應該履行那些承諾，你對人們所許下的承諾對他們無益。太陽告訴他的兒子法同[832]，讓我們回到神話，他會做任何他想要的事。法同想被帶到父親的馬車上；他被帶上馬車，在他停車之前他被雷擊燒成灰燼。在這件事上不履行父親的承諾會是多麼地好啊！還有呢？塞修斯要履行對海神內普圖奴斯的承諾嗎？因為內普圖奴斯曾給他三個願望，他希望兒子希波呂投斯死，因為他被父親懷疑與繼母之間有不當的行為；在完成此一心願後，塞修斯處於極度的悲傷中[833]。

（95）還有呢？由於阿加曼農敗倒在笛雅娜的裙下，因為那年在他的王國中她生得最美，他犧牲了女兒伊菲潔妮雅，在那一年無物生得比笛雅娜更美麗，與其涉入如此可怕的罪行，他不如不要履行這個承諾[834]。

因此有時候不應該履行承諾，不是受人寄託的事物總是應歸還。若有人在神志清明之時委託給你一把刀，在瘋狂時要回，還刀是件錯誤的行為，不還是義務[835]。然後呢？若有人寄放錢在你那兒，他對國家興戰，你要還他所寄放的錢嗎？我相信是不，因為你的作為違背國家，它應該是最受愛戴。所以許多看來在本質

---

832 法同（Phaethon）；陸克瑞提烏斯在《論萬物本質》I, 84 ff. 也提及此一故事。

833 參見 I, x, 32。

834 相關故事，參見尤里皮德斯《在陶里斯人群中的伊菲潔妮雅》（*Iphigenia in Tauris*）10-24。笛雅娜（Diana）乃狩獵女神，將女兒獻給女神，是為了能得到順風，航行前往特洛伊，以報海倫被擄走之恥。

835 西塞羅引用柏拉圖《理想國篇》第一卷中的例子（331c-d）。

上是德行的行為，在一些情況下變的不是德行。履行承諾、依約
而行及歸還存託之物不會是德行，當效益有所改變。

　　此外，關於那些帶著明智的藉口看似有效益的事，其實是違
反正義，我認為已有足夠的敘述。

　　（96）但由於在第一卷中我從四種德行的源頭來論述義務[836]，
讓我們處理這些議題，當我們將說這些看來是有效益的事物，其
實不是，它們對德性造成傷害。關於智慧其實我們討論過，惡意
想要模仿它，同樣地我們也討論過正義，它總是具有效益。其他
兩個德行的部分，一個是在卓越心靈的偉大及出色中被識出，另
一個是以自持節制來改善及管理心靈。

　　[XXVI]（97）尤里西斯認為這是有效益之事，事實上是悲
劇詩人的創作（因為在荷馬的作品中，他是最佳的作者，對尤里
西斯沒有如此的懷疑），但悲劇指控他想要以發瘋為藉口逃避兵
役[837]。這不是值得敬佩的計畫，但有效益，有人或許會這麼說，
為了統治綺色佳及與雙親、妻子及兒子悠閒地在那兒生活。你認
為在每日生活的辛勞及危險中所得的任何榮耀，應該與這個悠閒
自在相提並論嗎？我真的鄙視及看低那休閒的生活，因為這不是
德行，所以我也不認為它是有效益之事。

---

836 這四種源頭是智慧、正義、雄心及節制（I, v, 15）。但西塞羅在這一卷中僅
　　將效益與智慧及正義做比較，未與雄心及節制做比較，只有在XXXIII, 117
　　簡單地提及。

837 尤里西斯以發瘋為藉口不願出兵，但帕拉梅德斯（Palamedes）看穿他的計
　　謀，在尤里西斯耕地時將其子特雷馬侯斯（Telemachos）置於犁前，尤里西
　　斯停下犁來，同意出兵特洛伊。

（98）你認為尤里西斯會聽到什麼，若他持續發瘋的藉口？雖然他在戰爭中立下汗馬功勞，但他從艾亞克斯那兒聽到這些話[838]：

> 他是首位立誓的將領，
>
> 你們都知道，只有他忽視承諾。
>
> 他開始裝瘋，所以不用參軍。
>
> 若不是帕拉梅德斯敏銳的智慧
>
> 洞悉他惡意的無恥，
>
> 他會永遠違背在神聖承諾下的法律。

（99）對尤里西斯而言，不僅是與敵人而且是與海浪作戰[839]，他做到了，會比放棄希臘對外族興戰的共識更好。

然而讓我們略過神話及外國的事例；讓我們來到我們的歷史。馬庫斯・阿提利烏斯・雷鼓路斯[840]，在第二任執政官職時[841]，於非洲因埋伏遭斯巴達的將領克桑希普斯[842]的逮捕，當漢尼拔的

---

838 語出羅馬悲劇詩人帕庫維烏斯（Marcus Pacuvius，約220-130 BC），或艾奇烏斯（Aecius）的同名著作《戰事的判斷》（*Armorum Iudicium*）。

839 海神普塞頓（Poseidon）阻撓奧迪修斯返家，參見《奧迪賽》5, 365 ff.。

840 馬庫斯・阿提利烏斯・雷鼓路斯（Marcus Atilius Regulus，C 3 BC），於西元前267年及西元前256年任執政官，他於西元前255被克桑希普斯擊敗。

841 雷鼓路斯被克桑希普斯擊敗時，不是在他第二任執政官任上，所以不是西塞羅的記憶有誤，就是他使用「consul」這個字不精確，應指「proconsul」（地方行政官）。

842 克桑希普斯（Xanthippus，C 3 BC），斯巴達的傭兵，在第一次迦太基戰爭時受雇於迦太基。

父親漢米爾卡爾[843]為統帥時，被派遣到元老院時曾發誓，除非某些高貴的迦太基俘虜被送回[844]，他自己會回到迦太基[845]。當他到羅馬時，他看到效益的表象，但他判斷，如事情顯示，這是虛假的效益。事情是如此：留在國家中，與妻兒一起在家，他接受在戰爭中的災難，判斷這是戰爭中共同的運氣，並保有前執政官的尊嚴地位。誰會否認這些是有利的事？你認為誰？勇氣與決心會否認，你不會要找更好的權威吧？

[XXVII]（100）這是德性的特質：無事可怕、鄙視一切世俗事物，並認為沒有不能承受的事可能發生在人的身上。因此雷鼓路斯做了什麼？他來到元老院，表明他的任務，拒絕說出個人意見；他受制於之前向敵人發的誓，他說他不是元老院議員。此外，還有這件事（「愚蠢之人」有人說「與自身利益衝突！」）：他否認歸還戰俘是件有效益的事，因為他們是年輕有為的將領，他自己已步入老年。當他的權威產生效應後，戰俘被留置，他自己回到迦太基，對國家及親人的愛皆沒留住他。他不是完全無知自己朝最殘酷的敵人及精心設計的刑罰邁進，但他認為要履行誓言。因此之後，我說，他被以剝奪睡眠的方式被殺，他在此狀況

---

843 漢米爾卡爾（Hamilcar，卒於229 BC），又名閃電（Barca），他在第一次迦太基戰爭任海艦指揮官，於西元前247年進軍西西里，於西元前241年卸任指揮官職，因此他不是在西元前255年戰役中的指揮官，西塞羅可能記憶有誤，相關討論，參見A. R. Dyck: ibid. 622-623。

844 這些戰俘是梅特路斯（Lucius Caecilius Metellus，卒於221 BC）於西元前250年在西西里擊敗帕諾爾穆斯（Panormus）所擄獲。

845 另一說法不是交換戰俘，而是談和，參見A. R. Dyck: ibid. 623。

中會比若他在家中當個被俘的老人，以說謊的方式維持執政官的
身分好。

（101）「但或許可說，他做了蠢事，他不僅不認為要送回戰
俘，而且他還提議反對。」他怎麼做了蠢事？即使他為國謀利？
此外，對國家無益的作為能夠對任何公民有益嗎？

[XXVIII] 人們推翻自然的基礎，當他們將效益與德行分開，
因為我們都追求效益而且受它的掌握，我們完全無法以其他方式
行事。有人會逃避有效益之事嗎？或更恰當地說，有人不全心全
意地追求有效益之事嗎？但由於除了在讚美、榮譽及德行中，我
們不可能發現任何有效益之事，因此我們認為這些事是卓越而且
崇高，我們與其認為效益之名是耀眼閃亮，不如認為它是不可
或缺。

（102）有人說：「發誓會有什麼結果？難道我們不怕生氣的
朱比特[846]嗎？

並不是，而這是所有哲學家共通的意見，不僅是那些說神祇
自己沒有麻煩，不會影響他人的哲學家[847]，而且那些希望神祇總
是戮力有所作為的哲學家[848]，神祇從來不發怒，也不造成傷害。
然而憤怒的朱比特所造成的傷害會比雷鼓路斯對自己的傷害更大

---

846 羅馬的朱比特（Jupiter）等於希臘的宙斯（Zeus）。

847 伊比鳩魯學派哲學家，參見《論神的本質》I, xvi, 42-xvii, 45。亦可參見伊比
  鳩魯《主要學說》（*The Principal Doctrines*）I，受祝福及不朽之物不會自找
  麻煩，也不會給人找麻煩。

848 斯多葛學派學家，關於神祇照管世界的論述，參見《論神的本質》II, xxx,
  75-77 及《論占卜》I, xxxviii, 82-83。

嗎？因此沒有任何宗教的力量會推翻如此重要的效益。或者人不為惡是因為他發了誓嗎？首先，應該選擇最小的惡。難道在惡行[849]之中的恥辱會與那個折磨凌虐一樣大嗎？接著，以下這句話也出自阿奇烏斯：

你違反過誠信嗎？

我不曾也不會對任何言而無信之人履行承諾。

雖然這是出於不虔敬的國王[850]的話，但這句話說的極佳。」

（103）他們[851]甚至還加上，就如我們說有些看來是有效益之事，其實不是，所以他們說有些行為看來是德行，其實不是，如雷鼓路斯回迦太基看來是德行，為了履行誓言他回到折磨凌虐，但這不是德行，因為這是出於敵人暴力強迫的行為，不應該具有效力。他們再補上，任何極為有效益之事碰巧是有德之事，即使它之前似乎不是。

這些是反對雷鼓路斯的行為的觀點。但讓我們來思考第一個觀點。

[XXIX]（104）「他不用擔心憤怒的朱比特會傷害他，祂既

849　如果雷鼓路斯違背誓言。

850　這位國王是阿加曼農的父親阿特瑞烏斯；這段對話是阿特瑞烏斯及胥艾斯特斯（Thyestes）之間的對話。這對兄弟間有段著名的恩怨情仇，後者與前者的妻子有染，而阿特瑞烏斯在知曉此事後，佯裝與被放逐的胥艾斯特斯重修舊好，邀約他一起進餐，但吃的是後者兒子的肉，參見ODCW 95。

851　不贊成雷鼓路斯應回迦太基的人。

不常發怒，也不常造成傷害。」事實上這個觀點既沒凌駕雷鼓路斯的想法，也沒凌駕一切的立誓的行為。然而在立誓時應該要理解的不是有什麼事要擔心害怕，而是有什麼影響，因為發誓是神聖的聲明；你嚴正地許下承諾，就像以神祇為證，必須謹守這個承諾。事實上它與神祇發怒無關，沒這回事，但與正義及誠信有關[852]。例如艾尼烏斯說得好：

帶著雙翼，仁慈的誠信之神及在朱比特的見證下的誓言啊[853]！

因此誰違背就是冒犯誠信之神，我們的先祖希望，如在卡投的演說中所言[854]，祂的神廟位在崇高偉大的朱比特神廟旁。

（105）「但還有一說，憤怒的朱比特對雷鼓路斯的傷害其實沒有比他對自己的傷害大。」確實，若無事為惡，除了傷痛外。然而哲學家們以他們最高的權威聲明，這不但不是最大的惡，而且事實上不是惡[855]。我要求你們不要責怪雷鼓路斯，他真的不是哲學家們聲明的一位平庸的見證人，而是在各方面都是最重要的

---

852 這似乎顯示在當時，宗教對人的行為約束力愈來愈小。

853 推斷可能是出於艾尼烏斯的《胥艾斯特斯》；P. G. Walsh: ibid. 201認為也有可能出於艾尼烏斯的《梅蒂亞》。

854 此篇講稿現已失佚，根據普路塔荷的記載，此神廟是由奴瑪（Numa）所建，參見 Plut. Num. XVI；根據西塞羅在《論神的本質》的說法，則是由奧路斯·卡拉提奴斯（Aulus Atilius Calatinus，C 3 BC）所立，後來由馬庫斯·艾米利烏斯·史考魯斯（Marcus Aemilius Scaurus，約155-89 BC）整修（II, xxiii, 61）。

855 西塞羅駁斥主張痛苦是惡的伊比鳩魯學派，參見《在圖斯庫倫的論辯》II。

見證人。難道我們找得到比羅馬人民的領導人更具信賴感的人，他為了履行義務自願承受酷刑？

關於他們說應該選擇最小的惡，換言之，可恥比災難好：是否有任何的惡比可恥還大？在身體殘缺的事上若有任何冒犯之事，這應該被視為是拙劣心靈的扭曲及污濁？

（106）因此哲學家們對此有強而有力的討論，他們敢說可恥之事是唯一的惡，反過來那些較溫和的哲學家也毫不遲疑說這是最大的惡[856]。

然而詩人使用那句話：

> 我也不曾也不會對任何言而無信之人履行承諾。

是有正當的理由，因為當阿特瑞烏斯上場時，詩人必須支持這個角色。但若他們認為這是理所當然之事，言而無信之人的承諾不是承諾，讓他們注意不要為說謊找藉口。

（107）此外，還有與戰爭有關的法律及承諾，依據與敵人的誓約，一定要經常履行，因為它是以如此的方式所形成的誓約，所以理性知道一定要發生，要履行；以其他方式所形成的契約，若沒有履行，不是違約說謊：例如，若你沒有給海盜約定好的贖命金，這不是欺騙，就算你真的發過誓，你不履行，因為海盜不是真正的敵人之確定成員，而是所有人共同的敵人；與海盜不應有共同的承諾與誓約。

---

856 這區分出斯多葛學派（可恥之事是唯一的惡）及逍遙學派與新學院哲學家
　　（可恥是最大的惡）的觀點不同。

（108）由於對虛假之事發誓不是說謊，但你**出於個人所知**而發的誓，就如在我們的法律中所陳述的，不履行誓言是說謊。尤里皮德斯巧妙地說：

> 我的舌頭發誓，我依沒發誓的心而行[857]。

雷鼓路斯真的沒有必要以謊言違背戰爭及敵人的條件與約定，因為這是與正常及真正的敵人的戰爭，與此敵人的戰爭中有整部國際法[858]及許多與敵人共有的法律。若事實不是如此，元老院永遠不會將銬上枷鎖的優秀人物交給敵人。

[XXX]（109）然而提圖斯・維圖里烏斯及史普里烏斯・波斯圖米烏斯[859]，在第二任執政官任上，在考迪恩的戰事不順，因為我們的軍隊被征服，與薩米恩人簽訂合約，他們被交給薩米恩人，因為他們的作為沒有人民及元老院的命令[860]。在同一時候提貝里烏斯・米奴奇烏斯及昆圖斯・邁利烏斯[861]，在當時是護民官，因為合約是在他們的授權下簽訂，他們也被交給薩米恩人，所以與薩米恩人的合約可被拒絕。此外，被交出的波斯圖米烏斯

---

857 參見《希波呂投斯》612。

858 關於「ius fetiale」，參見 I, xi, 34-xiii, 40。

859 提圖斯・維圖里烏斯（Titus Veturius）及史普里烏斯・波斯圖米烏斯（Supurius Postumius Albinus）同於西元前334年及西元前321年任執政官。

860 羅馬在第二次薩米恩戰爭中（西元前321年）被擊敗。

861 提貝里烏斯・米奴奇烏斯（Tiberius Minucius）及昆圖斯・邁利烏斯（Quintus Maelius）同於西元前321年任護民官。

是這個交讓行為的提倡人及發起人。許多年之後蓋伊烏斯‧曼奇烏斯[862]同樣被交給奴曼提納人，他與他們訂約沒有元老院的授權，這個議案是陸奇烏斯‧夫里烏斯[863]及塞克斯圖斯‧阿提利烏斯[864]提出，他們是依元老院的建議而為；當提案通過後，他被交給敵人。昆圖斯‧彭沛烏斯[865]在此案中以比曼奇烏斯更令人尊敬的方式作為，因為他涉入此案，法案因他的詛咒而沒有通過。在此案中看似有效益之事凌駕在德行之上，在之前的幾個案子中效益虛假的表象被德行的權威所征服。

（110）「但出於暴力的行為不應具備效力。」就像暴力可被用在真正的勇者身上！「因此為什麼他[866]走向元老院，特別是當他將反對關於戰俘之事？」你們批判他身上最崇高的特質，因為他沒有堅持個人的判斷，而是進行議案的討論，所以元老院可下決定；若他不是元老院的提案人，戰俘一定會被歸還給迦太基人，如此雷鼓路斯便可安然無恙地留在國內。因為他認為這對國家無益，因此他相信提出那個看法而且承擔它的後果，對他而言

---

862 蓋伊烏斯‧曼奇烏斯（Gaius Hostilius Mancius，C 2 BC），於西元前137年任執政官時被奴曼提納人在西班牙擊敗。他與奴曼提納人所簽訂的合約遭到史奇皮歐的反對。

863 陸奇烏斯‧夫里烏斯（Lucius Furius Philus，C 2 BC），於西元前136年任執政官，為史奇皮歐的盟友。

864 塞克斯圖斯‧阿提利烏斯（Sextus Atilius Serranus，C 2 BC），於西元前136年任執政官。

865 昆圖斯‧彭沛烏斯（Quintus Pompeius）於西元前141年任執政官，被奴曼提納人擊敗後，於西元前140年與其簽訂合約，但在繼任者上任前他已撕毀合約，他於西元前131年任監察官。

866 雷鼓路斯。

是有德的行為。

因為他們[867]說非常有效益之事會成為有德之事，（必須更正確地說，有德之事會成為有效益之事），或更適切地說是「是」，而不是「成為」，因為沒有有效益之事不同時是有德之事，不是因為有效益而有德，而是因為有德而有效益。

因此從許多特別的事例中，某人很難說有比雷鼓路斯的例子更值得讚美或更卓越。

[XXXI]（111）但從一切對雷鼓路斯的讚美中，有件事是值得欽佩的，他認為必須留住戰俘，因為他回迦太基這件事現在對我們而言似乎是不尋常之事，事實上在當時的情況下他不可能有其他的作為。因此這個讚美不是關於人，而是關於時勢，因為先祖們希望在實踐承諾上沒有比起誓所形成的枷鎖更緊。他們指出在十二木表法中的律法，他們指出神聖律法，他們指出協約，甚至在協約中與敵人之間的承諾，他們指出監察官們的調查及彈劾，他們對任何事的裁判都沒比對誓約之事的裁判更勤快。

（112）護民官馬庫斯・彭波尼烏斯[868]，對當時獨裁者的陸奇烏斯・曼利烏斯[869]，奧路斯之子，提出彈劾，因為他為自己的獨裁者的任期增加了幾天；他也指控彭波尼烏斯將提圖斯[870]，他的

---

867 雷鼓路斯的批評者。

868 馬庫斯・彭波尼烏斯（Marcus Pomponius），於西元前362年任護民官。

869 陸奇烏斯・曼利烏斯（Lucius Manlius Capitolinus Imperiosus），於西元前363年成為獨裁者。

870 彭波尼烏斯將提圖斯（Titus Manlius Imperiosus Torquatus，C 4 BC），分別於西元前347年、344年及340年任執政官，也在不同時期擔任過獨裁者。

兒子，後來被稱為投爾夸圖斯，放逐而且命令他居住在鄉下。當年輕的兒子聽到父親的麻煩公諸於世，據說他急速趕赴羅馬，破曉之時來彭波尼烏斯的家。當彭波尼烏斯被告知此事時，他認為這位盛怒的兒子將會對他提出某個反對他父親的說法，他起床，當證人都被支開後，他命令年輕人來見他。但他，當他走進來時，立即拔出劍來，且發誓他會立即殺了彭波尼烏斯，除非彭波尼烏斯向他發誓會停止對他父親的指控。彭波尼烏斯在恐懼的脅迫下發誓；他向民眾報告此事，他提及他必須停止指控的原因，他釋放曼利烏斯。在那個情況下，如此的誓言是有效力。此外，這位提圖斯·曼利烏斯在艾尼歐河畔受到一位高盧人的挑釁，將他殺死而且移除他的領圍，而有此別名[871]，在他第三任執政官任上拉丁人在維塞里斯河畔被擊敗而被迫逃竄[872]，他是位特別偉大的人，對父親非常悉心照顧，對兒子極為嚴厲。

[XXXII]（113）然而，由於雷鼓路斯信守承諾應受讚揚，因此在卡奈之役後，漢尼拔送回給元老院的十位戰俘[873]，他們發誓會回到屬於迦太基的軍營，除非他們獲得營救戰俘的贖金，若他們不回去，應受到責難。關於這些人有莫衷一是的說法。例如，波利比烏斯[874]，一位特別值得信賴的權威說，當時被送回的十位

871　投爾夸圖斯（Torquatus）這個別名來自領圍（torques）。

872　時西元前340年；在兩軍決戰前他將兒子處死，而有嚴厲的名號。

873　相同的故事參見I, xiii, 40。

874　波利比烏斯（Polybius，約200-118 BC），希臘人，羅馬史家，出生於梅加婁波利斯（Megalopolis），為該城重要的政治人物，西元前168年羅馬擊敗馬其頓，波利比烏斯與其他人因在戰時未給予羅馬軍事上的協助，一起被送

戰俘中的九位以極為高尚的態度回去迦太基軍營,當元老院不同意贖金的事後,第十位在離開迦太基軍營不久後曾回去過,好像是忘了什麼東西,他留在羅馬,因為回到軍營這件事被他解釋成,他免除誓約中的義務,這是錯誤的解釋:因為欺騙強化,而非舒緩說謊。因此狡詐是愚蠢之事,它以邪惡的方式模仿明智[875]。元老院因而決議將這位狡詐老手上腳鐐帶回給漢尼拔。

(114)但最重要的是,漢尼拔留置了八千人,不僅是他在戰爭中所擄獲的,或那些逃離死亡危險之人,還有那些被遺棄在軍營中的人,當保路斯及瓦羅任執政官時[876]。元老院決議不贖回這些人,雖然這可在花費不多的情況下完成,所以可以灌輸給我們的戰士不是戰勝,就是死亡的信念。同一位波利比烏斯寫道[877],當漢尼拔聽到此事時,他的心受到挫折,因為羅馬元老院及民眾以如此高昂的士氣面對令人沮喪的情況。因此與有德之事比較,看似有效益之事似乎是被征服了。

(115)此外,蓋伊烏斯・阿奇利烏斯[878],以希臘文所寫的歷

(續)————

　　至羅馬,爾後成為史奇皮歐的好友;他所著的《歷史》(*Histories*)主要記載於西元前220年至168年的羅馬歷史,特別關注羅馬政治及軍事的歷史,現除1-5卷完整保存外,其餘35卷或以斷簡殘篇的方式保留或失佚。

875 參見XVII, 72,喬裝明智的邪惡,對生命的破壞更大。

876 保路斯(Lucius Aemilius Paullus,卒於216 BC),於第二次迦太基戰爭任將領,並在西元前219年任執政官,在伊利里亞之役獲勝;瓦羅(Gaius Terentius Varro,C 3 BC後期),於西元前216年任執政官,在卡奈之役率領羅馬軍隊面對漢尼拔,但被徹底擊敗。儘管如此,依然得到元老院與公民大會的支持。

877 關於羅馬人具有雄心的描寫,參見波利比烏斯《歷史》VI, 58, 13。

878 蓋伊烏斯・阿奇利烏斯(Gaius Acilius,C 2 BC),對希臘文化極其熱愛的

史，提到有許多人以相同的欺騙手段回到迦太基軍營，所以他們免於履行誓約的義務，監察官們[879]在這些人身上烙下一切可恥的標記。

現在是這個議題的結論。這事實上是顯而易見之事：以懦弱、低下、卑鄙及拙劣的方式行事，就像雷鼓路斯關於戰俘的行為，若所考慮的是他個人，而非國家的需求，他決定或希望留在家中，這些不是有效益的行為，因為它們是可恥、可惡及醜陋的行為。

[XXXIII]（116）剩下第四部分[880]，它是由合宜、適度、謙遜、自制及節制所組成。因此任何與這一組德性對反的事物可能是有效益的嗎？儘管如此，出於亞里斯提普斯的錫蘭尼學派哲學家[881]及安尼克里烏斯的追隨者們[882]，這些所謂的哲學家將一切的善置於快樂之中，且認為德性應是為了快樂的緣故受到讚美，因

（續）─────

羅馬元老院議員，於西元前155年在元老院為從雅典前來請願的三位哲學家，卡爾尼阿德斯、狄歐金尼斯及克里投勞斯擔任翻譯，他所著的《羅馬史》（History of Rome）是羅馬史家李維（Livy）的資料來源之一。

879 這是指雷鼓路斯之子馬庫斯·阿提利烏斯·雷鼓路斯及普博利烏斯·夫里烏斯·菲路斯（Publius Furius Philus）。

880 參見XXV, 96。

881 參見I, xli, 148。錫蘭尼學派對後來伊比鳩魯學派思想的形成有所影響。

882 安尼克里烏斯（Annicerius）建立錫蘭尼學派的支派，他與亞里斯提普斯在倫理思想最主要的不同在於，他認為德性有內在價值性；此外他與伊比鳩魯學派思想的區別：一、快樂不是痛苦的缺乏，否則死亡會是件快樂的事；二、人的生命沒有目的。

為它產生快樂；當這些學派落伍之後，伊比鳩魯[883]活躍，他幾乎是同一個思想的贊助者及權威。若有保護及維持德行的想法，一定要，如俗話所說，竭盡全力奮戰不懈。

（117）因為若不僅是效益，且是一切幸福的生命皆由身體穩定的狀況及對身體狀況穩定的期待所組成，如梅特羅都洛斯的著述[884]，這個效益，且事實上是最高的效益（因為他們是做如是想）一定會與德行扞格不入。首先，明智將被賦予什麼樣的地位？它是否要四處尋找快樂？多麼可悲，德性以奴隸的身分為快樂服務！此外，明智的功能為何？聰明地選擇快樂嗎？做任何事都不會比這個功能更快樂，還有什麼事會被認為更可恥？他又說痛苦是最大的惡，在他的思想中置痛苦及辛勞於度外的勇氣有位置嗎？雖然伊比鳩魯在許多地方，如他所言，非常勇敢地談論痛苦，儘管如此，沒有必要檢視他說了什麼，而是他的論述的合理性，他以快樂界定善，痛苦界定惡。所以若我聽他談論自制及節制：其實他在許多地方談論此議題，但他的觀點窒礙難行，如人們說。因為一個置最高的善於快樂之中的人可能讚美節制嗎？事實上節制對欲望有敵意，但欲望是快樂的追隨者。

（118）此外，在這三種德性上，他們盡其所能，且不是以沒

---

883 伊比鳩魯（Epicurus，341-270 BC），生於沙莫斯島（Samos），在雅典教授哲學。他開始從學於柏拉圖主義者，潘菲路斯（Pamphilus），後又從瑙希法內斯（Nausiphanes）學習德謨克利圖斯原子論。他的哲學思想主要揭示，人可擁有不受干擾的生活（ataraxia）。

884 梅特羅都洛斯（Meterodorus of Lampsacus，約331-278 BC），伊比鳩魯的學生，深受伊比鳩魯的讚賞，著述甚豐，他的思想比其師更強調感官上的享樂。

有技巧的方式閃躲逃避。他們提議明智是充分提供快樂及驅走痛苦的知識[885]。他們以其他的方式說明勇氣，當他們對忽略死亡及承受痛苦提出說明時。他們其實也以非常不輕鬆的方式提出節制，儘管如此，他們盡其所能，因為他們說快樂的量是以痛苦的移除來界定[886]。正義搖擺不定會更恰當地說處在沉睡的狀態，一切的德性皆在社群及人際關係中被辨識出[887]。其實不可能有善、慷慨及仁慈的存在，也不可能有友誼的存在，若它們不就其自身被追求，而是以快樂或效益為依歸[888]。

（119）因此讓我們下一簡短的結論，亦即我們曾說，沒有任何有效益之事是對反於有德之事，我們因此說，所有的享樂都對反於德行。更甚者，我認為卡利弗及狄諾馬庫斯[889]應遭駁斥，他們認為他們結束此一爭議，若他們把快樂與德行結合在一起，就像野獸與人結合在一起一樣。德行不會接受，且會鄙視與拒絕此一結合。善與惡的界限不可能出於完全不相似的事物的混雜摻和，它應該是簡單精純。但關於這個問題（因為是個大問題）在

885　帶來快樂的德性，值得讚美，參見LS 21M。

886　參見LS 21B。

887　西塞羅認為伊比鳩魯學派思想只能討論智慧、勇氣及節制，但由於不鼓勵參與公共事務，所以無法適切地論述正義。然而西塞羅的主張或許有言過其實之嫌，參見伊比鳩魯《主要學說》31, 32及38。關於伊比鳩魯的正義觀，參見徐學庸：ibid. 155-176；關於伊比鳩魯對參與公共事務的態度，參見徐學庸：ibid. 177-198。

888　參見LS 22A, B及F。

889　卡利弗（Callipho，約C 3 BC）及狄諾馬庫斯（Dinomachus）是屬於那一學派的思想家並不清楚，但他們似乎想將伊比鳩魯學派及斯多葛學派的思想做融合。

其他地方我已有過許多的討論[890]；現在回到主題。

（120）因此這個議題該如何決定，若當看似有效益的事物與有德之事衝突時，之前已有足夠的討論。但若快樂據說也有著效益的外表，它不可能與德行有任何的結合。然而讓我們對快樂做點讓步，或許它會有些滋味，但一定不會具有效益。

（121）你有來自父親的禮物，馬庫斯我的兒子，我真的認為這是件重要的禮物，但它的重要性要根據你如何接受它。然而你必須在克拉提普斯上課筆記中接受這三卷書，就像是接待客人一樣，但，若我親自到雅典來，這當然會實現，除非在半路上國家以清晰的聲音召喚我[891]，有時候你也會聽到我，因為我的聲音以這幾卷書向你傳送，你要盡力投注時間在這三卷書上，但盡力是指你想，我不但知道你對這類的知識感到愉悅，而且我會很快與你親自談話，我希望，然而你不在，我與你遠距交談。那麼再見了，我的西塞羅，你要相信你真的是我最關愛的人，但你會是更令人喜愛的人，若你在這樣的警句格言中感到愉快[892]。

---

890 參見《論界限》，特別是卷二。

891 西塞羅於西元前44年7月17日搭船離開羅馬，卻因風向不順未能成行，同時馬庫斯‧布魯圖斯邀請西塞羅為他的政治派閥效力，西塞羅遂打消前往雅典的念頭，一直到西元前43年12月7日他遇刺之前，都未完成到雅典探望兒子的心願，參見《給阿提庫斯的信》XVI, 7。

892 西塞羅似乎擔心兒子不會如他所願將時間投注在這三卷書上。

參考書目

Annas, J. (1997). 'Cicero on Stoic Moral Philosophy and Private Property', *Philosophia Togata* I, (eds.) M. Griffin and J. Barnes, Oxford: Clarendon Press.

Astin, A. E. (1978). *Cato the Censor*, Oxford: Clarendon Press.

Atkins, E. M. (1990). 'Domina et Regina Virtutum: Justice and Societas in *De Officiis'*, *Phronesis*, 35, pp. 258-288.

Atkins, E. M. (2008). 'Cicero', *The Cambridge History of Greek and Roman Political Thought*, (eds.) C. Rowe and M. Schofield, Cambridge: Cambridge University Press, pp. 477-516.

Blundell, M. W. (1990). 'Parental Nature and Stoic Oikeiōsis', *Ancinet Philosophy*, 10, pp. 221-242.

Brennan, T. (2007). *The Stoic Life: Emotion, Duties, and Fate*, Oxford: Oxford University Press.

Brunt, P. A. (1972). 'Aspects of the Social Thought of Dio Chrysostom and of the Stoics', *Proceedings of the Cambridge Philological Society*, 198, pp. 9-34.

Brunt, P. A. (1986). 'Cicero's Officium in the Civil War', *The Journal of Roman Studies*, 76, pp. 12-32.

De Lacy, Ph. H. (1977). 'The Four Stoic *Personae*', *Illinois Classical Studies*, II, pp. 163-172.

Diels, H. and Kranz, W. (eds.) (1961). *Die Fragmente Der Vorsokratiker* 3 vols. Berlin: Druckerei Hilderbrand. (DK)

Dudley, D. R. (1998). *A History of Cynicism: From Diogenes to the 6th Century AD*, Bristol: Bristol Classical Press.

Dyck, A. R. (1979). 'The Plan of Panaetius' *Peri Tou Kathekontos'*, *The American Journal of Philology*, 100, pp. 408-416.

Dyck, A. R. (1996). *A Commentary on Cicero, De Officiis*, Ann Arbor: The University of Michigan Press.

Earl, D. (1984). *The Moral and Political Tradition of Rome*, Ithaca: Cornell University Press.

Erskine, A. (1990). *The Hellenistic Stoa: Political Thought and Action*, Ithaca: Cornell University Press.

Fortenbaugh, Wm. W. et al. (1992). *Theophrastus of Eresus: Sources for His Life, Writings, Thought and Influence* 2 vols. Leiden: Brill.

Garnsey, P. (2008). 'Introduction: The Hellenistic and Roman Periods', *The Cambridge History of Greek and Roman Political Thought*, (eds.) C. Rowe and M. Schofield, Cambridge: Cambridge University Press, pp. 401-414.

Gill, C. (1988). 'Personhood and Personality: The Four-*Personae* Theory in Cicero, *De Officiis* I', *Oxford Studies in Ancient Philosophy*, VI, pp. 169-199.

Gill, C. (1994). 'Peace of Mind and Being Yourself: Panaetius to Plutarch', *Aufstieg Und Niedergang Der Romischen Welt*, 36, pp. 4599-4640.

Glucker, J. (1996). 'Cicero's Philosophical Affiliations', *The Question of "Eclecticism"*, (ed.) J. M. Dillon, Berkeley: University of California Press, pp. 34-69.

Griffin, M. T. (2002). 'Philosophial Badinage in Cicero's letters to His Friends', *Cicero: The Philosopher*, (ed.) J. G. F. Powell, Oxford: Clarendon Press, pp. 325-346.

Griffin, M. T. and Atkins E. M. (trans.) (2000). *Cicero: On Duties*, Cambridge: Cambridge University Press.

Holden, H. A. (ed.) (1899). *M. Tulli Ciceronis De Officiis Liberi Tres*, Cambridge: Cambridge University Press.

Inwood, B. (2007). 'Rule and Reasoning in Stoic Ethics', *Topics in Stoic Philosophy*, (ed.) K. Ierodiakonou, Oxford: Oxford University Press, pp. 95-127.

Kidd, I. G. (1955). 'The Relation of Stoic Intermediates to the Summum Bonum, with Reference to Change in the Stoa', *The Classical Quarterly*, 5, pp. 181-194.

Kristeller, P. O. (1993). *Greek Philosophers of the Hellenistic Age*, New York: Columbia University Press.

Long, A. A. (1967). 'Carneades and the Stoic telos', *Phronesis*, 12, pp. 59-89.

Long, A. A. and Sedley, D. N. (2005). *The Hellenistic Philosophers* 2 vols. Cambridge: Cambridge University Press. (LS)

MacKendrick, P. (1989). *The Philosophical Books of Cicero*, London: Routledge.

Miller, W. (2001). *Cicero: On Duties*, Cambridge Mass.: Harvard University Press.

Mitchell, T. N. (1991). *Cicero: The Senior Statesman*, New Haven: Yale University Press.

Rawson, E. (2002). *Intellectual Life in the Late Roman Republic*, London: Duckworth.

Reesor, M. E. (1951). ' The "indifferent" in the Old and Middle Stoa', *Transactions and Proceedings of the American Philological Assocation*, 82, pp. 102-110.

Sandbach, F. H. (2001). *The Stoics*, Bristol: Bristol Classical Press.

Schofield, M. (1999). 'Morality and the Law: The Case of Diogenes of Babylon', *Saving the City: Philosopher-King and Other Classical Paradigms*, M. Schofield, London: Routledge, pp. 160-177.

Van Straaten, M. (ed.) (1952). *Panaetii Rhodii Fragmenta*, Leiden: Brill.

Walsh, P. G. (trans.) (2001). *Cicero: On Obligations*, Oxford: Oxford University Press.

Winterbottom, M. (ed.) (1994). *M. Tulli Ciceronis De Officiis*, Oxford: Oxford University Press.

Wood, N. (1991). *Cicero's Social and Political Thought*, Berkeley: University of California Press.

徐學庸（2007）。《論友誼》，台北：聯經出版公司。

徐學庸（2008）。《論老年》，台北：聯經出版公司。

徐學庸（2009）。《道德與合理：西洋古代倫理議題研究》，台北：唐山出版社。

徐學庸（2011a）。〈論雄心──《論義務》I, 61-92〉，《政治大學哲學學報》，25，頁101-134。

徐學庸（2011b）。〈四個角色的理論──西塞羅《論義務》I, 105-125〉，《國立臺灣大學哲學論評》，42，頁79-106。

人／神名索引

索引所列是出現於本文中之人／神名

A

艾亞庫斯（Aeacus）I, xxviii, 97

阿加曼農（Agamemnon）III, xxv, 95

阿格希勞斯（Agesilaus）II, v, 16

阿吉斯（Agis）II, xxiii, 80

艾亞克斯（Aiax）I, xxxi, 113; III, xxvi, 98

亞歷山大（大帝）（Alexander）II, v, 16; xiv, 48; xv, 53

亞歷山大（Alexander of Pherae）II, vii, 25, 26

安尼克里烏斯（Annicerius）III, xxxiii, 116

安提貢奴斯（Antigonus）II, xiv, 48

安提帕泰爾（Antipater）II, xiv, 48

安提帕泰爾（Antipater of Tyre 或 Tarsus）II, xxiv, 86; III, xii, 51, 52, 53; xiii, 54; xxiii, 91

阿培雷斯（Apelles）III, ii, 10

阿波羅（Apollo）II, xxii, 77

阿皮烏斯（Appius）II, xvi, 57

阿拉圖斯（Aratus）II, xxiii, 81

亞里斯提德斯（Aristides）III, iv, 16; III, xi, 49; xxii, 87

亞里斯提普斯（Aristippus）I, xli, 148; III, xxxiii, 116

亞里斯多德（Aristotle）I, i, 4; III, viii, 35

亞里斯投（Aristo of Chios）I, ii, 6

阿特瑞烏斯（Atreus）I, xxviii, 97; III, xxix, 106

奧路斯・卡拉提奴斯（Aulus Atilius Calatinus）III, xxxi, 112

B

巴爾都利斯（Bardulis）II, xi, 40

C

卡利克拉提達斯（Callicratidas）I, xxiv, 84; xxx, 109

卡利弗（Callipho）III, xxxiii, 119

卡莉普索（Calypso）I, xxxi, 113

卡山德（Cassander）II, xiv, 48

克瑞梅斯（Chremes）I, ix, 30

克呂希普斯（Chrysippus）III, x, 42

奇蒙（Cimon）II, xviii, 64

綺爾克（Circe）I, xxxi, 113

克雷翁布羅圖斯（Cleombrotus）I, xxiv, 84

艾索普斯（Clodius Aesopus）I, xxxi, 114

康農（Conon）I, xxxii, 116

蘇拉（Cornelius Sulla）II, viii, 29

克拉提普斯（Cratippus）I, i, 1; II, ii, 8; III, ii, 5, 6; vii, 33; xxxiii, 121

屈爾希魯斯（Cyrsilus）III, xi, 48

屈魯斯（Cyrus）II, v, 16

D

達蒙（Damon）III, x, 45

德奇烏斯父子（Decii）I, xviii, 61; III, iv, 16

希拉奴斯（Decimus Iunius Silanus）II, xvi, 57

德梅特里烏斯（Demetrius）II, vii, 26; xvii, 60

德梅特里烏斯（Demetrius of Phalerum）I, i, 3

德莫斯塞內斯（Demosthenes）I, i, 4; II, xiii, 47

笛雅娜（Diana）III, xxv, 95

迪凱阿爾庫斯（Dicaearchus）II, v, 16

狄諾馬庫斯（Dinomachus）III, xxxiii, 119

狄歐金尼斯（Diogenes Babylonius）III, xii, 51, 52, 53; xiii, 55; xxiii, 91

迪翁（Dion）I, xliv, 155

（老）迪歐尼希烏斯（Dionysius I）II, vii, 25; III, x, 45

E

艾帕米農達斯（Epaminondas）I, xxiv, 84; xliv, 155

伊比鳩魯（Epicurus）III, xxxiii, 116, 117

艾里魯斯（Erillus 或 Herillus）I, ii, 6

艾特歐克雷斯（Eteocles）III, xxi, 82

尤里皮德斯（Euripides）III, xxi, 82; xxix, 108

G

蓋伊烏斯・阿奇利烏斯（Gaius Acilius）III, xxxii, 115

蓋伊烏斯・阿奎利烏斯（Gaius Aquilius）III, xiv, 60; xv, 61

寇塔（Gaius Aurelius Cotta）II, xvii, 59

蓋伊烏斯・卡尼烏斯（Gaius Canius）III, xiv, 58, 59, 60

蓋伊烏斯・克勞迪烏斯（Gaius Claudius）II, xvi, 57

蓋伊烏斯・法博里奇烏斯（Gaius Fabricius Luscinus）I, xiii, 40; III, iv, 16; III, xxii, 86, 87

蓋伊烏斯・芬博里亞（Gaius Flarius Fimbria）III, xix, 77

蓋伊烏斯・蘇爾皮奇烏斯（Gaius Gallus Sulpicius）I, vi, 19

蓋伊烏斯・曼奇烏斯（Gaius Hostilius Mancius）III, xxx, 109

蓋伊烏斯・凱撒（Gaius Iulius Caesar Strabo Vopiscus）I, viii, 26; xiv, 43; xxx, 108; xxxi, 112; xxxvii, 133

蓋伊烏斯・賴立烏斯（Gaius Laelius）I, xxvi, 90; xxx, 108; II, xi, 40; III, iv, 16

蓋伊烏斯・馬里烏斯（Gaius Marius）I, xxii, 76; III, xx, 79, 81

蓋伊烏斯・諾爾巴奴斯（Gaius Norbanus）II, xiv, 49

帕皮烏斯（Gaius Papius）III, xi, 47

蓋伊烏斯・彭提烏斯（Gaius Pontius）II, xxi, 75

庫里歐（Gaius Scribonius Curio）II, xvii, 59; III, xxii, 88

蓋伊烏斯・葛拉庫斯（Gaius Sempronius Gracchus）II, xxi, 72

蓋伊烏斯・塞爾吉烏斯・歐拉塔（Gaius Sergius Slius Orata）III, xvi, 67

瓦羅（Gaius Terentius Varro）III, xxxii, 114

歐瑞斯提斯（Gnaeus Aufidius Orestes）II, xvii, 58

格奈烏斯・歐克塔維烏斯（Gnaeus Octavius）I, xxxviii, 138

格奈烏斯・彭沛烏斯（Gnaeus Pompeius）I, xxii, 76, 78; II, xiii, 45; xvi, 57; xvii, 60

格奈烏斯・史奇皮歐（Gnaeus Scipio）I, xviii, 61

葛拉庫斯（Gracchus）II, xxiii, 80

吉格斯（Gyges）III, ix, 38; xix, 78

H

漢米爾卡爾（Hamilcar, Barca）III, xxvi, 99

漢尼拔（Hannibal）I, xii, 38; xiii, 40; xxx, 108; III, xxvi, 99; xxxii, 113, 114

赫卡投（Hecato）III, xv, 63; xxiii, 89, 91

赫丘雷斯（Hercules）I, xxxii, 118; III, v, 25

希羅多德（Herodotus）II, xii, 41

赫希俄德（Hesiod）I, xv, 48

希波呂投斯（Hippolytus）I, x, 32; III, xxv, 94

荷馬（Homer）III, xxvi, 97

寇克磊斯（Horatius Cocles）I, xviii, 61

I

伊菲潔妮雅（Iphigenia）III, xxv, 95

伊索克拉提斯（Isocrates）I, i, 4

伊烏鼓爾塔（Iugurtha）III, xx, 79

伊烏利烏斯（Iulius）II, xiv, 50

J

傑生（Jason of Pherae）I, xxx, 108

朱比特（Jupiter）I, xxxii, 118; III,
xxviii, 102; xxix, 104, 105

L

阿奇烏斯（Lucius Accius）III, xxi, 84;
III, xxviii, 102

保路斯（Lucius Aemilius Paullus）I,
xxxii, 116; xxxiii, 121; II, xxii, 76; III,
xxxii, 114

陸奇烏斯・皮叟（Lucius Calpurnius
Piso）II, xxi, 75

陸奇烏斯・傅菲烏斯（Lucius Fufius）
II, xiv, 50

陸奇烏斯・夫里烏斯（Lucius Furius
Philus）III, xxx, 109

布魯圖斯（Lucius Iunius Brutus）III, x,
40

陸奇烏斯・利奇尼烏斯・克拉蘇斯
（Lucius Licinius Crassus）I, xxx, 108;
xxxvii, 133; II, xiii, 47; xiv, 49; xvi,
57; xviii, 63; III, xi, 47; xvi, 67

陸奇烏斯・陸庫路斯（Lucius Licinius
Lucullus）I, xxxviii, 140; II, xiv, 50

陸奇烏斯・曼利烏斯（Lucius Manlius
Capitolinus Imperiosus）III, xxxi, 112

陸奇烏斯・菲利普斯（Lucius Marcius
Philippus）I, xxx, 108; II, xiv, 48;
xvii, 59; xxi, 73; III, xxii, 87

陸奇烏斯・米奴奇烏斯・巴希路斯
（Lucius Minucius Basilus）III, xviii,
73, 74

陸奇烏斯・穆米烏斯（Lucius
Mummius）II, xxii, 76

陸奇烏斯・蘇拉（Lucius Sulla）I, xiv,
43; xxx, 109; II, viii, 27; xiv, 51; III,
xxii, 87

寇拉提奴斯（Lucius Tarquinius
Collatinus）III, x, 40

呂庫爾勾斯（Lycurgus）I, xxii, 76

呂山德（Lysander）I, xxii, 76; xxx, 109

呂山德（Lysander）II, xxiii, 80

呂希斯（Lysis）I, xliv, 155

M

馬梅爾庫斯（Mamercus Aemilius
Lepidus Livianus）II, xvii, 58

曼奇亞（Mancia）I, xxx, 109

曼尼烏斯・阿奎利烏斯（Manius
Aquilius）II, xiv, 50

馬庫斯・艾米利烏斯・史考魯斯
　（Marcus Aemilius Scaurus）I, xxii,
　76; xxx, 108; xxxviii, 138; II, xvi, 57

馬庫斯・阿爾布奇烏斯（Marcus
　Albucius）II, xiv, 50

馬庫斯・安東尼烏斯（Marcus
　Antonius 或 Antony）II, xiv, 49; III,
　xvi, 67

馬庫斯・阿提利烏斯・雷鼓路斯
　（Marcus Atilius Regulus）I, xiii, 39;
　III, xxvi, 99; xxvii, 100; xxviii, 102,
　103; xxix, 104, 105, 108; xxx, 110;
　xxxi, 111; xxxii, 113, 115

馬庫斯・布魯圖斯（Marcus Brutus）II,
　xiv, 50

小西塞羅（Marcus Cicero）I, i, 1, 3; v,
　15; xxii, 78; II, i, 1; ii, 8; xiii, 44; III, i,
　1; ii, 5; vii, 33; xxxiii, 121

馬庫斯・馬爾克路斯（Marcus
　Claudius Marcellus）I, xviii, 61

沛奴斯（Marcus Iunius Pennus）III, xi,
　47

馬庫斯・克拉蘇斯（Marcus Licinius
　Crassus）I, viii, 25; xxx, 109; III,
　xviii, 73; xix, 75

馬庫斯・德魯蘇斯（Marcus Livius
　Drusus）I, xxx, 108

馬庫斯・陸塔提烏斯・品提亞
　（Marcus Lutatius Pinthia）III, xix, 77

馬庫斯・馬里烏斯・葛拉提迪亞奴斯
　（Marcus Marius Gratidianus）III, xvi,
　67; xx, 80, 81

馬庫斯・歐克塔維烏斯（Marcus
　Octavius）II, xxi, 72

馬庫斯・彭波尼烏斯（Marcus
　Pomponius）III, xxxi, 112

波匹利烏斯（Marcus Popilius Laenas）
　I, xi, 36

馬庫斯・卡投（老卡投）（Marcus
　Porcius Cato）I, xi, 37; xxix, 104; II,
　xxv, 89

馬庫斯・卡投（Marcus Porcius Cato）I,
　xi, 36, 37; xxiii, 79; II, xxv, 89; III, i,
　1; iv, 16; xvi, 66; xxix, 104

馬庫斯・卡投（小卡投）（Marcus
　Porcius Cato of Utica）I, xxxi, 112;
　III, xvi, 66; xxii, 88

馬庫斯・薩特里烏斯（Marcus Satrius）
　III, xviii, 74

馬庫斯・塞伊烏斯（Marcus Seius）II,
　xvii, 58

梅特羅都羅斯（Meterodorus of
　Lampsacus）III, xxxiii, 117

米諾斯（Minos）I, xxviii, 97

N

內普圖奴斯（Neptunus）I, x, 32; III,
　xxv, 94

尼可克雷斯（Nicocles）II, xxiii, 81

P

帕拉梅德斯（Palamedes）III, xxvi, 98

帕奈提烏斯（Panaetius）I, ii, 7; iii, 9,
10; xxvi, 90; xliii, 152; xlv, 161; II, v,
16; x, 35; xiv, 51; xvii, 60; xxii, 76;
xxiv, 86; xxv, 88; III, ii, 7, 8, 9, 10; iii,
11, 12; iv, 18; vii, 33, 34; xv, 63

包山尼亞斯（Pausanias）I, xxii, 76

培婁普斯（Pelops）III, xxi, 84

沛里克雷斯（Pericles）I, xxx, 108; xl,
144; II, v; xvii, 60

沛爾塞斯（Perseus）I, xi, 37

法同（Phaethon）III, xxv, 94

法拉里斯（Phalaris）II, vii, 26; III, vi,
29, 32

菲利普（Philippus of Macedon）I, xxvi,
90; II, xiv, 48; xv, 53

芬提亞斯（Phintias）III, x, 45

柏拉圖（Plato）I, i, 2, 4; v, 15; vii, 22;
ix, 28; xix, 63, 64; xxv, 85, 87; xliv,
155; III, ix, 38, 39

波利比烏斯（Polybius）III, xxxii, 113,
114

波希東尼烏斯（Posidonius）I, xlv, 159;
III, ii, 8, 10

普羅廸庫斯提（Prodicus）I, xxxii, 118

托勒密（Ptolemy Philadelphus）II, xxiii,
82

普博利烏斯・卡普爾尼烏斯・拉納里
烏斯（Publius Calpurius Lanarius）
III, xvi, 66

普博利烏斯・克婁廸烏斯（Publius
Clodius）II, xvii, 58

普博利烏斯・小阿菲里康奴斯
（Publius Cornelius Scipio Aemilianus
Africanus）I, xviii, 61; xxii, 76; xxv,
87; xxvi, 90; xxx, 108; xxxii, 116;
xxxiii, 121; II, xxii, 76; xxiii, 80; III, i,
1, 2, 4; iv, 16

普博利烏斯・史奇皮歐・納西卡
（Publius Cornelius Scipio Nasica
Serapio）I, xxii, 76; xxx, 109

普博利烏斯・蘇拉（Publius Cornelius
Sulla）II, viii, 29

普博利烏斯・克拉蘇斯（Publius
Licinius Crassus）II, xvi, 57

普博利烏斯・連圖路斯（Publius
Lentulus）II, xvi, 57

普博利烏斯・穆奇烏斯・史凱渥拉
（Publius Mucius Scaevola）I, xxxii,
116; II, xiii, 47; III, xi, 47; xv, 62

普博利烏斯・魯提利烏斯・魯夫斯
（Publius Rutilius Rufus）II, xiii, 47;
III, ii, 10

普博利烏斯・蘇爾皮奇烏斯（Publius
Sulpicius Rufus）II, xiv, 49

皮若（Pyrrho of Elis）I, ii, 6

皮魯斯（Pyrrhus）I, xii, 38 xiii, 40; II, vii, 26; III, xxii, 86

畢達哥拉斯（Pythagoras）I, xvii, 56; xxx, 108

皮希雅（Pythia）II, xxii, 77

皮提烏斯（Pythius）III, xiv, 58, 59, 60

Q

昆圖斯（Quintus）II, xvii, 59; III, xxii, 87

昆圖斯・梅特路斯（Quintus Caecilius Metellus）I, xxv, 87; III, xx, 79

昆圖斯・艾尼烏斯（Quintus Ennius）I, viii, 26; xvi, 51, 52; xxiv, 84; II, vii, 23; xviii, 62; III, xv, 62; xxix, 104

昆圖斯・法比烏斯・拉貝歐（Quintus Fabius Labeo）I, x, 33

昆圖斯・歐爾天希烏斯（Quintus Hortensius）II, xvi, 57; III, xviii, 73

昆圖斯・卡圖路斯（Quintus Lutatius Catulus）I, xxii, 76; xxx, 109; xxxvii, 133

昆圖斯・邁利烏斯（Quintus Maelius）III, xxx, 109

昆圖斯・麥克希穆斯（Quintus Maximus Fabius）I, xxiv, 84; xxx, 108

昆圖斯・穆奇烏斯・史凱渥拉（Quintus Mucius Scaevola）I, xxx, 109; xxxii, 116; II, xvi, 57; III, xv, 62, 63; xvii, 70

昆圖斯・彭沛烏斯（Quintus Pompeius）III, xxx, 109

昆圖斯・圖貝羅（Quintus Tubero）III, xv, 63

奎里奴斯（Quirinus）III, x, 41

R

羅穆路斯（Romulus）III, x, 41

魯皮利烏斯（Rupilius）I, xxxi, 114

S

薩爾馬奇斯（Salmacis）I, xviii, 61

塞克斯圖斯・阿提利烏斯（Sextus Atilius Serranus）III, xxx, 109

塞克斯圖斯・彭沛烏斯（Sextus Pompeius）I, vi, 19

塞克斯圖斯・羅斯奇烏斯（Sextus Roscius）II, xiv, 51

蘇格拉底（Socrates）I, i, 2; xxvi, 90; xxix, 104; xxx, 108; xxxvii, 134; xli, 148; II, xii, 43; III, iii, 11; xix, 77

梭倫（Solon）I, xxii, 75; xxx, 108

索弗克雷斯（Sophocles）I, xl, 144

史普里烏斯・波斯圖米烏斯（Supurius Postumius Albinus）III, xxx, 109

T

坦塔路斯（Tantalus）III, xxi, 84

塔爾昆尼烏斯（Tarquinius）III, x, 40

蘇沛爾布斯（Tarquinius Superbus）III, x, 40

特倫提烏斯（Terentius, Publius Terentius Afer, Terence）I, ix, 30; xlii, 150

賽貝（Thebe）II, vii, 25

塞米斯投克雷斯（Themistocles）I, xxii, 75; xxx, 108; II, v, 16; xx, 71; III, xi, 49

塞歐弗拉斯圖斯（Theophrastus）I, i, 3; II, xvi, 56; xviii, 64

塞歐彭普斯（Theopompus of Chios）II, xi, 40

塞修斯（Theseus）I, x, 32; 15 n. 73; III, xxv, 94

提貝里烏斯・米奴奇烏斯（Tiberius Minucius）III, xxx, 109

提貝里烏斯・葛拉庫斯（Tiberius Sempronius Gracchus）（父）I, xxii, 76; xxx, 109; II, xii, 43; xxiii, 80

提莫特烏斯（Timotheus）I, xxxii, 116

米婁（Titus Annius Milo）II, xvii, 58

提圖斯・克勞廸烏斯・坎圖瑪路斯（Titus Claudius Centumalus）III, xvi, 66

普勞圖斯（Titus Maccius Plautus）I, xxix, 104

提圖斯・曼利烏斯（Titus Manlius Imperiosus Torquatus）III, xxxi, 112

提圖斯・維圖里烏斯（Titus Veturius）III, xxx, 109

投爾夸圖斯（Titus Manlius Imperiosus Torquatus）III, xxxi, 112

U

尤里西斯（Ulysses）I, xxxi, 113; III, xxvi, 97, 98, 99

V

維納斯（Venus）III, ii, 10

維里亞圖斯（Viriathus）II, xi, 40

X

克桑希普斯（Xanthippus）III, xxvi, 99

贊諾克拉提斯（Xenocrates）I, xxx, 109

色諾芬（Xenophon）I, xxxii, 118; II, xxiv, 87

克塞爾塞克斯（Xerxes）III, xi, 48

Z

芝諾（Zeno）III, viii, 35

名詞索引

二劃

人性 I, i, 6; I, iv,13; I, xiv, 42; I, xvi, 50;
I, xix, 62, 65; I, xx, 67; I, xxvii, 96; I,
xxx, 106; I, xxxi, 110, 112; I, xxxiii,
120, 121; I, xxxv, 131; I, xli, 146; I,
xliv, 158; I, xlv, 159; II, v, 18, II, xiv,
51; III, vi, 30; III, x, 41; III, xi, 46;
III, xxiii, 89; III, xxiv, 92

四劃

中庸／中道 I, iii, 8; I, xxxvi, 130; I,
xxxviii, 140; II, xvii, 59

仁慈 I, vii, 20; I, xiv, 42, 45; I, xxv, 88; I,
xxvi, 92; II, viii, 26; II, ix, 32; II, xv,
52, 53, 54, 55; III, v, 24, 25, 28; III,
xxix,104; III, xxxiii,118

元老院 I, x, 33; I, xiii, 39, 40; I, xxxvii,
132; II, i, 3; II, xiii, 26; II, xiv, 49; II,
xviii, 63; III, i, 2; III, xxii, 86, 87; III,
xxvi, 99; III, xxvii, 100; III, xxix, 108;
III, xxx, 109, 110; III, xxxii, 113, 114

公平 I, ix, 30; I, xvi, 50; II, iv, 15; II, viii,
26; II, xi, 38, 40; II, xii, 41, 42; II, xx,
71; II, xxii,78,79,83; II, xxiv, 85; III,
xvi, 67; III, xx, 81

公民 I, xi, 35; I, xii, 38; I, xvii, 53; i,
xxiii, 79; I, xxiv, 83; I, xxv, 85, 86;
I, xxxiv, 112, 124; I, xli, 148, 149; I,
xliv, 155; II, vi, 20, II, viii, 27, 31; II,
xiv, 49; II, xix, 65, 66; II, xxi, 72; II,
xxiii, 83; III, i, 3; III, v, 23; III, vi, 28;
III, viii, 36; III, x, 40; III, xi, 47; III,
xviii, 74; III, xx, 79; III, xxi, 83; III,
xxiii, 90; III, xxvii, 101

公義 I, xix, 62, 64

公職 I, xii, 38; I, xxi, 71, 72; I, xxv, 87; I,
xxxiv, 124; I, xlii, 151; II, i, 4; II, vi,
20; II, vii, 24; II, x, 36; II, xvii, 59; II,
xix, 65; III, ii, 6

友誼 I, ii, 5; I, xvii, 56, 58; I, xxxiii, 120;
II, viii, 30, 31, II, xviii, 64; III, x, 43,
44, 45, 46; III, xxxiii, 118

心靈 I, v, 17; I, vi, 19; I, xv, 49; I, xviii, 61; I, xx, 66, 67, 69; I, xxi, 72; I, xxiii, 81; I, xxv, 88; I, xxix, 102; I, xxx, 105; I, xxxiv, 123, I, xxxvi, 131, 132; I, xxxviii, 136; II, ii, 6; II, iv, 15; II, v, 17, 18; II, ix, 31; II, x, 37; II, xi, 38; II, xiv, 48; III, i, 4; III, v, 24, 26; III, vi, 28; III, xxv, 96; III, xxix, 105

五劃

本質 I, iv, 13; I, vi, 18; I, ix, 28; I, xvi, 50; I, xxi, 71; I, xxvii, 96; I, xxviii, 100, 101; I, xxx, 105; I, xliii, 154; II, ix, 32; II, xvii, 60; II, xx, 69; III, xii, 52, III, xxv, 95

正直 I, ii, 6; I, iii, 9, 10; I, v, 15; I, xii, 38; I, xxiv, 82; II, xx, 70; III, v, 24; III, xiii, 57; III, xix, 77

正當 I, iii, 8; I, iv, 13; I, ix, 28; I, xxvii, 94; I, xxxvi, 130; II, iii, 10; II, viii, 28; II, xxiv, 84; III, x, 43; III, xxi, 82; III, xxii, 88; III, xxix, 106

正義 I, vii, 20, 23; I, viii, 26; I, ix, 28, 30; I, x, 31; I, xi, 35, 36; I, xii, 38; I, xiii, 40, 41; I, xiv, 42; I, xv, 46; I, xvi, 50; I, xvii, 56; I, xix, 62, 63, 64; I, xxv, 86; I, xxviii, 99; I, xxxiii, 121; I, xxxiv, 124; I, xliii, 155; II, v, 18; II, ix, 32; II, xii, 42, 43; II, xx, 71; III, iv, 16; III, vi, 28; III, x, 43; III, xvii, 69; III, xx, 79,

82; III, xxv, 95, 96; III, xxix, 104; III, xxxiii, 118

民法／公民法 I, v, 19; I, xvi, 51; I, xxxii, 115, 116; II, xiv, 50; II, xix, 65; III, xii, 51; III, xvi, 65, 67; III, xvii, 69, 71; III, xxiii, 91

用處 I, iii, 9; I, xx, 67

六劃

交誼 I, v, 17; I, vii, 22; I, xvi, 22; I, xvi, 50; I, xvii, 53; I, xviii, 60; I, xlv, 159; II, vi, 28

休閒 I, xliv, 156; III, i, 1, 2, 3, 4; III, xiv, 58; III, xxvi, 97

合宜 I, xx, 66; I, xxvi, 91; I, xxvii, 93, 94, 95, 96; I, xxviii, 97, 98, 99, 100; I, xxx, 107; I, xxxi, 110, 111, 114; I, xxxii, 117; I, xxxiii, 119, 120; I, xxxiv, 125; I, xxxv, 126; I, xxxvi, 131; I, xxxvii, 133; I, xxxviii, 141; I, xl, 142, 144; II, iii, 9; II, vii, 23; II, ix, 32; II, xviii, 64; II, xxiv, 87; III, xix, 77; III, xxxiii, 116

好秩序 I, xl. 142

好意 I, xiv, 42, 44; I, xvi, 50; II, xviii, 62, 63

自由 I, xii, 38; I, xx, 68, 70; I, xxv, 88; I, xxix, 103; I, xli, 148; II, vii, 24; II, xxiii, 81; III, iv, 20; III, viii, 36; III, xi, 48; III, xxi, 83, 84

自由人 I, xxvii, 96; I, xxix, 104; I, xlii, 150, 151; II, xvi, 57

自持 I, xxx, 106; I, xl. 143; II, xx, 70; II, xxii, 76, 77; III, xxv, 96

自然 I, iv, 11, 12, 14; I, vii, 21, 22; I, xvi, 50, 51; I, xxv, 89; I, xxviii, 98, 100; I, xxix, 103; I, xxx, 107; I, xxxi, 112; I, xxxii, 118; I, xxxv, 126, 127, 128; I, xxxvii, 133; I, xli, 147; I, xliii, 153; II, ix, 32, II, xiv, 51; II, xxi, 73; III, iii, 11, 13; III, v, 22, 23, 24, 25, 26, III, vi, 27, 28, 30, 32; III, viii, 35; III, xii, 52, 53; III, xvii, 69, 71, 72; III, xviii, 75; III, xix, 78; III, xxviii, 101

自然法／自然律法 I, xxix, 102; III, v, 31; III, xvii, 69

行為 I, ii, 4; I, iii, 8, 9, 10; I, iv, 14; I, v, 17; I, vi, 19; I, ix, 28; I, x, 31; I, xi, 34; I, xiii, 41; I, xiv, 44; I, xix, 65; I, xxii, 78; I, xxiv, 83, 84; I, xxv, 87; I, xxvi, 92; I, xxvii, 94; I, xxix, 101, 103; I, xxx, 107, 108; I, xxxi, 111, 112; I, xxxiii, 120; I, xxxiv, 125; I, xxxv, 128, 129; I, xxxviii, 137, 140, 141; I, xl, 142, 144, 145; I, xli, 146, 147, 148; I, xliii, 153; I, xliv, 157; I, xlv, 160, 161; II, i, 3; II, ii, 7; II, iii, 10; II, viii, 28, 29; II, xii, 42; II, xiv, 51; II, xv, 52, 53; II, xvi, 57; II, xvii, 58; I, xviii, 63, 64; II, xix, 67, 68; II,

xx, 69; II, xxii, 77; III, iii, 15; iv, 17, 18, 19, 20; III, viii, 37; III, ix, 39; III, x, 40, 43; III, xiii, 56; III, xvii, 68, 69; III, xvii, 71; III, xix, 77; III, xxiv, 93; III, xxv, 95; III, xxviii, 103; III, xxix, 104; III, xxx, 109, 110; III, xxxii, 115

七劃

利益 I, ii, 5; I, ii, 9, 10; I, v, 17; I, x, 32; I, xiv, 45; I, xvi, 51, 52; I, xvii, 56, 58; I, xix, 63; I, xxii, 75, 76; I, xxiii, 80; I, xxiv, 83; I, xxv, 85, 86, 88; I, xxvi, 92; I, xliii, 153, 154, 155; I, xliv, 156; II, iv, 14; II, v, 16, 17; II, vi, 20, 22; II, xvi, 56; II, xviii, 64; II, xix, 65, 67; II, xxi, 72; II, xxii, 79; II, xxiii, 83; II, xxiv, 84, II, xxv, 88, 89; III, ii, 5; III, iii, 12; III, iv, 18, 19; III, v, 21, 22, 24, 26; III, vi, 27, 28, 29, 30, 31; III, viii, 36; III, x, 40, 42, 43; III, xi, 47; III, xii, 52; III, xiii, 57; III, xv, 61, 62; III, xviii, 75; III, xix, 77; III, xx, 81; III, xxi, 84; III, xxiv, 93; III, xxvii, 100

快樂 I, ii, 5; I, iv, 13; I, vi, 19; I, xx, 68, 69; I, xxi, 71; I, xxx, 105; I, xlii, 150; II, ii, 6; II, iv, 15; II, xvi, 56; II, xviii, 63; III, ii, 6; III, iii, 12; III, v, 24; III, xxxiii, 116, 117, 118, 119, 120

技藝 I, vii, 22; I, xviii, 60; I, xlii, 150,
151; II, iii, 12; II, iv, 15; II, v, 17; II,
xix, 66; II, xxiv, 86

言談 I, iv, 14; I, xxviii, 97; I, xxx, 108,
109; I, xxxi, 113; I, xxxv, 126, 127; I,
xxxvii, 133; I, xli, 146; II, xiv, 48

八劃

享樂 I, iii,9; I, xxix, 104; I, xxx, 105,
106; I, xxxii, 118; I, xxxiv, 122; II, x,
37; II, xxiv, 86; II, xxv, 88; III, x, 43;
III, xxxiii, 119

卑劣 I, iii, 9, 10; III, xiv, 60

和諧 I, iv, 4; I, xxi, 72; I, xl, 144, 145; I,
xli, 149; II, xxii, 78; II, xxiii, 82; III,
viii, 35

命運 I, xii, 38; I, xiii, 41; I, xvii, 58; I,
xxi, 73; I, xxvi, 91; II, vi, 19; II, xxi,
75

忠誠 I, xxxiii, 121; II, vii, 25; II, viii, 26;
III, xix, 77

性格 I, xiv, 45; I, xv, 46; I, xvii, 56, 57;
I, xxv, 89; I, xxx, 109; I, xxxi, 110,
111, 113; I, xxxii, 118; I, xxxvii, 134;
I, xxxviii, 137; II, ii, 6; II, xx, 69, 71;
III, i, 1; III, iv, 16; III, v, 25

承諾 I, v, 15; I, vii, 23, I, x, 31, 32; I, xi,
35; I, xiii, 39; II, vi, 22; III, ii, 7, 9;
III, x, 44, 45; III, xxiv, 92, 93; III, xxv,
94, 95; III, xxvi, 98; III, xxviii, 102;

III, xxix, 104, 106, 107; III, xxxi, 111;
III, xxxii, 113

放縱 I, xxvi, 92; I, xxx, 109; I, xxxiv,
123

明智 I, xxxiii, 120; I, xxxiv, 122, 123;
I, xxxv, 127; I, xl, 143; I, xlii, 151, I,
xliii, 153; I, xliv, 156; I, xlv, 160; II,
iii, 10; II, ix, 33, 34; II, x, 35; II, xii,
42; II, xiv, 48; III, x, 42; III, xvii, 71,
72; III, xxv, 95; III, xxxii, 113; III,
xxxiii, 117, 118

知識 I, i, 1, 2; I, iv, 13; I, vi, 18, 19; I,
xix, 63; I, xxxiii, 119; I, xl, 142; I,
xlii, 151; I, xliii, 153, 155; I, xliv, 158;
II, ii, 5; xix, 65; III, xii, 52; III, xxxiii,
118, 121

九劃

信賴 I, xvi, 52; II, vii, 23; II, viii, 29, 30;
II, ix, 33, 34; III, ii, 10; III, xvii, 70;
III, xxxii, 113

勇者 I, ii, 5; III, iv, 16; III, vi, 31; III,
xxx, 110

勇氣 I, xii, 38; I, xv, 46; I, xvi, 50; I, xix,
62, 63, 65; I, xx, 67; I, xxii, 78; I, xxv,
88; I, xxvii, 94; I, xxxi, 113; I, xxxviii,
140; I, xliii, 152; II, xv, 52; III, iv, 16;
III, xxii, 86; III, xxvi, 99; III, xxxiii,
117, 118

城邦 I, xxi, 72; III, xi, 47, 48

思想 I, ii, 6, 7; I, iii, 9; I, vi, 18, 19; I,
　　xxiii, 81; I, xxxii, 117; I, xliii, 153; I,
　　xliv, 155, 156, 157, 158; I, xlv, 160;
　　II, i, 2, 3; II, ii, 5; II, iii, 10; III, iii, 11;
　　III, xxxiii, 116, 117

思慮 I, iii, 9; I, viii, 27; I, xxvi, 92; I,
　　xxviii, 99; I, xxxii, 117; I, xxxiii, 119;
　　II, xii, 42; II, xvi, 57; III, iv, 18; III,
　　vii, 33; III, viii, 37; III, xii, 50; III, xx,
　　81; III, xxi,84

恰如其分 I, iv, 14; I, xl, 142

恆定 I, iv, 14; I, xx, 69

紀律 I, xxii, 76; I, xxvii, 93, 96; I, xxviii,
　　98; I, xxix, 102; I, xl, 142, I, xliv, 156;
　　I, xlv, 159

美 I, iv, 14; I, vi, 18; I, xxviii, 98; I,
　　xxxii, 118; I, xxxvi, 130

美麗 I, iv, 14; I, xxx, 107; I, xxxv, 126;
　　II, x, 37; III, ii, 10; III, xxv, 95

十劃

哲學 I, i, 1,2; I, ii, 4; I, xxxii, 115; II, i, 2,
　　4; II, ii, 5, 6, 8; II, xiv, 51; III, ii, 5, 8;
　　III, viii, 37

效益 I, xlii, 151; II, i, 1; II, iii, 9, 10, 11;
　　II, iv, 14; II, xxiv, 86, 87; III, iii, 11,
　　12; III, iv, 17, 19; III, vii, 34; III, viii,
　　35, 36; III, x, 40, 41, 43, 46; IIII, xi,
　　47, 48; III, xii, 49, 50; III, xiii, 56; III,
　　xiv, 60; III, xv, 64; III, xvii, 72; III,

xviii, 76, 77, 78; III, xx, 82; III, xxi,
　　83, 85; III, xxii, 86, 87, 88; III, xxiii,
　　89; III, xxv, 95, 96; III, xxvi, 97; III,
　　xxvii, 100; III, xxviii, 101, 102, 103;
　　III, xxx, 109, 110; III, xxxii, 114, 115;
　　III, xxxiii, 116, 117, 118, 119, 120

真理 I, iv, 13; I, v, 15, 16; I, vi, 19; I, ix,
　　28; I, x, 31; I, xix, 63; I, xxvii, 94; I,
　　xxx, 109; I, xxxvi, 132; II, x, 35; II,
　　xiv, 51; II, xvi, 56; III, xxi, 84

神祇 I, xii, 38; I, xlv, 160; II, iii, 11, 12;
　　III, v, 25; III, vi, 28; III, viii, 37; III,
　　x, 44; III, xxi, 83; III, xxviii, 102; III,
　　xxix, 104

神話 I, x, 32; III, xxv, 94; III, xxvi, 99

秩序 I, iv, 14; I, v, 15, 17; I, xxviii, 98; I,
　　xl, 142, 144; II, xi, 40

虔敬 II, iii, 11; III, xxi, 82

高尚 I, ii, 4; I, iv, 14; I, vii, 21; I, xx, 66,
　　67, 68; I, xxii, 74; I, xxix, 104; I, xxx,
　　107; II, xv, 52; III, xx, 82; III, xxxii,
　　113

高昂精神 I, xix, 62, 64

十一劃

情緒 I, vii, 23; I, viii, 27; I, xx, 66, 67,
　　69; I, xxi, 73; I, xxx, 105; I, xxxviii,
　　136; III, iii, 11; III, v, 18

欲求 I,vii, 24; I, viii, 25; I, ix, 28; I, xiv,
　　45; I, xvii, 54; I, xix, 64, 65; I,

xxiv, 83; I, xxv, 89; I, xxviii, 101; I, xxix, 102, 103; I, xxx, 105; I, xxxvi, 132; I, xxxviii, 141; II, ii, 5; II, iii, 11; II, v, 18; II, ix, 34; III, v, 23; III, viii, 35, 36

欲望 I, iv, 11, 13; I, vi, 18; I, viii, 25, 26; I, xiv, 44; I, xix, 63, 64; I, xx, 68, 69; I, xxi, 70, 73; I, xxii, 74; I, xxix, 102; I, xxxiv, 122, 123; I, xxxviii, 136; I, xliii, 154; II, viii, 28; II, xxii, 79, II, xxiv, 84; II, ix, 39; III, viii, 35, 36; III, xiv, 59; III, xxi, 83; III, xxxiii, 117

理性 I, iii, 9; I, iv, 11, 12, 14; I, xvii, 57; I, xxiii, 80; I, xxxviii, 136, 141; II, iii, 11; II, v, 18; III, xx, 81; III, xxix, 107

理智 I, xxiii, 79, 80; I, xxvii, 95; I, xxviii, 101, 102; I, xxx, 107; I, xxxvi, 132; II, ix, 34; III, xvii, 68

貪婪 I, vii, 24; II, xviii, 64; II, xxi, 75; II, xxii, 77; III, viiii, 37; III, xiv, 59

逍遙學派 I, i, 2; I, ii, 6; I, xxv, 89; II, v, 16; III, iii, 11; III, iv, 20

十二劃

尊嚴 I, xii, 38; I, xx, 69; I, xxi, 72; I, xxvi, 92; I, xxxiv, 124; I, xxxvi, 130; I, xxxviii, 138, 139, 141; II, xix, 65; III, xxiv, 93; III, xxvi, 99

惡／惡行 I, ii, 5; I, xi, 34; I, xix, 65; I, xxxi, 114; I, xxxiii, 121; I, xxxiv, 123; I, xl. 144; I, xli, 146; II, viii, 28, 29; II, x, 36, 37; II, xiii, 45; II, xiv, 51; II, xviii, 62; II, xxii, 77; II, xxiii, 80; III, i, 3; III, ii, 7; III, iv, 19; III, v, 26; III, vii, 36, 37; III, ix, 38; III, xiii, 57; III, xiv, 60; III, xv, 64; III, xvii, 71, 72; III, xviii, 73, 75; III, xx, 79; III, xxi, 83, 85; III, xxii, 86, 87; III, xxviii, 102; III, xxix, 105, 106; III, xxxiii, 117, 119

斯巴達／斯巴達人 I, xix, 64; I, xxii, 76; I, xxiv, 84; I, xxx, 109; II, vii, 26; II, xxii, 77; II, xxiii, 80; III, xi, 49; III, xxvi, 99

斯多葛學派 I, ii, 6; I, vii, 22, 23; I, xix, 62; I, xxxv, 128; I, xl. 142; II, xiv, 51; II, xxiv, 86; III, iii, 11, 13, 14; III, iv, 20; III, xii, 51; III, xxiii, 91

智者 I, xv, 46; I, xxiv, 83; I, xxxi, 114; I, xliii, 153; I, xlv, 59; II, xi, 40; II, xxiii, 83; III, i, 1; III, iii, 13, 14; III, iv, 16; III, vi, 29, 31; III, ix, 38; III, x, 45; III, xii, 50; III, xv, 62, 63; III, xxiii, 90, 91; III, xxiv, 93

焦慮 I, iii, 9; I, xxi, 73; III, xxi, 84

善 I, ii, 5; I, iii, 7; I, xvi, 50; I, xviii, 60; I, xxxi, 114; II, xv, 53; II, xviii, 62; III, i, 3; III, ii, 7; III, iii, 11, 12, 13; III, viii, 35; III, xii, 52; III, xvii, 71; III, xxxiii, 116, 117, 118, 119

善意 I, ii, 5; I, xiv, 42; I, xv, 47, 48, 49;

I, xvii, 54; I, xxiv, 83; II, iii, 11; II, vi, 21, 22, II, vii, 23; II, viii, 29, 31; II, ix, 32; II, xi, 38; II, xiii, 46; II, xiv, 48; II, xv, 53, 54; II, xviii, 64; II, xxii, 77; III, vi, 28; III, xxii, 88

善意協助 I, xv, 48; II, xviii, 63; II, xix, 65, 66, 67; II, xx, 69, 71; II, xxi, 72

雄心 I, iv, 13; I, xviii, 61; I, xix, 63, 64, 65; I, xx, 66, 67, 68, I, xxi, 72, 73; I, xxii, 74; I, xxiii, 81; I, xxv, 88; I, xxvi, 92; I, xxvii, 94; I, xliv, 157; II, x, 37; III, v, 24

順心 I, xxvi, 90, 91

十三劃

愛 I, iv, 12, I, v, 15; I, xv, 47; I, xvii, 56, 57; I, xxxviii, 136; II, vii, 24; II, viii, 30; II, ix, 32; III, xxvii, 100

敬意 I, xxviii, 99; I, xxxviii, 136

準則 I, ii, 5, 6; I, xli, 148; I, xlii, 150; III, xiv, 60

節制 I, ii, 5; I, v, 15, 17; I, xv, 46; I, xxvii, 93, 96; I, xxviii, 98; I, xxxiii, 121; I, xxxviii, 141; I, xl, 143; I, xliii, 152; I, xlv, 159; II, v, 18; II, xiii, 46; II, xv, 54; II, xvi, 57; II, xvii, 60; II, xxii, 77; II, xxiv, 86; III, xxv, 96; III, xxxiii, 116, 117, 118

義務 I, ii, 4, 5, 6; I, iii, 7, 8; I, v, 15; I, vi, 19, 20; I, ix, 28, 30; I, x, 31, 32; I,

xi, 34, 36; I, xiii, 41; I, xiv, 43, 45; I, xvii, 58; I, xviii, 59, 60, 61; I, xxviii, 98, 100; I, xxix, 101, 103; I, xxx, 105, 107; I, xxxiii, 119; I, xxxiv, 122, 125; I, xxxviii, 141; I, xli, 146, 147; I, xliii, 152, 153, 154, 155; I, xliv, 158; I, xlv, 159, 160; II, i, 1; II, ii, 6, 7; II, iii, 9; II, xii, 43; II, xiv, 50, 51; II, xv, 52; II, xvi, 57; II, xix, 65; II, xx, 69; II, xxi, 75; II, xxiv, 85; II, xxv, 89; III, ii, 5, 7; III, iii, 11, 14, 15; III, iv, 16, 17, 19; III, vi, 31, 32; III, x, 43, 46; III, xv, 63; III, xix, 77; III, xx, 80; III, xxiii, 89, 90; III, xxv, 95, 96; III, xxix, 105; II, xxxii, 113, 115

聖潔 II, iii, 11

誠信 I, vii, 23; I, viii, 26; I, x, 31; I, x, 31; I, xi, 35; I, xiii, 39, 40; I, xxxvi, 124; II, ix, 32; II, ix, 32; II, xxiv, 84; III, x, 46; III, xv, 61; III, xvi, 67; III, xvii, 70; III, xx, 79, 82; III, xxii, 87; III, xxviii, 102; III, xxix, 104

誠實 I, vii, 23

道德 I, ii, 5; I, iii, 9, 10; I, vi, 19; I, xvii, 56; I, xviii, 60, 61; I, xx, 67; I, xxv, 86; I, xxix, 103; I, xxx, 107; II, iii, 10; III, ii, 6; III, iv, 16, 17; III, xi, 49; III, xix, 75

道德完整 I, ii, 5

道德感 III, xxi, 85

十四劃

慷慨 I, vii, 20; I, xiv, 42, 43, 44; I, xv, 48; I, xvi, 50, 52; I, xvii, 56; I, xxvi, 92; I, xxxiii, 121; II, ix, 32; II, xii, 42; II, xv, 52, 53; II, xvi, 55, 56; II, xviii, 61, 63, 64; III, v, 24; III, vi, 28; III, xxii, 88; III, xxxiii, 118

榮耀 I, viii, 26; I, xii, 38; I, xiv, 43, 44; I, xviii, 61; I, xix, 62, 65; I, xx, 68; I, xxi, 71, 73; I, xxii, 74; I, xxiv, 84; I, xxvi, 90; I, xxxii, 116; I, xxxiv, 124; II, vi, 21; II, viii, 31; II, x, 36; II, xi, 38; II, xii, 42, 43; II, xiii, 45; II, xiv, 48, 51; II, xv, 52; II, xxii, 77; II, xxiv, 85; II, xxv, 88; III, i, 2; III, xx, 80; III, xxi, 85; III, xxii, 86, 87, 88; III, xxvi, 97

豪情 I, xxi, 72

十五劃

價值 I, vi, 19; I, x, 32; I, xix, 63; I, xx, 67; I, xxx, 106; II, viii, 30; II, xv, 52; II, xx, 71; II, xxiii, 82; II, iii, 11; III, iv, 18; III, xx, 80; III, xxii, 87

德行 I, iii, 10; I, iv, 14; I, v, 15; I, vi, 18; I, xvii, 56; I, xxvii, 93, 94, 95, 96; I, xxviii, 98; I, xliii, 152; I, xlv, 161; II, i, 1; II, iii, 9, 10; II, ix, 32; III, ii, 9; III, iii, 11, 12, 13; III, iv, 15, 17, 18, 19, 20; III, vii, 33, 34; III, ix, 38; III, x, 40, 41, 46; III, xi, 47, 48; III, xii, 50; III, xiii, 56; III, xviii, 74; III, xxv, 95, 96; III, xxvi, 97; III, xxviii, 101, 103; III, xxx, 109; III, xxxiii, 117, 119, 120

德性 I, ii, 5; I, iii, 9; I, v, 16, 17; I, vi, 19, 20; I, xv, 46; I, xvii, 56; I, xix, 62; I, xxvii, 95, 96; I, xxviii, 98; I, xxxii, 115, 118; I, xxxiii, 121; I, xl, 143; I, xliii, 153; I, xliv, 157; II, i, 1; II, ii, 6; II, v, 17, 18; II, vi, 21, 22, II, ix, 32; II, x, 35, 36, 37; II, xi, 38; II, xii, 41; II, xv, 52, 53; III, ii, 5; III, iii, 12, 13; III, iv, 17; III, vi, 28; III, xxv, 96; III, xxvii, 100; III, xxxiii, 116, 117, 118

衝動 I, xv, 49; I, xxiii, 81; I, xxiv, 84; I, xxviii, 101; I, xxx, 105; I, xxxviii, 136; II, v, 18

論證 I, ii, 7; I, xxvii, 95; I, xxxvii, 132, 133, 134; II, xiii, 44; II, xiv, 48; III, xii, 52

魅力 I, iv, 14; I, xxx, 108

十六劃

戰爭 I, vii, 21; I, xi, 34, 35, 36, 37; I, xii, 38; I, xiii, 39, 40, 41; I, xviii, 61; I, xxii, 74, 75, 76, 77; I, xxiii, 79, 80, 81; I, xxiv, 82, 84; I, xxvi, 90; I, xxxii, 116; I, xxxiii, 121; I, xxxiv, 122; II, v, 16; II, viii, 26; II, xi, 40; II, xiii, 45; II, xxi, 75; III, xi, 47, 49; III, xxii, 86;

III, xxvi, 98, 99; III, xxix, 107, 108; III, xxxii, 114

錯誤 I, iii, 10; I, vi, 18, 19; I, vii, 24; I, x, 33; I, xix, 65; I, xxi, 71; I, xxiv, 84; I, xxv, 89; I, xxvi, 91; I, xxviii, 98; I, xxxi, 112, 114; I, xxxiii, 121; I, xxxvi, 130; I, xli, 146, 148; II, iii, 9, 10; III, iii, 11, 15; III, viii, 36; III, xiii, 54; III, xviii, 75; III, xxv, 95; III, xxxii, 113

十七劃

聯繫 I, iv, 11; I, v, 15, 17; I, ix, 29; I, xvi, 50; I, xvii, 54, 56; I, xliii, 153; I, xliv, 156, 157, 158; III, v, 21, 23; III, vi, 28; III, xii, 53

謙遜 I, v, 15; I, xxvii, 93; I, xxviii, 98; I, xxxiii, 121; III, xxxiii, 116

醜陋 I, xxvi, 90; I, xxvii, 94; I, xxix, 104; I, xxxiv, 123; I, xxxv, 126; II, xxiv, 87; III, iv, 18, 19; III, vii, 33; III, viii, 35, 36; III, ix, 39; III, x, 40; III, xii, 39; III, xv, 64; III, xvii, 71; III, xxxii, 115

十八劃

謹言慎行 I, xxxv, 127, 128, 129; I, xl. 143; I, xli, 148; II, iv, 15

十九劃

懲罰 I, xi, 34; I, xxiv, 82; I, xxv, 88, 89; I, xxx, 109; II, v, 18; II, viii, 28; II, xiv, 50; III, viii, 36; III, ix, 39; III, xiii, 54; III, xvii, 71, 72; III, xx, 80

二十二劃

權力 I, viii, 25, 26; I, xii, 28; I, xix, 64; I, xx, 68; I, xxi, 70, 71; I, xli, 149; II, i. 2; II, iii, 9; II, vi, 20, 22; II, vii, 24; III, v, 22; III, viii, 36; III, ix, 39; III, x, 40; III, xxi, 84; III, xxii, 86, 87, 88; III, xxiii, 90

二十四劃

靈魂 I, iv, 13, 14; I, v, 15, 17; I, vi, 19; I, viii, 27; I, xxiii, 79, 80, 81; I, xxvii, 93; I, xxviii, 100, 101; I, xxx, 107; II, i, 4; II, ii, 7; II, xiii, 46; III, vi, 29; III, x, 44

聯經經典
論義務

2014年3月初版　　　　　　　　　　　　　　定價：新臺幣380元
2019年11月初版第二刷
有著作權‧翻印必究
Printed in Taiwan.

著　　　者	Marcus Tullius Cicero
譯 注 者	徐　學　庸
叢 書 編 輯	梅　心　怡
特 約 編 輯	方　意　文
封 面 設 計	顏　伯　駿
編 輯 主 任	陳　逸　華

科技部經典譯注計劃

出　　版　　者	聯經出版事業股份有限公司	總 編 輯	胡　金　倫
地　　　　　址	新北市汐止區大同路一段369號1樓	總 經 理	陳　芝　宇
編 輯 部 地 址	新北市汐止區大同路一段369號1樓	社　　長	羅　國　俊
叢 書 主 編 電 話	(02)86925588轉5322	發 行 人	林　載　爵
台北聯經書房	台北市新生南路三段94號		
電　　話	(0 2) 2 3 6 2 0 3 0 8		
台 中 分 公 司	台中市北區崇德路一段198號		
暨門市電話	(0 4) 2 2 3 1 2 0 2 3		
台中電子信箱	e-mail：linking2@ms42.hinet.net		
郵 政 劃 撥 帳 戶	第 0 1 0 0 5 5 9 - 3 號		
郵 撥 電 話	(0 2) 2 3 6 2 0 3 0 8		
印　刷　者	世和印製企業有限公司		
總　經　銷	聯合發行股份有限公司		
發　行　所	新北市新店區寶橋路235巷6弄6號2F		
電　話	(0 2) 2 9 1 7 8 0 2 2		

行政院新聞局出版事業登記證局版臺業字第0130號

國家圖書館出版品預行編目資料

論義務/西塞羅著．徐學庸譯注．初版．
　新北市．聯經．2014.03．288面．
　14.8×21公分．(聯經經典)
　ISBN　978-957-08-4356-9（平裝）
　[2019年11月初版第二刷]

　1.義務

199.6　　　　　　　　　　　　　103002165